思想政治教育方法论

主编　王彦军　何　芸

陕西新华出版传媒集团
陕 西 人 民 出 版 社

图书在版编目（CIP）数据

思想政治教育方法论 / 王彦军，何芸主编. — 西安：陕西人民出版社，2022. 9

ISBN 978-7-224-14630-1

Ⅰ. ①思… Ⅱ. ①王… ②何… Ⅲ. ①思想政治教育—方法论—中国 Ⅳ. ①D64

中国版本图书馆 CIP 数据核字（2022）第 138082 号

责任编辑：许晓光

思想政治教育方法论

主　　编　王彦军　何　芸
出版发行　陕西新华出版传媒集团　陕西人民出版社
（西安北大街 147 号　邮编：710003）
印　　刷　广东虎彩云印刷有限公司
开　　本　787 毫米×1092 毫米　1/16
印　　张　13
字　　数　224 千字
版　　次　2022 年 9 月第 1 版
印　　次　2023 年 1 月第 2 次印刷
书　　号　ISBN 978-7-224-14630-1
定　　价　42.00 元

目　录

绪　论

人是有思想的，思想既是稳定的，又是可以教化的。因而在人类社会中，思想政治教育作为塑造一定社会中人们思想和政治观念的教育行为，具有重要价值。思想政治教育必须讲究方法，方法运用的正确与否直接关系到思想政治教育实践的成效。“思想政治教育方法是使思想政治教育产生魅力、富有艺术性的一门学科”①。方法研究一直是思想政治教育领域中的显学，在新的历史时期，系统梳理思想政治教育方法研究状况并总结其特点和规律，有助于深化学科基础理论研究、推进学科创新发展。而什么是思想政治教育方法？它具有哪些特点？这些是《思想政治教育方法论》的逻辑起点，是本书开篇所要探讨的重要问题。

一、思想政治教育方法的内涵与特点

研究思想政治教育方法，首先必须把握其科学内涵。准确把握思想政治教育方法的科学内涵，是进入思想政治教育方法体系大厦的必要前提。方法是人类在实践活动过程中，为达到预期目的在认识世界和改造世界的过程中所采用的手段和方式，包含了一系列的认知方法、预测方法、组织方法和改造方法等等。其本质上是人们主动对客观世界各类事物运动、发展、变化的客观规律的认识、把握和利用，因而它在内容上是主观的，在形式上是客观的。思想政治教育方法就是教育者为达到一定的思想政治教育目的，在思想政治教育活动中所采取的各种方式和手段。思想政治教育方法就其本质而言，是对社会发展规律、人的思想形成发展规律和思想政治教育规律的认识、把握和运用。在思想政治教育活动中，它是将教育者与教育对象连接在一起的中介因素，是传递教育内容、实现教育目的的重要手段，更是思想政治教育活动取得成效的重要途径。特点是指某一事物区别于他事物的特殊属性。思想政治教育方法不是固化的方法体系，而是一个不断

---

① 祖嘉合. 思想政治教育方法教程［M］. 北京：北京大学出版社，2004：1.

继承、借鉴和创新的动态发展过程，并呈现出合目的性、合规律性、工具性、客观性和多样性的特点。

（一）合目的性

目的是指行为主体根据自身的需要，借助意识、观念的中介作用，预先设想的行为目标和结果。作为观念形态，目的反映了人对客观事物的实践关系。人的实践活动以目的为依据，目的贯穿实践过程的始终。思想政治教育的目的，就是思想政治教育的目标指向或价值取向。思想政治教育的根本目的，就是反映思想政治教育最基础、最本质的愿望和要求，体现一定社会发展的目标，它是思想政治教育的出发点和最终归属，概括地说就是要提高人们认识世界和改造世界的能力，就是要求思想政治教育对象获得政治方向的正确确立和道德品质的全面提高。思想政治教育方法必须为思想政治教育的目的服务。方法如果能取得良好的教育效果，达到教育目的，就会得到肯定，并加以传承与完善；反之，若不能取得良好的教育效果，未实现教育目的，就会被否认、被舍弃。

思想政治教育的合目的性，是指思想政治教育的任务目标与具体内容必须与社会发展和个体发展的正确方向相一致。合目的性要求思想政治教育的任务目标与具体内容，必须建立在促进社会发展和个体发展辩证统一的基础上。只代表了社会发展的正确方向，而不利于促进个体的全面发展；或者只代表了个体发展的意愿，而不适合社会发展方向，这样的思想政治教育任务目标或具体内容，在一定意义上都是不符合目的性的。思想政治教育的目的与要求会随着人类社会的思想道德要求的提高而不断发展，因此思想政治教育方法也必然会不断变化。

（二）合规律性

合规律性就是必须按照世界的本来面目去认识世界、改造世界，追求和服从真理，即人的认识必须符合客观实在。思想政治教育方法的合规律性，就是其“合理性”，是指教育方法必须符合社会发展的基本规律，特别是要符合教育内容、符合教育对象个体成长与思想发展的基本规律。例如因材施教之所以有效，是因为其符合教育内容一定要适应教育对象思想实际的规律循序渐进方法，体现了教育对象思想道德认识形成、发展、转化中所蕴含的量变质变规律。那些无效的或是不当的思想政治教育方法，是由于不符合客观规律所致的。例如单向灌输法，由于违背了思想政治教育效果取决于教育者和教育对象双方共同努力的规律，使其在实践中难以有效发挥作用。

基于我国现代社会的发展，思想政治教育方法的合规律性，从根本上说，就是要看方法是否符合科学发展观的要求。科学发展观的实质，就是要以人为本，实现经济社会与人的全面、协调、可持续发展。这是党和国家在新世纪新阶段提出的统领经济社会发展的重大战略思想，也是开展思想政治教育的指南。科学发展观的主体是人，把握人的思想道德形成规律和社会发展规律，改进思想政治教育方法，提高人的思想道德素质，努力促进人的全面发展，是对社会发展主体的塑造，构成推动人的全面发展和国家经济社会的基本要素成为落实科学发展观的内在要求。

（三）工具性

方法是工具，方法是手段。任何方法都是人们在认识世界和改造世界的过程中，为达到预期目的所采取的手段和方式，是实现主客体之间双向交流和沟通的渠道，所以方法具有工具性。从实践的观点来说，方法是最重要的实践工具。思想政治教育方法和一般方法一样，也具有工具性。思想政治教育方法是联结教育者和教育对象的纽带和桥梁。教育者与教育对象通过方法这个中介，构成一个有机整体，并且相互依存，在一定条件下能够相互转化。另外，教育者与教育对象也是通过方法这一工具，形成相互影响、相互作用的互动过程，在思想政治教育过程中发挥着各自的主体性作用。

方法的运用必须凭借一定的工具，正是这种工具性本质，使得思想政治教育方法具有应用性与可操作性。方法的应用性、可操作性越强，方法的工具性本质越能得到充分、丰富的发展与运用，越能使科学的理论成功转化成有效的方法。反之，当理论不能成功转化为方法时，理论只能是一种概念化的存在。思想政治教育方法成功地从科学的理论转化而来，进一步证明了思想政治教育的真理性、科学性，以及教育者运用方法的可能性；若理论不能转化为方法，或者教育者缺乏将理论转化为方法的能力，思想政治教育就不能产生客观实际的效果，方法就没有获得工具性实质。思想政治教育方法作为一门工具，包括物质性工具和精神性工具两方面。通过放映具有爱国主义精神的影视片，或是举行升旗仪式，或是参观祖国的风景名胜等进行爱国主义教育，这些影视片、升旗仪式和风景名胜就是被作为物质性工具来达到教育目的的。教育者在方法的使用中所运用的语言、逻辑、范式等则属于精神性工具。这两种工具都增强了思想政治教育方法的可操作性，提高了方法的有效性，帮助思想政治教育目的顺利完成。

（四）客观性

客观性是相对于主观性而言的。方法是主体为了实现主观目的和满足主观需要而创造的手段，因而它具有主观性。但如果方法纯粹是主观的，那么对方法的研究既困难又没有必要。思想政治教育方法的客观性是指教育对象的特点制约着思想政治教育方法的发生、设计和应用。教育对象的思想状况是复杂各异的，教育者依据教育的目的所采用的方法，必然受到千差万别的教育对象客观状况的制约，教育者选择和使用的教育方法必须符合教育对象的特点和教育发展的规律，必须因人而异、因材施教和有针对性。思想政治教育方法的客观性就是要从教育对象的思想实际出发，做到“一把钥匙开一把锁”。思想政治教育方法的客观性要求教育者积极主动地掌握和研究教育对象的思想特点，及时调整思想政治教育方法，如果思想政治教育方法离开了客观事物及其发展规律，而采取任意或千篇一律的方法，必然达不到教育者想要达到的目的。

（五）多样性

思想政治教育的目的是使社会成员形成符合一定社会所要求的思想品德，因此思想政治教育的对象是人，“人性”理所当然地成为思想政治教育的基础和归宿。莱布尼茨形象地说：世界上没有两片树叶是完全相同的。同样，世界上也没有完全相同的人。因此，思想政治教育必须因教育对象的不同而采取多样的方法。

具体而言，思想政治教育要依据教育对象的不同个性特点和年龄阶段，采取多样的方法。思想政治教育方法作用的对象是活生生的人，每一个人都是一个独立的个体，都具有不同的气质、能力和性格，这就要求我们在实施思想政治教育过程中针对不同个性的教育对象，采取灵活多样的思想政治教育方法，“具体对象具体分析”，注重采用个别教育法。针对不同教育对象的不同思想认识和不同的心理特点，采用不同方式单独进行教育的方法，也被称作“一把钥匙开一把锁”或是“对症下药”“量体裁衣”。社会关系是复杂的、多重的，由社会关系赋予其成员的特性也是多变的，思想政治教育也必须随着对象的变化而经常变化其形式，应根据社会关系的需要多种方法并举交叉使用。即使是许多人所共同具有的同样性质的问题，除了普遍教育外，必须有针对性地进行个别教育，从而顺利达到教育的目的。

二、思想政治教育方法研究的意义

思想政治教育方法是创建思想政治教育学科体系不可缺少的重要组成部分，思想政治教育方法是发挥思想政治教育的引导、激励、协调、提高功能的必要手段。研究思想政治教育方法对于丰富思想政治教育理论体系，解决思想政治教育现实问题，增强思想政治教育的实效性具有重要的意义。

（一）有利于丰富思想政治教育理论体系

思想政治教育的理论体系又叫作理论框架，是由思想政治教育这门学科的基础理论构成。换句话说，就是由一系列概念、范畴、术语和规律按一定的逻辑关系联结而成，从总体上反映思想政治教育学科的水平。思想政治教育方法研究，是丰富和建构思想政治教育理论体系的重要手段，有利于推动思想政治教育理论创新和学科建设。思想政治教育在党的领导下，形成了许多优良的传统、丰富的工作方法。许多行之有效的方法和经验实质是思想政治教育规律的反映，为我们系统研究思想政治教育方法奠定了基础。目前，思想政治教育方法的研究有两个层次：一是具体的、实证的层次，这是时代的需要，思想政治教育方法必须贴近现实的需要，如果不能解决现实问题，方法就没有实际的意义。另一个是抽象的、理论的层次，因为思想政治教育作为一门学科体系，需要对学科的总体发展进程中出现的问题进行反思，总结出逻辑起点、理论体系和研究方法；需要深入研究思想政治教育方法发生发展的规律，准确把握思想政治教育方法领域的研究状态，科学总结思想政治教育方法改革的经验，系统建构现代思想政治教育方法论的完整体系。在新的历史时期，在系统梳理已有思想政治教育方法的基础上，进行深入的理论研究，促使思想政治教育方法由经验型向科学型的转变，无疑会补充和完善思想政治教育的理论体系，推进思想政治教育的学科建设、增强思想政治教育的实效性。

（二）有利于解决思想政治教育现实问题

思想政治教育方法研究，有助于解决思想政治教育方法与思想政治教育的时代背景、环境条件和教育内容是否适应的现实问题。当今世界，政治、经济、文化都处于快速变化之中，思想政治教育内容也相应地处于不断变化之中。思想政治教育的方法必须与时俱进，才能适应思想政治教育时代背景环境条件和教育内容的变化，满足思想政治教育的现实需要，解决思想政治教育的现实问题。经济全球化的时代浪潮，我国改革开放、科教兴国、可持续发展国策的制定和实施，构建社会主义和谐社会，建设生态文明的伟大实践，中国特色社会主义理论体系的产生和发展，一方面解放了人们的思想，更新了观念，扩大了人们的知识范围，丰富了教育内容，另一方面也给思想政治教育方法的研究提出了新的要求。例如，社会主义和谐社会的构建使和谐教育成为思想政治教育的重要内容，就要求我们深入研究和谐教育的方法；生态文明建设使生态教育成为思想政治教育的有机组成部分，就要求我们积极探索生态教育方法。研究思想政治教育方法，将使思想政治教育体现时代性、把握规律性、富于创造性，从而适应新的时代背景、环境条件和教育内容。

（三）有利于增强思想政治教育的实效性

"有效的思想政治教育方法需要以对思想政治教育方法的正确认识为前提"①。正确认识思想政治教育的方法，就是要通过学习、研究，把握思想政治教育方法的本质、特点、应用条件和实施程序，从而使思想政治教育方法有效地发挥作用。学习把握、恰当使用思想政治教育方法，可以促使思想政治教育做到"晓之以理""辅之以形""动之以情""导之以行"，做到"深""透""活"。如我们可以运用案例式方法，通过模拟真实的事例，让教育对象在特定的情景中受到触动、感染和教育；可以运用启发式方法，把讲解的内容和教育对象的思考有机地结合起来，调动教育对象的积极性、激发教育对象的思维、培养教育对象的兴趣；可以运用讨论式方法，通过双向交流、专题论坛、学员论坛、经验交流、学术沙龙等多种讨论形式，教育对象的各种思想观点在相互激荡中，与社会主义主旋律达成的共识；可以运用参与式方法，在教师的具体指导下，鼓励教育对象积极参与教育目标设计的制订、教育过程、教育评估，使教育对象在参与过程中，自觉实现对社会主义核心价值体系的价值认同；可以运用互动式方法，使教育者和教育对象互为主体，使教育者和教育对象双边活动有机结合，形成教育者和教育对象共同发展的和谐统一的教育氛围；可以运用体验式方法，采用现场教学、社会考察、模拟法庭、庭审观摩、媒体采访、拓展训练等形式，使教育对象在真实体验中，提高思想政治素质；可以运用研究式方法，结合课程教学内容、培养目标，通过引导、促进、支持、指导教育对象的研究性学习活动，来完成课程教学任务。当然，教学有法，教无定法，贵在得法，上述思想政治教育方

① 祖嘉合．思想政治教育方法教程［M］．北京：北京大学出版社，2004：4.

法可以因时、因人、因事灵活运用、综合运用。

三、思想政治教育方法研究的基本方法

思想政治教育方法研究需要吸收、借鉴国内外相关成果的合理因素，必须考虑思想政治教育系统性和动态性的特点。因此，思想政治教育方法研究的基本方法主要包括比较研究方法、系统研究方法和动态研究方法。

（一）比较研究方法

比较研究方法，又称类比分析法，是指对两个或两个以上的事物或现象进行对比，以找出它们之间的相似性或差异性的一种分析方法。思想政治教育方法的比较研究方法，就是在对世界主要国家思想政治教育方法的历史与现状以及思想政治教育的主要方法进行具体分析的基础上，比较其优劣，区分其良莠，分清其善恶，并结合中国实际，吸取合理因素，“古为今用”“洋为中用”，从而丰富和发展我国当代思想政治教育方法体系。

思想政治教育方法研究需要在开放的视野中进行。邓小平同志曾说：“重要的是，切不要把中国搞成一个关闭性的国家。实行闭关政策的做法对我们极为不利，连信息都不灵通。”① 思想政治教育方法的研究也是如此，闭关锁国不利于我国思想政治教育方法体系的丰富和发展。尽管世界各国思想政治教育的内容不尽相同，在意识形态方面存在较大甚至巨大差异，但一些行之有效的具体教育方法还是可以有选择、有批判地借鉴的。我们应该把我国思想政治教育的方法体系视为一个开放的系统，尽可能地吸取国外能为我所用的思想政治教育方法，对我国思想政治教育方法体系形成有益补充。同时，尽可能吸取我国古代思想政治教育方法的精华，以充实我国当代思想政治教育方法体系。

用比较研究的方法来观察和探究思想政治教育方法，首先要对国外常用思想政治教育方法和我国历代思想政治教育方法的历史成因、发展轨迹、现实状况、理论依据、应用目的、应用程序、应用条件、应用效果、意识形态倾向进行深入细致的分析。其次，理清其方法本身的优势和缺陷，理论依据的正确与误区，价值目标的臻善或趋恶，进而确定其取舍，明晰其借鉴的注意事项。在这一过程中，要坚持“结合中国实际，吸取合理因素”“古为今用”“洋为中用”，一要看国外常用思想政治教育方法和我国历代思想政治教育方法的应用条件是否符合当

① 邓小平文选（第 3 卷）[M]. 北京：人民出版社，1993：306.

代中国国情，即在当代中国国情条件下是否可用；二要将可用的方法纳入我国当代思想政治教育方法体系，优化我国当代思想政治教育方法体系的结构和功能；三要使可用的具体方法服务于我国思想政治教育的意识形态功能，用来促进马克思主义、毛泽东思想和中国特色社会主义理论体系的教育，以及爱国主义、社会主义、集体主义和党的基本路线、方针、政策的教育，等等。其中，既有横向的比较研究，又有纵向的比较研究，也有两者的结合。

（二）系统研究方法

系统研究方法，就是按照事物本身的系统性，把我们所要研究和处理的对象，放在一个开放的系统中加以考察的方法。运用系统研究方法，是要将所面临的对象看作是一个系统，按照系统特征和运动规律，来研究和解决我们要解决的问题。系统研究方法作为思想政治教育方法研究的基本方法之一，是以思想政治教育方法体系为研究对象，将思想政治教育方法看作是一个系统，解决如何对思想政治教育方法进行规划、组织和管理，使之获得最佳效益的问题。

思想政治教育方法按其适用范围，大致可以分为以下几个层次：“第一，思想政治教育的原则。这一层次的方法是在思想政治教育全过程中都起指导作用的方法，它规定了其他方法运用的方向、准则和要求……第二，思想政治教育的具体方法。这一层次的方法，是适用于思想政治教育各主要环节的方法，它受原则方法的指导，在思想政治教育的各个环节上起主干作用……第三，思想政治教育的操作方式。这一层次的方法是具体方法的实际运用，是具体方法在不同范围、不同条件下的特殊方式，它使具体方法更加程序化规范化，更具有应用性……这几个层次，是按一般、特殊、个别的关系组合而成的方法论整体。”① 也就是说，各层次的思想政治教育方法相互联系、相互作用、相互影响，构成了一个有机系统。因此，思想政治教育方法研究必须坚持系统研究方法。

运用系统研究方法，第一，要树立整体观念，这是系统研究方法的出发点。把思想政治教育方法体系作为研究和处理事物的对象，从方法体系和具体方法的相互依赖、相互制约的关系中，去解释系统的特征和规律。第二，要注重综合效果。运用系统研究方法，不只是对思想政治教育方法体系的整体的、笼统的认识，还要对思想政治教育方法体系加以分解。因为思想政治教育方法系统的各要素对整体有独特的功能，有其特殊性，不可被其他要素代替。系统研究的目的在

① 郑永廷. 思想政治教育方法论［M］. 北京：高等教育出版社，1999：19.

于揭示方法体系中各要素和各子系统之间所存在的相互关系及变化对总系统的影响，以做出适当的决策来优化系统，而非将思想政治教育方法体系各要素简单和机械相加。思想政治教育工作者要协调各要素的关系，使其方法体系的整体功能大于各要素功能之和，提高系统整体的效果。第三，对思想政治教育某种方法的研究，不能仅局限于其内涵和特点的一般阐述，而要在与思想政治教育系统诸要素的关联中进一步研究其理论依据、具体应用、优点和缺陷、注意事项等，从而形成关于该方法的系统认知，提高其在应用中的针对性和实效性。第四，要系统梳理文献。广泛系统地收集文献是开展思想政治教育方法论的前提基础，可以节省人力物力和时间。但由于资料庞杂，故在运用文献法时，必须坚持系统梳理的原则，既要系统梳理历史上关于思想政治教育方法的资料，又要系统梳理当代关于思想政治教育方法的资料；既要系统梳理思想政治教育学科、马克思主义学科的相关资料，又要系统梳理政治学、教育学、伦理学、心理学、社会学等相关相近学科的资料。在此基础上，还要辨别真伪、综合分析。

（三）动态研究方法

既然思想政治教育方法是一个开放的发展的系统，那么对思想政治教育方法的研究就必须在运用系统研究方法的同时运用动态研究方法，体现时代性、把握规律性、富于创造性，促使思想政治教育方法随着客观实践的发展而与时俱进。

思想政治教育方法的研究必须体现时代性。时代性是一定时期经济、政治、文化等状况的总和，是一个客观的历史进程。当今时代是一个经济全球化、政治多极化、价值多样化、信息网络化的时代。任何思想理论要始终保持旺盛的生命力，就必须与时代发展相一致。思想政治教育方法的研究必须要在突出时代性上下功夫，用当今时代的眼光审视思想政治教育方法的发展脉络，反映当今时代发展的需求和特征，解决当今时代所提出的思想政治教育问题。

思想政治教育方法研究必须把握规律性。规律是不以人的意志为转移的客观存在，把握规律性是理论研究和理论创新的根本要求和根本目的。我们进行思想政治教育方法的理论研究和理论创新，根本目的就在于认识、把握和利用思想政治教育方法形成、发展的规律。研究思想政治教育方法，必须坚持马克思主义的辩证唯物主义和历史唯物主义，遵循人的思想政治品德形成发展转化规律，揭示思想政治教育方法的发展进路及其内在的、本质的必然的联系。只有这样，我们才能不断深化对思想政治教育方法发展的规律性认识。

思想政治教育方法研究必须富于创造性。创新是民族进步的灵魂，是国家兴旺发达的不竭动力，也是人类实践活动不断发展的动力源泉。任何科学理论要始终保持蓬勃的生机和旺盛的活力，就必须始终随着时代和实践的进步而不断丰富和创新。富于创造性是理论研究和理论创新的必然要求。思想政治教育方法的研究必须勇于面对国内经济多样化和思想文化多元化、全面建设小康社会、世界范围内各种思想文化相互激荡等新形势，敢于迎接经济全球化、社会网络化和信息化所提出的新挑战，抓住有利时机，巩固已有成果，弥补薄弱环节，积极探索新形势下思想政治教育方法发展的新特点、新思路，提出适合新形势下思想政治教育的新方法。

第一章 思想政治教育方法的发展与比较

思想政治教育是一种普遍存在的历史现象，而这种历史现象必然与当时历史发展紧密联系。不论是中国古代还是西方思想政治教育方法，都反映出各自历史阶段和背景下所具有的特点。本章所论述的中国古代和西方国家的思想政治教育方法，就是从方法层面上来进行探讨。从历史发展的角度，对比不同社会思想政治教育的方法，以此来了解不同社会思想政治教育方法的异同之处。通过研究中国古代和西方思想政治教育方法及特点，取其精华、去其糟粕，对探索和创新当代思想政治教育方法，提升思想政治教育效果，都具有重要意义。

一、中国古代思想政治教育方法及其特点

中国古代社会经历了原始社会、奴隶社会和封建社会三个阶段。中国古代思想政治教育方法的萌芽始于原始社会。原始社会思想政治教育主要体现在日常交往、集体生产劳动和原始宗教活动中。由于当时教育还没有从生产实践中分化出来，加之没有文字、书本，所以教育通常采用口耳相传、观察模仿等方式，其特点主要表现为生存性、渗透性、平等性、自觉性和单一性。到了大约公元前21世纪，中国进入奴隶社会，思想政治教育开始有了一定的发展。由于阶级的出现，脑力劳动和体力劳动开始分离，随着文化的发展和文字的产生，奴隶主为了维护其统治地位，除严刑峻法外，还利用宗教迷信欺骗和麻痹奴隶及平民，通过“崇德尚礼”的手段来缓和阶级矛盾，维系统治阶级内部等级名分。奴隶社会还通过开设奴隶主学校，由教师讲授音乐、射箭、道德和礼仪等，把德育作为教育的主要内容，为了阐明并教导民众人与人之间应当遵守的关系准则。随着奴隶主贵族阶级统治的结束，封建制度建立，随着政治、经济、文化的发展，思想政治教育方法进入繁荣阶段，特别在汉代董仲舒推行“罢黜百家，独尊儒术”之后，由孔孟为代表的儒家所创立的理论和方法便被全面推行，成为后来历代封建王朝维护其统治的有效手段。因此，中国古代思想政治教育方法，主要是讲儒家的伦

理道德教育方法。

（一）中国古代思想政治教育特点

中国古代社会是一个以血缘关系为纽带的宗法社会，又是一个具有贵贱尊卑、长幼有序的等级社会。中国古代的思想政治教育方法受到中国古代的政治、经济、文化的影响和制约。中国古代的思想政治教育方法同西方国家思想政治教育方法相比，具有明显不同的特点。

1. 伦理方法的政治性

中国古代思想政治教育方法是以儒家伦理方法为基点。以孔孟为代表的儒家思想，最为强调的就是伦理道德，突出政治与伦理相结合。在中国古代各种政治制度、礼仪规范、社会习俗中都渗透着浓厚的伦理道德要求，而这些伦理道德基本的原则、规范又直接起到维护封建政治制度的作用。因此，儒家思想是一种基于伦理道德服务于政治制度的思想。儒家伦理方法应用在治国理政方面，主张以德治国的“德政”方略；在对待民众方面，主张以道德教化为根本的教民方式；在对待家族方面，主张教以人伦，讲究孝亲的以家族为本位的伦理道德教育；在对待师长、朋友和他人方面，主张讲敬重亲和，注重讲信修睦；在对待自己方面，主张静以修身，强调克已内省。可以看出，儒家伦理思想具有很强的系统性，体系十分严密，不仅表现为注重各方面的具体要求，而且还注重各方面的有机结合。一方面，强调个人养成、家庭管理、治国理政的结合，提出“修身、齐家、治国、平天下”的逻辑，突出了为统治阶级服务的思想。另一方面，强调宽人与律己相结合，突出了解决人际关系以“和合”和“中庸”为原则，有利于处理人与人、地区与地区、民族与民族之间的关系，客观上促进了社会安定团结，有利于国家政治稳定。

2. 伦理方法的传承性

中国的伦理方法具有很强的历史传承性。周朝的统治者认为商纣灭亡的根本原则在于暴虐无道，无德于百姓。所以周公就提出要“以德配天”“敬德保民”，倾向于实施“德政”的思想。到了春秋时期，孔子继承了周公的思想，并在此基础上提出“仁”和“礼”的思想，以“克己复礼为仁”，把恢复周礼作为“仁”的目的，使此二者紧密结合，并将这一伦理思想推及国家政治，明确主张在政治上实行“德政”。到了战国时期，孟子发展孔子的思想，并在此基础上提出了“民贵君轻”的观点，主张“人性本善”，认为政治上应该实行“王道”，认为以德服人才能“得民心”。到了汉代，董仲舒借“君权神授”之名，推行“罢黜百家，独尊儒术”，巩固并发扬了儒家伦理思想，使儒家思想及其方法被历代封建统治者所传承，儒家的伦理方法也因此被推上了“独尊”的地位。在此后的数千年封建王朝里，伦理方法体系在儒家思想的基础上得到不断丰富和发展，相继出现诸如“三纲”“五常”“四维”“五伦”“三从”“四德”等具体伦理规范和修养方法。可以看出，中国古代思想政治教育方法的内涵品质是一直都在传承的基础上不断发展的，其为统治阶级服务的本质也在这一过程中得到继承和发扬。

3. 方法途径的内在性

中国古代思想政治教育方法以伦理教育为核心，其教育方式突出强调“内化”“内圣”。儒家伦理思想强调内在的人格意识。孔子认为人要讲人格，每个人都有自己的价值，既要肯定自身的内在价值，也要肯定别人的内在价值，即人格价值，认为人格价值比生命更宝贵。人的内在价值是铸造道德观念的核心依据。一是在治国教民上，儒家强调通过以德教民代替施加刑法而使民众归服。孔子强调：“夫民，教之以德，齐之以礼，则民有格心；教之以政，齐之以刑，则民有遁心。”孟子在治国教民的方法上，追求一种内在价值的教化方法，主张通过道德来说服民众，把道德说服作为征服人心的内化方法。孟子指出：“以力服人者，非心服也，力不赡也；以德服人者，中心悦而诚服也。”孔孟还认为，不仅是国家层面，而且在家庭层面也应采用道德教化方法，这样才能国泰民安。二是在个人修养上，儒家提出“内圣外王”的方法。“内圣外王”即内修圣人之道，外施王者之政。“内圣”旨在追溯道德价值的源头，“外王”旨在实现道德价值的贯彻。儒家为实现“内圣外王”提出一系列方法，如学思结合、知行统一；内省、自省、反省；修己、责己、克己；自观、自度、自重等方法。这些方法突出个人自我的认知、反省、克制和教化，强调实现个人自觉的内在控制。这种内在控制本质上都是为封建统治阶级服务的。

4. 方法使用的强制性

儒家的伦理方法同中国古代专制制度相结合，从国家层面保证了其被强制推行，实现了所谓的“独尊儒术”。国家专制是伦理专制统一的前提和保证，而伦理专制统治则是政治专制的思想理论基础。政治上的等级制和伦理上的等级制是一致的，政治上的控制和伦理上的教化是相通的。在社会民众层面，实行政治与伦理双重管制。从户籍制度，到设立学校；从制定家规，到乡规民俗，都必须以儒家伦理方法为依据，如有违反，轻则惩罚，重则灭族。这种儒家伦理教育方法的强制实施，覆盖到国家每个角落。这种特定封建专制的环境，带来很大的局限性，也限制了多元化思想的发展。虽然儒家思想的“独尊”，影响到其他思想的发展，但却在千年历史的长河中，实现了文化的延续。儒家思想作为中华思想的根基，对后世影响甚大，其所崇尚的仁慈、善良、勤劳、朴素等传统美德，对当今我国精神文明建设具有重要借鉴作用。

（二）中国古代思想政治教育的主要方法

中国古代思想政治教育方法林林总总、博大精深，特别是儒家的伦理方法在中国封建社会一直居于主导地位，为历代统治者所看重，发挥着重要作用。这里重点对社会教化和自我修养两方面的主要方法进行概述。

1. 教化方法

“教化”也叫教育感化。教化方法，是指统治阶级用自身思想体系对教育对象进行有目的、有组织的教育和影响。教化是一种注重外在思想灌输的外化方法。从民众角度而言，教化是一种学习模仿，是观念行为、风俗习惯的养成过程。具体而言，教化方法主要包括：教育灌输、化成民俗、身教示范、礼乐配合等方法。

第一，教育灌输。灌输是教化的基础。封建统治者为了传播、灌输儒家思想，使儒家经典《诗》《书》《易》《春秋》《论语》《孟子》等得以普及，历代统治者将这些著作尊奉为“经”，认为这些经书字字珠玑，绝对正确，后人不得任意改动，只能奉读铭记，无条件接受。为了推动经书内容传播和普及，能够让普通民众所接受，深入人心，一方面，在学校教育中利用课堂系统灌输儒家经典，重点教授“四书五经”“三纲五常”、道德规范和行为礼仪等内容；另一方面，通过编写和普及蒙书的手段来灌输儒家伦理道德思想。如用于青少年启蒙教育的读物有《三字经》《童蒙须知》《二十四孝图》等，用于妇女教育的读物有《女儿经》等，用于教人为人处世的读物有《增广贤文》等。这些读物以通俗易懂、喜闻乐见的故事来传播儒家道德思想，便于普及和流传，使人印象深刻，成功达到了普及儒家伦理道德的教育目的。

第二，化民成俗。化民成俗就是教化百姓，使其形成良好的道德习惯。中国古代统治阶级化民成俗的方法非常丰富。一方面，官方进行强制训化。一是设立机构和人员进行专职教化。如秦汉时期十里设亭，亭有亭长；十亭一乡，乡有“三老”。“三老”就是专门负责进行教化的人员，其任务主要是发现在其职权范围的道德典范，一经发现就要向上奏报朝廷，门庭悬挂荣誉匾额以示表彰。除此之外，还采取树立典范、加官进爵、树立牌坊、修建祠堂等方法，促成良好风气形成。二是制定乡约民规。乡约民规是古代民间特有的百姓互教互助的方式。百姓通过自己制订道德规范，宣传尊老爱幼、以孝为本等道德思想，促进人们形成良好的道德修养。三是把伦理道德规范寓于家规、村规、族规之中。这些训化内容具有普及度高、通俗度高、针对性强等特点，所以对民众影响深远，对于普及儒家文化及规范百姓起到了很好的效果。另一方面，人民群众在生活实践中的自发养成。随着生产和生活经验的积累，逐渐形成了许多同生产、交易、服饰、饮食、起居、亲族、礼仪等的习惯，这些习惯都具有特定的礼俗要求，而这些礼俗在民众中普及推广便形成民俗。民俗深受儒家伦理道德的影响，打上了封建主义意识形态的印记，并通过家风、家教等方式世代相传。

第三，身教示范。在教化过程中，儒家特别重视教育者的言传身教，要求教育者要以身作则，率先垂范。孔子认为，正人要先正己。社会道德风尚的好坏取决于统治者的道德风貌。因此，作为统治者要树立“圣人”理想人格，具有全德、全智、全功的特征。只有达到了这些要求，统治者才能教化百姓，开启民智。儒家对教师的要求更高，认为教育者要为人师表。教育者如果自身行为不端，却要求教育对象遵守道德准则，是不能让人信服的。因此，教育者要以自己的负责精神、谦恭态度和博学多知来教育和感化学生。

第四，礼乐结合。传统礼教重在传播社会的礼仪和道德规范，主要以外在的、强制的方式来进行，目的是维护人际关系和社会结构的和谐稳定。乐教则重在对教育对象进行潜移默化的教化，陶冶其性情。而礼乐结合，就是将对教育对象所要求的行为和道德规范，内化为情感体验和意志培养之中，从而转化为人们的实践行动，并进一步成为人们的自觉行为习惯。礼乐结合作为中国古代传统德育中教化民众的重要方法，具有许多独特的方式。如通过评话、弹词、鼓词等通俗文艺形式，向那些没什么文化不认识字的农夫、家庭妇女和小市民实施教育，让无法接受正统教育的一般民众也可以通过这种大众方式得到教化。

第五，环境陶冶。儒家思想认为，环境对人的品格形成能够产生潜移默化的影响。因此，要求教育者要积极创造良好的教育环境或运用环境中的有益因素，使教育对象始终处于有利于德行培养的良好环境中，对教育对象形成潜移默化的作用。儒家思想认为，良好的环境要从家庭、学校、社会三方面入手。家庭教育是伦理道德教育的基础，其重点在于培养孝德，认为道德教育首先是孝德，孝德是一切道德实践的起点。学校教育是道德教育最好的途径，教育者首先要育人之德，教授学生做一个道德高尚的人。社会环境也对伦理道德教育起到非常重要的作用，孔子就把人们道德品质的差异归结为环境影响的结果，所以很注意利用环境对人进行陶冶，讲究“居必择邻，游必择士”。

第六，践履笃行。统治阶级进行儒家伦理教化，其根本目的还是要将儒家思想转化为实践。孔孟等儒家先贤都曾高度赞扬那些能够真正遵守道德规范、身体力行的人。孔子认为，一个人所表现出来的品德，不能只听其言，更重要的是观其行。孔子主张“君子欲讷于言，而敏于行”。一个人如果只懂得怎样做人，并不算有道德修养，只有做到知行合一，言行一致，真正实践道德规范，才算是真正具有道德修养。学以致用，学习的目的全在于应用。中国古代所主张的应用和践履笃行，与今天所说的参加社会实践本质上是不同的，古代所谓的践，根本上讲还是道德修身的方法。

2. 自我修身方法

儒家思想中的修身，强调自我修养、自律自教，是一种以教育对象内心活动为特征，注重其内心思想转化的方法。自我修身的本质是注重人们进行自我修养、自律自教的自觉性，从而调动教育对象的内在积极性和主观能动性，充分发挥内因在教育中的作用。在封建社会，统治阶级积极推行自我修身方法，目的是为了使人们能够自觉以统治阶级的政治原则和道德要求为标准，时刻检查和约束自己，起到维护统治阶级政治思想的目的。统治阶级还总是将修身与治国紧密联系，提出修身、齐家、治国、平天下的逻辑，修身则处于核心位置，目的是为了齐家、治国、平天下。

第一，学思结合方法。人的修养包括理论修养和实践修养，其中理论修养就是学和思的过程。儒家一直注重学思结合的方法，强调“学而不思则罔，思而不学则殆”，认为个人进行修身，既要重视学，又要重视思，只学不思则会没有结果，只思不学就会流于空想，认为学和思是解决个人认知问题的主要方法和途径。具体而言，“学”是指学习道德知识，掌握道德理论。“思”在孔子认为：“君子有九思：视思明，听思聪，色思温，貌思恭，言思忠，事思敬，疑思问，忿思难，见得思义。”孔子在“九思”中，不仅提出了关于“思”的具体要求，还提出“近思”“切问”的具体方法，强调思考要联系自身的思想和行为，不断地进行修养，从而使“仁”“礼”的思想内化为自身的思想。

第二，自省方法。自省，即自我内省、自我反省的修养方法，是一种在思维深处进行修养的方法。儒家特别推崇这一方法，认为自我反省是完善人格，达到道德至高境界，成为圣人、真人的途径。因此，儒家十分强调省察克制，对自己的道德品质严格要求，注重自我反省。孔子在《论语·里仁》中写道：“见贤思齐焉，见不贤而内自省也。”孔子的弟子曾子在《论语·学而》中提出：“吾日三省吾身”的主张。儒家还提出与自省、内省、反省相关的一些自我修养方法。

孟子发展了孔子的自省方法，提出“反求诸己”的方法，即当遇到别人以不合理的态度来对待自己的时候，首先要进行自我反省，通过严格要求自己，检讨自身不足，处理好人际关系。

第三，克己方法。“克己”是一种重要的行为修身方法，指在反省之后，要进行自制和克制，具体要求就是要以统治阶级的道德标准来进行约束和克制，它是儒家采取的重要修身手段。孔子认为“克己复礼为仁”，意思就是要用礼约束自己的行为，个人能够克制自己的言行都合乎礼的要求了，就是“仁”了。除了“克己复礼”之外，还有“约之以礼”，也是要用“礼”来约束自己。孔子将克己的办法具体化为“四勿”“三欲”。“四勿”即“非礼勿视，非礼勿听，非礼勿言，非礼勿动”；“三欲”即“克欲”“禁欲”“寡欲”。这种以“礼”“仁”来克制欲望、约束行为的方式，其本质是为封建统治阶级服务，具有一定的负面作用，诸如扼杀个性，奴化民众，抑制创造。儒家克己思想还包括严以律己、宽以待人；自卑尊人、先人后己；以己度人、将心比心；礼尚往来、以德报怨等，这些高尚的道德要求成为我国传统美德的一部分。

第四，慎独方法。“慎”就是小心谨慎、随时戒备；“独”就是独处，独立行事。所谓慎独，是指人在没有外在监督独处的情况下，能自觉按一定的政治、道德准则来要求自己，按照其准则进行思考和行动，不做违反准则的事。《礼记·中庸》记载：“道也者，不可须臾离也，可离非道也。是故君子戒慎乎其所不睹，恐惧乎其所不闻。莫见乎隐，莫显乎微，故君子慎其独也。”意思是品德高尚的人在暗地里不要做不道德的事，在细小的事情上也不要违背道德。因此，能够做到“慎独”，表明道德修养已经达到了很高境界，坚持“慎独”是具有相当难度的道德修养方法。

二、中国共产党思想政治教育方法的发展

思想政治教育是中国共产党的优良传统，作为思想政治教育重要组成部分的思想政治教育方法，同样是我们党的宝贵财富。为了继承和发扬党的思想政治教育的优良传统，需要对其历史发展脉络进行必要的概括。总体而言，党的思想政治教育方法，大体上经历了三个发展阶段。

1. 党的思想政治教育方法萌芽与初步形成

中国共产党诞生后，面临的首要问题是实行马克思主义普遍真理同中国革命实践相结合的问题。毛泽东指出：“中国人民找到了马克思列宁主义这个放之四

海而皆准的普遍真理，中国的面目就起了变化了。"①马克思主义作为人们观察和处理中国革命问题的武器，作为中国共产党人的基本立场、观点和方法，促进了人们思想解放，使人们看到了民族解放和革命胜利的希望，而且逐渐学会运用唯物辩证法认识自身命运，处理思想政治领域的复杂问题，为党的思想政治教育方法的形成提供了坚实的理论基础。

党的思想政治教育方法初步形成于 20 世纪二三十年代。中国共产党诞生以后，在运用马克思主义基本原理认识和解决中国革命具体问题时，围绕宣传教育进行了一系列的创造性探索。一方面，通过办报刊、学会、学校，广泛开展了马克思主义宣传教育活动。另一方面，共产党人深入工农，自觉地将马克思主义普遍原理同工人运动和农民运动结合起来。特别是毛泽东、周恩来、刘少奇、朱德等老一辈无产阶级革命家，自觉在革命实践中运用马克思主义宣传群众、武装群众，创造了许多行之有效的思想政治教育方法。毛泽东深入农村、工厂的调查研究活动，周恩来等在黄埔军校成功开展思想政治工作，是建党初期思想政治教育方法的突出成果。在这个时期，马克思主义普遍原理同中国革命具体实际相结合的方法论原则，理论联系实际的原则，马克思主义的灌输论，以及调查研究的基本方法在实践中均已初步形成。

思想政治教育方法初步形成的标志是毛泽东的重要著作《古田会议决议》和《反对本本主义》的发表。《古田会议决议》系统总结了党成立以来军队思想政治教育的经验，除了系统分析党内存在的各种错误思想倾向外，对克服和纠正党内错误思想的方法也进行了全面的总结，对马克思主义理论教育、正确路线教育、创办报刊、编写书籍、开展批评与自我批评，以及马克思主义理论教育的讲授方法都提出了明确的要求。《反对本本主义》是毛泽东系统概括思想政治教育方法的著作，该文把调查研究和应用马克思主义理论联系起来同执行党的路线和策略相结合，反对主观主义，坚持党的正确思想路线，阐明了调查研究的重要性，提出了"没有调查，就没有发言权"的著名论断，从而使调查研究方法更加理论化和系统化。

2. 党的思想政治教育方法体系的基本成熟

1935 年遵义会议以后，党更加成熟起来。在此基础上，毛泽东撰写了《实践论》和《矛盾论》，为思想政治教育提供了哲学方法论指导，为思想政治教育理论和方法的成熟准备了理论条件。抗日战争时期，是比大革命时期更加激烈更

① 毛泽东选集（第 4 卷）[M]. 北京：人民出版社，1991：1470.

加残酷的斗争时期，为了把抗战进行到底，必须加强思想政治教育，调动一切积极因素，团结一切可以团结的力量为抗日战争服务。在这个时期，思想政治教育方法得到了很大发展。1939 年刘少奇发表了《论共产党员的修养》一书，运用马克思主义基本原理，系统、全面、深入地阐述了共产党员自我修养、自我教育的重要性，提出了进行学习、修养的系列方法。1942 年延安整风运动期间，毛泽东发表了《改造我们的学习》《整顿党的作风》等重要著作，标志党的思想政治教育方法的成熟。在这些著作中，毛泽东系统地论述了党的思想政治教育的民主方法、理论联系实际、批评与自我批评等一系列方法，正如毛泽东后来所总结的："在一九四二年，我们曾经把解决人民内部矛盾的这种民主的方法，具体化为一个公式，叫作'团结—批评—团结'。讲详细一点，就是从团结的愿望出发，经过批评或者斗争使矛盾得到解决，从而在新的基础上达到新的团结。"① 这里指的思想政治教育的民主的方法，就是说服教育的方法，就是"团结—批评—团结"的方法。人民内部的思想问题、认识问题、是非问题是不能用行政命令的方法，用强制压服的方法，或者用"残酷斗争、无情打击"的方法加以解决的。同时，延安整风运动强调了系统的马克思主义教育的重要性，强调了必须树立优良学风，反对把马克思主义理论当成僵死不变的教条，要求学习马克思主义的立场、观点和方法，用马克思主义的立场、观点和方法解决实际问题，把理论与实际结合起来。延安整风运动所提出的一系列教育方法，不仅保证了延安整风运动取得成功，而且形成了思想政治教育的方法论体系，推进了革命的顺利进行。

3. 党的思想政治教育方法体系的丰富发展

新中国成立以后，我国革命事业进入一个新的历史时期，党在新形势下继承和发扬了思想政治教育的优良传统，把思想政治教育也推进到一个新的发展阶段。从 1956 年到 1966 年开始全面建设社会主义的十年和"文化大革命"十年中，由于社会主义建设的经验不足，对经济发展规律和中国经济的基本情况认识不足，党犯了急于求成和夸大主观作用的错误，特别是十年"文化大革命"的全局性错误，使党的思想政治教育受到极左错误的影响而遭受重大损失。尽管存在"左"倾错误的严重干扰，但党的思想政治教育的优良传统仍有所发扬，思想政治教育方法在这个时期仍有一定的发展。毛泽东发表的《关于正确处理人民内部矛盾的问题》，提出用不同的方法处理两类不同性质的矛盾，创立了正确处理人民内部矛盾的理论。文章提出的许多重要命题，如用民主的方法处理人民内部矛

① 毛泽东文集（第 7 卷）[M]. 北京：人民出版社，1999：210.

盾的理论、“世界观的转变是一个根本的转变”，正确处理个人利益、集体利益和国家利益三者之间的关系，思想政治教育全社会都要管等，都是思想政治教育方法的新发展。在这一时期，毛泽东还发表了《工作方法60条》，也为思想政治教育方法增添了许多新的内容，诸如放手发动群众，一切经过试验的方法；“解剖一个或几个麻雀”，取得经验，突破一点推动全面的方法；既要注意调查又要注意研究的方法；在对立中把握统一，在统一中把握对立的方法；做工作要抓住中心抓住重点的方法；认识事物要用比较法；用抓两头带中间促进全面工作的方法等，都大大丰富和发展了思想政治教育方法体系。

党的十一届三中全会以来的四十多年，是我国改革开放不断深化、社会主义现代化建设飞速发展的年代，也是中国社会发生深刻转型的新的历史时期，思想政治教育经受了历史的考验与挑战，也取得了长足发展，为思想政治教育体系的时代化奠定了基础。党的十八大以来，中国特色社会主义进入新时代，在党领导人民进行具有许多新的历史特点的伟大的战争中，在应对世界百年未有之大变局和实现中华民族伟大复兴的战略全局中，以习近平同志为核心的党中央高度重视意识形态工作和宣传思想工作，思想政治教育有了新发展，展现出新特点。在党中央的正确领导和统一部署下，宣传思想工作战线积极研究新情况，探索新问题，解决新课题，思想政治教育及其方法在理论和实践两个层面得到了全面发展，使党的思想政治教育理论与方法体系得到了极大的丰富和发展。

三、西方国家思想政治教育方法及其特点

西方国家思想政治教育的方法，有其独特的政治、经济、文化背景，根本上为其政治、经济、文化制度服务。从历史发展角度，西方国家思想政治教育方法的发展大致经历三个阶段。第一阶段，宗教方法主导阶段（古代到19世纪）。西方国家的政治、道德教育同宗教紧密结合，宗教伦理的方法主要以教义为宗旨，采取宗教灌输、宗教仪式、宗教训练、宗教管制、忏悔盲从等。如古希腊、古罗马时代，政治教育、伦理教育虽受城邦政治制度、希腊哲学、罗马法典的制约和影响，但随着基督教和经院哲学的兴起，政治和道德教育便隶属宗教。第二阶段，权威方法主导阶段（19世纪到第二次世界大战）。这一时期，西方思想政治教育方法以权威管理和教育为主，其产生背景在于资本主义工业化大革命带来的对顺从人格的需要。国家工业化从根本上改变了经济和社会结构，资本家对工人实行严厉的监视和管制，需要具有顺从人格的产业工人成为干活机器。具有“科学教育学的奠基人”之称的赫尔巴特，把“管理、教学和训练”作为道德教育

的基本途径，强调权威管理、权威灌输，并采取相应惩罚手段达到强制教育的目的。第三阶段，学科方法主导阶段（二次世界大战前后至今）。这一时期的思想政治教育方法呈现出多样化，最明显的特征是学科性。在企业，随着生产技术和科学水平的迅速提高，科学与宗教、民主与专制产生激烈冲突，人们开始认识到不管是企业管理还是道德教育，都需要对人的认知、心理、行为和道德进行研究。如弗雷德里克·泰罗的科学管理理论，亨利·法约尔的组织管理理论，亚伯拉罕·马斯洛的需要层次理论等。在学校，西方国家也广泛开展对道德教育的研究。如杜威的实用主义德育理论，皮亚杰的道德发展理论，以及约翰·威尔逊和柯尔伯格的道德教育理论等。

（一）当代西方国家思想政治教育方法的特点

同东方国家相比，当代西方国家的思想政治教育方法具有明显的特点。这些特点，既与西方国家的文化传统有关，也与西方社会的政治经济制度有关。

1. 教育方式的宗教性

宗教一直是西方国家进行思想政治教育的主要手段，将伦理与宗教相结合是西方国家伦理道德教育的主要特征。进入 20 世纪，西方国家宗教教育的主导地位已经改变，随着资产阶级民主的扩大和科学水平的不断提高，宗教与民主、科学产生剧烈冲突。然而，在西方国家中，宗教与道德有其内在联系，无法完全割裂。西方国家允许人们信奉宗教，加入宗教团体，并在学校开设宗教课程。西方国家的宗教教育发挥着某种思想政治教育功能，通过宗教教育对其民众进行道德教育和政治教化，有利于维护其阶级统治和调和矛盾，一定程度起到维护社会稳定和解决人民精神困惑的作用。这种世俗道德教育与宗教教育并存的状况，也从一个侧面反映出西方社会现实与传统、精神生活与物质生活的矛盾。

2. 教育方式的多样性

西方国家的思想政治教育方法呈现出多样化特点。在实施思想政治教育中由于突出强调教育对象的个人价值所具有的独特性和权威性，不接受一般道德原则、规范和方法的传授，强调通过自主选择来获取价值。因此，这种放任的教育方式必然会导致教育方法的多样化和混乱。在西方各国的学校道德教育与企业管理中，各种不同的教育理论和方法都被允许使用。学校的教师和企业的管理人员，可以根据不同教育内容，不同教育对象，运用不同的理论和方法。这种针对教育对象选择使用教育方法，反映出西方个人本位思想和自由竞争的社会特性。虽然教育方法各有所长，但往往相互矛盾，呈现出局限性，影响和制约教育的效果。

3. 教育方式的渗透性

西方国家注重采取渗透式教育，这既是西方国家的传统，也是西方国家教育的特点。渗透式教育具有隐蔽性、渐进性和普遍性等特征。渗透式教育一般采取环境教育法、媒体教育法、活动教育法以及管理教育法等。环境教育法注重环境对人的思想品德起到的潜移默化作用，认为思想政治教育不是在封闭的环境中进行，在教育中应该积极营造良好的社会环境，如修建纪念馆、艺术馆、博物馆、体育馆、国家公园等多种场馆，利用现代传媒技术形象生动地宣传资本主义的传统和文化。西方国家还有意识地开展活动，将思想政治教育内容融入丰富多彩的活动之中，教育对象通过参加活动更加深入地感知教育内容。除此之外，西方国家还认为良好的管理是渗透教育有效开展的前提，其本身也是很好的教育方式。在日常工作中，通过加以条文化、规范化、制度化的各项管理，提高思想政治教育的有效性。如企业主对工人进行思想行为控制，便是通过企业的技术、经营、财务、安全、计划、人事等一系列管理来实现的。

4. 教育方式的实践性

西方学者普遍认为实践是教育的真正途径，要让教育对象通过实践来形成道德观念，提高道德修养，增强道德判断能力。在美国知名教育者杜威看来，教育不是独立于社会之外而单独存在，教育所具有的最大特点就是社会性。在教育活动中，老师不是唯一的施教者，教育过程就是生活和成长的过程。在这一过程中，任何人的成长和教育都无法脱离社会而单独存在，教育对象往往需要在取得社会经验之后，根据这些经验对自身之前的理论和德育知识进行判断。因此，教育者要为学生搭建平台，创造能够提前接触社会的机会。如美国的公民教育就注重学生实践能力的培养，通过“走向法庭”这种方式，让学生去当地法院旁听有关案例的审判活动，并根据他们所学的知识进行分析判断；还通过“自立校法”的方式，让学生撰写有关学校的规章制度，并共同进行讨论修订。除此之外，一些如哈佛等名牌大学，把申请入学学生的社区服务作为必需的经历，并在校内考核的内容中，将社区服务成绩单作为重要参考标准。

（二）当代西方国家思想政治教育的主要方法

科学的方法可以准确认知事物发展的本质，探索事物发展的规律，促进事物不断前行。西方思想政治教育方法经过长时间发展，已经形成比较完善的方法体系，取得丰富的教育经验。在当代西方国家思想政治教育和道德教育方法中，既有传统宗教方法，也有各种学科方法，每种方法各具特点。

1. 道德发展认知法

道德发展认知法，即以道德发展理论为基础的自我认知方法。这一理论的主要代表人物是美国道德哲学与心理学家劳伦斯·科尔伯格。他吸收了杜威、皮亚杰的研究成果，提出了“道德发展阶段”理论。这一方法认为，道德发展与道德认知有着密切关系，二者不可分割。道德发展过程总是遵循一定规律，道德认知是道德发展的基础，道德发展不能超越认知水平，道德思维是道德发展的核心；儿童的道德判断水平是有阶段的，这个阶段水平是由低到高的，人的认知水平和道德发展水平也是如此；寻求社会接受和自我实现是道德发展的本质，其有赖于每个个体对社会文化活动的参与程度。道德发展理论主要包括两种教育方法：一是道德讨论法。这种方法主要通过引导学生对道德两难问题开展讨论，从而引发认知上的冲突，以此达到促进积极的道德思维、促进道德判断发展的目的。这一方法的核心在于道德两难问题的选择设定。道德两难问题，即假想在一个场景之下人们必须做出他的道德选择，但是做出任何选择似乎都是符合道德规范的，但似乎又都是不道德的。教育者组织道德讨论时一般先测试学生道德发展的阶段，并按其发展阶段每 10 人进行分组，而后提出道德两难问题，引导学生展开讨论。讨论过程中教师要把握好问题讨论的方向，帮助学生正确理解和看待所讨论的道德问题。二是公正团体法。公正团体法是伦斯·科尔伯格在实施新柏拉图模式中倡导的道德教育方法。这一方法在于利用公正机制创设公正团体，利用公正团体培养学生的公正观念，从而达到更高的道德发展水平。这一方法强调团体教育的力量和民主管理的作用。这一方法内容主要包括：团体的公正结构水平，团体的民主管理程度，团体的道德氛围营造，团体中的自我教育等。通过这一方法，劳伦斯·科尔伯格从儿童的道德教育扩展到社会团体的道德教育，使德育从课堂走向生活，走向改造社会改造人的伟大实践。劳伦斯·科尔伯格的道德认知发展方法论还包括价值分析法、问题探讨法等，在西方国家产生重大影响，但也有其局限性一面，如过分强调道德认知、道德判断的作用，容易导致脱离实际等。

2. 价值澄清方法

价值澄清理论最早出现于 20 世纪 20 年代，在 60 年代逐渐形成一个德育学派，其代表人物主要有美国的路易斯·拉斯、里尔·哈明、悉米·西蒙和基尔申·鲍姆等人。这一方法认为，在价值形成的过程中，应避免观点的说教，要通过有道理的推理促进形成一致的价值，以帮助人们减少价值的混乱。价值澄清方法具体包括：一是关注生活。关注认为有价值的实务以及致使价值混乱和生活复杂的问题；二是接受现实。即原原本本地接受他人的一切，包括他人的观点、兴趣、情感等，不必对他人的言行进行评价；三是激发思考。激发进一步思考、反省各种问题，鼓励他们做出多种选择，更好地意识到个人珍视的东西；四是培养能力。通过价值澄清，促使思考个人价值问题，不断提高澄清能力和自我指导能力。在价值澄清方法具体实践中，包括选择、珍视、行动三个阶段，分完全自由选择、从多种可能中选择、对结果审慎思考后选择、珍惜爱护自己的选择、乐于公布自己的选择、根据做出的选择行事、作为生活方式不断重复。价值澄清法重视现实的生活实践，具有较高的可操作性和实效性，在西方各国普遍推广，但这一方法论的局限也十分明显，如过分强调价值观的相对性，容易导致相对主义；过分强调价值的个性特征，容易导致极端个人主义；忽视道德教育的具体内容、要求和行为的培养，容易导致形式主义等。

3. *社会学习方法*

社会学习方法理论的代表人物是美国心理学家班杜拉和米切尔等人。社会学习法认为观察是行为获得的基本方法，学习不仅仅是反映过程，还是认知过程以及人的自我调节过程。人的复杂行为的养成就是通过不断地观察、模仿、认知而形成的。人们既可以利用外部环境来直接强化学习，也可以通过观察、模仿等方式向他人学习，还可以通过锻炼、强化自我内在，从体验自身行为的可能预期结果中进行学习。社会学习法主要包括：一是榜样示范法。榜样示范法认为，榜样对道德发展具有重大影响，榜样示范是道德教育的主要手段。榜样广泛存在于现实生活中，不仅包括历史伟人、民族英雄、革命先辈，还包括家长、教师、同辈人等。社会中的任何事物都可能成为影响人们行为的示范榜样。榜样示范作用是多方面的，教育者要善于利用好的示范榜样，引导帮助教育对象进行观察、学习、模仿和认同。二是强化方法。社会学习论者对行为主义者关于强化的理论进行了继承和发展，将结果强化作为促进道德行为形成的重要手段。如成功、失败、奖励、惩罚等行为结果对道德行为的形成和发展起着重要影响。这些结果能够使人产生相应的期望，使特定行为随着正向结果预期而增加，随着负向结果预期而减少，从而实现正强化和负强化。在实施教育过程中，教育者通过合理使用强化手段，可以取得良好的教育效果。道德教育强化手段主要分为三种：一是直接强化，指从社会环境中获取的亲身经历对自身行为进行的强化；二是间接强化，指教育者通过间接方式对教育对象实施的强化；三是自我强化，指对自身道德行为进行的自我评价。社会学习方法将文化环境与人的道德发展联系起来，注重教育理论与生活实践的结合，被一些西方国家所采用，但因其在操作中缺乏具体程序，实施起来具有一定难度。

4. 政治社会化模式

西方国家在组织实施思想政治教育时，非常重视社会、学校和家庭之间的相互配合，注重思想政治教育的社会化，采取社会、学校、家庭三位一体的教育方式，形成覆盖全社会的思想政治教育网络。西方国家认为政治社会化有可能使国家自身的合法性得到普遍的认同和接受，还有可能降低国家治理成本利于社会稳定。除了最主要的学校教育以及家庭教育之外，借助政府等力量，调动各种社会资源参与思想政治教育工作成为西方各国教育的明显特点。西方国家政治社会化模式的推动主要有三种方式：一是政府主导。政府主导方式即由政府全面领导政治社会化，通过强有力的行政干预手段和措施进行推进。二是政党主导。政党是政治社会化的重要承载机构，政党以其自身的组织规则、活动模式、价值追求对政治社会化实施影响。一些一党长期执政的国家，政治社会化一般都是由政党所主导推动的。三是社会主导。国家对公民实施政治教育通过某些社会机构和非政府组织来承担。主要包括宗教组织、社区和社会工作体系，特别是以志愿服务和社会团体为依托，通过大众传媒、科研机构、企业等实施，政府对此进行间接调控而非直接管理。西方国家在推动政治社会化过程中，一般不采用强制方法，但如有必要，政府或社会机构也会借助一些强制性力量，使教育对象接受全社会的主导政治文化或意识形态。

四、中西方思想政治教育方法的比较借鉴

我国同西方国家实施思想政治教育在方法上各具特色、各有优长，通过将不同的方法进行比较，有利于进行取长补短，将国外优秀的教育方法融入我国的思想政治教育之中，促进思想政治教育方法的创新和完善，不断丰富我国的思想政治教育方法体系，从而适应时代发展和教育环境变化带来的新要求，提高思想政治教育的实效性。

（一）中西方国家思想政治教育方法比较

尽管中西方国家关于思想政治教育的称谓不同，但都是为了对社会成员进行有组织、有目的的教育影响，使教育对象符合一定阶级和一定社会思想道德要求的教育实践活动。而由于中西方国家在社会环境、价值理念和文化背景上存在一定的差异，因此，二者既有联系又有区别。

1. 中西方国家思想政治教育方法的一致性

中西方国家实施思想政治教育方法的一致性主要体现在两个方面：一方面，都重视灌输教育的方法。灌输教育是思想政治教育的基本方法，成为各国实施思想政治教育的主要形式。我国非常注重灌输教育法在思想政治教育中的运用，通过在学校专门开设思想政治教育课程对学生进行灌输教育；在社会上通过各种团体利用多种方式向广大民众进行宣传教育。在西方国家，这种灌输式教育也是通过有领导、有组织、有计划地进行实施。如日本和新加坡都专设道德教育课程，根据不同年龄阶段的学生选择不同教育内容进行灌输教育。可以看出，灌输式教育对于向本国民众宣传本阶级的主流意识和价值观、统一人民思想、实现社会稳定都是非常重要的。另一方面，都能通过教育方法实现教育目的。中西方国家进行思想政治教育所采取的具体方法虽有不同，但从根本上讲都是以达到阶级执政要求、统一人民思想、促进社会和谐、实现经济发展为目的。国家制度的建立以及相配套的各种路线、方针、政策和理论等，都需要广大民众了解和支持，这就需要把这些内容通过一定的方式向广大民众进行宣传教育。从实施效果来看，虽然中西方国家采取的教育方式不同，但都实现了各自所要求的教育效果。

2. 中西方国家思想政治教育方法的差异性

中西方国家思想政治教育方法上的差异性主要体现在两个方面：一方面，显性教育法和隐性教育法的侧重点有所不同。显性教育法和隐性教育法是思想政治教育的两种方式。显性教育法是以公开的方式，由实施教育的机构和人员进行有领导、有组织、有计划的系统性思想政治教育活动。隐性教育法指通过间接和渗透等方式，使人在潜移默化中接受教育。我国在进行思想政治教育中侧重于实施显性教育。通过设立多级思想政治宣传教育机构，通过专门教育人员对特定教育对象进行教育。这种显性教育主要通过党（团）组织有计划地统一实施，充分体现了教育的政治性。国外的思想政治教育工作侧重于隐性教育的方法。西方国家虽然没有思想政治教育这一直接提法，多以公民教育、共同价值观教育、宗教教育等一些名称代替，其实质只是思想政治教育的另一种外在表现形式。如美国同样高度重视思想政治教育课程的设置和教授，虽没有单独的思想政治课程，但在专业课程的教学中渗透道德教育，不仅在文科教学中渗透道德教育内容，同时在理科教学中也安排德育教学内容，将自然科学知识学习同道德教育结合起来，实现主修任何课程都要从历史学、社会学和伦理学的角度来学习和研究。另一方面，理论灌输方法的差异。理论灌输是中西方国家普遍采用的思想政治教育方法，但在具体运用过程中侧重点有所不同。我国所采用的理论灌输方法以强制式灌输为主，教育者在实施教育时主要依靠自身所处职位和职权进行灌输。这种强制灌输不以教育对象是否理解和掌握而改变，要求教育对象强制性进行接受。西方国家在进行思想政治教育中更注重柔性灌输的教育方式。柔性教育不同于强制性灌输，教育者不直接向教育对象说“是什么”“应该怎么做”，而是教育者通过研究教育对象的思想、心理和行为，采取积极的引导、暗示和启发等非强制性教育方式，使教育对象认同并乐于接受思想政治教育的内容。

（二）西方思想政治教育方法对我国的借鉴意义

当代中西方思想政治教育方法既有共性又有差异，西方国家思想政治教育在内容、方法以及途径等方面出现许多新思路、新观点，值得我们吸收和借鉴，对于我们取长补短、推动我国思想政治教育工作具有积极意义。

1. 强化显性教育与隐性教育相结合

我国开展思想政治教育的实践中一直注重理论灌输。这种方式主要以教育者通过教育、说服、榜样、训练、奖励以及惩罚等方式，将社会所需要的思想道德规范正面和直接地灌输给学生。教育者的这种正面的显性教育在我国传统思想政治教育中发挥了重要作用，是我国思想政治教育的传统和优势。但是这种教育方式由于采取强制灌输的形式，缺乏灵活性，造成枯燥、乏味，一定程度上制约人们对于思想政治教育的理解和内化，从而影响思想政治教育的效果。当前，我们在坚持显性教育的同时，应该借鉴西方渗透性的隐性教育，使显性和隐性教育相结合，理论灌输与潜移默化同步推进。具体而言，就是要继续坚持开设正式课程，发挥思想政治理论课主渠道作用，同时将思想政治教育内容渗透到各个学科的教学之中，充分发挥人文科学在培养思想政治素质上的重要作用，推动自然科学知识和思想政治教育的有机结合；应当合理地将思想政治教育融合到管理、服务等实践活动中去，增强思想政治教育的实效性；应当优化校园文化建设，帮助学生提升精神境界，塑造优秀品质，使学生在不知不觉中受到感染和熏陶。

2. 构建多渠道思想政治教育网络

在我国，实施思想政治教育主要依靠学校，社会和家庭虽然也在不同程度发挥着教育作用，但三者在具体配合和操作上，缺乏相互协调、彼此合作，没能形成合力。西方进行思想政治教育的政治社会化模式，强调思想政治教育的广泛参与性，形成社会、学校、家庭三位一体的思想政治教育网络。思想政治教育是全社会的工作，政府和家庭对思想政治教育要发挥一定作用，承担一定责任。家庭是思想政治教育的起点，父母对孩子政治信仰、价值观念等的形成具有重要作用。家庭应当对孩子思想政治教育起到正面引导和示范作用。政府、社区、社会团体以及大众传媒都是思想政治教育的重要力量，政府应当加大对思想政治教育的重视和投入，打造高质量思想政治教育基地，为思想政治教育创造环境条件；社区应积极营造社会文化，形成良好风气；社会团体应为思想政治教育创造和提供有效的实践途径，发挥社会团体通过实践提升道德的作用；大众传媒要坚持正确的舆论导向，充分运用现代的高科技渠道和有效途径，让广大民众在日常休闲娱乐中提升精神境界。通过学校、家庭和社会三方面有效形成合力，从而保证思想政治教育强烈的渗透性和持久性，使民众在良好的环境氛围中接受教育。

3. 注重突出教育对象的主体地位

在实施思想政治教育过程中，人是教育的核心。教育者和教育对象都是有着一定思想文化、价值判断，具有能动性、主体性的人。西方国家在进行思想政治教育中，非常注重人的自主性和个性化，在教育中能够充分发挥教育对象的主体性作用，尊重教育对象的兴趣和需要，引导和调动教育对象的能动性和创造性。中国传统的思想政治教育，比较注重人的群体性和共性方面的培养，通过共性来锻造个性，所以教育方式一般也以对教育的内容和条目采取正面灌输为主，在思想政治教育过程中，往往忽略了教育对象的个性和主体性需要，从而降低了思想政治教育的效果，一定程度也妨碍了教育对象个性的自由和多样化发展。在思想政治教育中注重突出教育对象的主体地位，就是要掌握教育对象心理和年龄的发展规律，针对不同的心理和年龄阶段，选择不同的思想政治教育方法，提高教育的有效性。如在中小学阶段要注重道德教育，大学阶段则突出知识性教育。就同一教育主题而言，实施教育过程中也要注重针对教育对象不同的认知阶段，采用不同的教育形式和内容。在思想政治教育中突出教育对象的主体地位，有利于将社会要求转化为教育对象的自我要求，内化为自身的道德认知，外化为自觉的道德行为。

4. 强化教育与实践的结合转化

社会实践活动有利于理论与实践的结合，推动理论教育内容向生活实践的转化，做到知行统一。西方思想政治教育理论不仅重视情感认知，而且更加注重行为养成。在进行思想政治教育的过程中，注意调动教育对象参与的积极性，引导教育对象进行推理判断。一般按照设置场景、角色引入、实践体验、分析选择等步骤进行，帮助教育对象学会思考和选择，使思想政治理论教育理论学习的内容，转化为适应社会和解决问题的自觉性和能力。我国传统思想政治教育注重思想道德的教育和灌输，较少让教育对象将社会道德与现实问题联系起来，不同程度存在理论与实践相脱节的现象，日常生活中缺乏对教育对象道德实践的具体指导，限制了教育对象独立实践能力的发展。因此，我们在实施思想政治教育时，要注重将系统思想政治理论的灌输与课外社会实践活动结合起来，把道德教育与实际生活结合起来，真正让道德回归生活。在具体实践中，应认真组织学生参与社会劳动、志愿服务、公益活动、勤工俭学、社会调查等活动，使教育对象在社会实践活动中接受教育、增长才干，不断增强社会责任感。

第二章　思想政治教育的认识方法

思想政治教育的认识方法是教育者在认识教育对象和教育环境过程中所采用的方法。正确认识教育对象和教育环境，是有效进行思想政治教育的前提。思想政治教育的认识方法为思想政治教育的认识活动制定了一系列的规则和程序，规定着教育者从事认识活动的起点和过程，即如何获取丰富的思想政治教育信息，如何对思想政治教育信息进行分析，如何决策思想政治教育方案等。这些具体的认识方法，为教育者的认识活动和认识深化指明了正确途径。

一、思想信息的收集方法

思想信息是指在思想政治工作系统中得到利用，进行传播、交换和创造的信息。从一定意义上来说，思想政治教育的过程就是思想政治教育信息的流通过程。思想政治教育信息涉及人们从事活动的各个方面。就其性质而言，它主要是一种精神文化信息，是人们思想活动的表现；就其内容而言，是在实践基础上对客观条件的能动反映。由于人们的思想行为的变化是一个复杂的动态过程，也是一个有着独特运动规律的物质运动过程，所以，获取思想信息既有其特殊的获取途径，也有其特殊的获取时机。

（一）思想信息收集的途径与时机

在说明取得思想政治教育信息的途径和时机之前，必须明确人的思想、观念是怎样产生的。马克思和恩格斯说："思想、观念、意识的生产最初是直接与人们的物质活动，与人们的物质交往，与现实生活的语言交织在一起的。观念、思维、人们的精神交往在这里还是人们物质关系的直接产物。"[①] "观念的东西不外是移入人的头脑并在人的头脑中改造过的物质的东西而已。"[②] 马克思和恩格斯

---

① 马克思恩格斯选集（第 1 卷）[M]. 北京：人民出版社，1995：72.

② 马克思恩格斯选集（第 1 卷）[M]. 北京：人民出版社，1995：112.

从主观和客观的关系上对思想、观念的本质做了科学的阐述，即思想观念的形式是主观的，但思想观念不是人脑凭空产生的，它来源于客观世界，有着不以主观意志为转移的客观内容。所以，人的思想观念是主观形式和客观内容的统一。我们要对人们的思想状况获得正确认识，就必须对现实生活和实践活动做深入考察。要想获取准确的思想政治教育信息，也必须从人的实际活动和具体言行入手。

人们思想和行为的发展变化，是一个动态的复杂过程。在这个过程中，人们的思想状况呈现两种状态：一是相对稳定状态，一是显著变化状态。一般说来，当客观条件和客观环境无明显变化时，人们的思想呈相对稳定状态，不会有很大的起伏和波动。而当客观条件和环境发生较大变化，人们的思想和行为与这些变化不尽协调时，人们的思想便呈现出显著变化的状态。因此，抓住时机对获取思想政治教育信息十分重要。获取思想政治教育信息的时机，主要在阶段转折、事件交替、激烈竞争、矛盾冲突和偶然事件发生的时候。

具体有以下几个方面：一是社会发生阶段性转轨时期。社会发生阶段性转轨是涉及社会生活方方面面的深刻变革，社会利益结构、生活方式都会发生巨大变化，触及人们传统观念和利益时，必定会产生各种新的思想问题，这对于人们的心理承受能力和实际物质承受能力都是一个很大的考验。二是社会重大事件发生时期。一些对社会影响较大的重大事件的突然发生，可能会带来一系列连锁反应，涉及更广的社会层面，比如精神领袖去世，突发的政治或军事事件，等等。三是切身利益变化时期。人们最关注的莫过于切身利益，切身利益的变化对于人思想的影响较大且直接，例如升职晋级、降职辞退等时期，人们的思想就容易出现激烈变化的状态。四是矛盾冲突时期。集体或个人都有与其他集体或个人发生冲突或矛盾的时候，矛盾冲突的实质是集体内部或个人内部矛盾的外化表现，因此矛盾最能说明人们思想深处的激烈变化和冲突。五是偶发事件时期。偶发事件是指那些偶然发生而对人来说又具有重大意义的事件，如突遇伤害、突发事故等。由于突发事件发生的突如其来，同时又有较大的影响力，因而也会引起人们剧烈的思想变化。抓住这些时机进行调查，一般可以及时获得较丰富的思想政治教育信息。

（二）思想信息收集的具体方法

调查思想情况，获取思想政治教育信息，是分析和解决思想问题的前提，是思想政治教育的首要环节。思想信息收集方法随着实践社会的发展、学科之间更加融洽的交叉，未来的方法将会朝着更加多元化、信息化和人文化的方向发展。常用的思想信息收集方法有以下几种。

1. 社会调查法

思想政治教育信息的复杂性和离散性的特点，决定了思想政治教育信息的获取只能靠艰苦的、细致的、耐心的调查研究来解决。社会调查方法就是深入了解情况、认识社会、解决问题的方法。毛泽东对这种方法曾进行过生动说明："你对于那个问题不能解决吗？那么，你就去调查那个问题的现状和它的历史吧！你完完全全调查明白了，你对那个问题就有解决的办法了。""调查就像'十月怀胎'，解决问题就像'一朝分娩'。调查就是解决问题。"① 社会调查是研究社会的根本方法，离开科学调查，就会对思想情况做出错误的分析乃至唯心主义的估量。因此，掌握调查方法是思想政治教育工作者的基本功。

以获取思想政治教育信息为内容的调查，要坚持实事求是的根本原则，调查者应主要从以下三个方面着手：第一，敢讲真话，力戒弄虚作假。敢讲真话，反映真实情况，对思想情况的调查尤为重要。这是因为，调查情况的真实程度，直接关系到对人的评价和处理。在虚假情况的基础上所做出的分析和结论必然是错误的，以此来评判人的功过是非和指导思想政治教育，必然造成危害。第二，相信群众，力戒居高临下。思想政治教育信息的调查，是向群众做调查。群众是否肯讲心里话，是否敢于反映真实情况，最重要的是取决于调查者对群众的态度。毛泽东说过，要做好调查这件事，"第一是眼睛向下，不要只是昂首望天。没有眼睛向下的兴趣和决心，是一辈子也不会真正懂得中国的事情"②。如果调查者眼睛向上，居高临下，以致装腔作势，就不可能真正同群众打成一片，群众对你就会敬而远之，产生反感情绪；或者勉强应付，知而不言，言而不尽。只有同群众打成一片，虚心向群众请教，才能真正听到群众的心声，得到丰富多彩的素材。第三，正确对待不同意见，力戒偏听偏信。在现实生活中，对人或事的看法常常不会完全一致，这是生活中的正常现象。调查中只有正确对待不同意见，才能全面了解情况，发现问题。广泛听取各种意见，尤其要注意听取少数人的意见，以及和调查者的观点不同的意见。总之，无论哪种意见，都要认真听取，细心分析，不可偏听偏信，草率下结论。

人的思想和行为的复杂性，要求调查的具体方法要有多样性。下面介绍几种常用的方法：

---

① 毛泽东选集（第1卷）[M]. 北京：人民出版社，1991：110.

② 毛泽东选集（第3卷）[M]. 北京：人民出版社，1991：789-790.

第一，访问调查法与书面调查法。访问调查法与书面调查法是调查者直接和间接面向调查对象所使用的调查方法。其一，访问调查法也叫询问调查法，是思想政治教育常用的一种方法。这种方法最大的优点是灵活性强，富有弹性。它可以听其言，观其行，随时改变提问方式，采用不同的谈话技巧。但缺点是，调查时间较长，调查者在调查中主动性较强，调查效果受调查者的经验、个性等主观因素影响较大。在采用此法时，调查者事先要对调查对象的基本情况有所了解，并要认真掌握有关理论知识和政策精神，还要有一定的访问调查经验。其二，书面调查法是采取各种表格或提问的形式询问调查对象，以获取思想政治教育信息的方法。它一般适用于这样一些情况的调查：群众中一些带普遍性的问题；理论性、学术性较强而又有争论的问题；对领导以及其他人员的评价等。书面调查比访问调查广泛，它可以由调查人员现场调查，也可以邮寄表格调查。书面调查可以避免调查人员在与调查对象直接接触时对调查对象产生影响，调查对象可以不受他人的牵制，有充分时间独立考虑所要回答的问题。但书面调查只能对某些情况做出一定的数量分析或趋势估测，在多数情况下它是一种调查的辅助方法。

第二，普遍调查法与抽样调查法。普遍调查法与抽样调查法，是选择、确定不同调查对象数量进行调查的方法。其一，普遍调查法。普遍调查法又称全面调查法，是对所要调查的整体，逐一不漏地进行调查。普查的特点是涉及范围广，工作量大。它的优点是对所调查的内容能够全面了解，准确度高，其局限是时间性强，不可能对情况了解得很深很细。所以，普查选择的指标为数较少，主要用于必不可少的基本情况的调查。这样的调查，常常可以取得大量思想政治教育信息和各种资料，为进行系统分析、掌握思想变化趋势提供素材。其二，抽样调查法。抽样调查是从调查对象的总体中按照一定的方式选择部分对象进行调查，并将其调查结果推论到对象所在总体的方法。抽样方法可分为随机选择和非随机选择两种抽样方法。抽样调查比普遍调查能节约时间、人力和资金，还比普遍调查详细深入。因此，这种方法在思想政治教育调查中运用较多。一般来说，我们要掌握人们的思想状况，了解人们对形势和某些重大事件以及路线、方针、政策等方面的看法，征求人们的意见，没必要全面调查每个人的情况，采取抽样调查的方法，同样可以得到了解全体的效果。抽样调查的一个主要问题是选好调查对象，对象一定要有代表性，否则调查情况就会同实际情况发生误差，甚至可能得出错误结论。

第三，典型调查法与文献调查法。典型调查法与文献调查法，是两种选择不同调查对象或调查内容，进行系统深入调查的方法。其一，典型调查法。典型调查是在对考察对象已经初步了解的基础上，从中选取少数具有代表性的单位、个人或事件，进行全面系统的调查。典型所反映的个性，总是和总体的共性相联系而存在的，而且能够充分地、突出地、集中地表现共性的重要特征。所以，典型调查是思想政治教育调查的一种十分重要而又行之有效的调查方法。这种方法，能够对典型集体、个人、活动，通过“解剖麻雀”，做深入细致的调查，揭示思想实质及其产生的根源，并预示思想动态的发展趋势。其二，文献调查法。文献调查法也叫历史法，它是间接收集思想政治教育信息的一种方法，是利用第二手材料的方法。比如查阅调查对象的档案材料和调查材料，了解调查对象过去的情况和家庭情况；参考报纸、杂志有关思想、政治、道德方面的调查资料，掌握思想发展的一般趋势；结合现实考察人们以往思想状况的历史资料，进行对比分析等等。文献调查法能够帮助我们从历史发展的角度全面熟悉、了解对象，也能帮助我们借鉴和吸取经验教训，避免不必要的曲折和重复劳动。

第四，网络调查法与电话调查法。网络调查法与电话调查法，是两种运用现代传媒进行思想政治教育信息调查的方式。其一，网络调查法。网络调查方法又称在线调查方法，是指在互联网上针对特定思想政治教育问题进行的调查设计、收集资料、统计分析等活动。根据调查内容与方法的不同，网络调查大致有网上问卷调查法和网上讨论法两种形式。一是网上问卷调查法。网络平台所具有的开放性、自由性、平等性、广泛性和直接性特点，赋予思想政治教育网络调查法以明显优势。网上问卷调查法是在网上发布问卷，被调查对象通过网络站点或邮箱填写问卷，完成调查。二是网上讨论法。网上讨论法可通过多种途径实现，如即时通讯软件、微信、网络视频会议等。主持人在相应的讨论中发布调查内容，请被调查者参与讨论，发表各自观点和意见；或是将分散在不同地域的被调查者通过互联网视讯会议功能虚拟地组织起来，在主持人的引导下进行讨论。其二，电话调查法。电话调查是指调查者按照统一问卷，通过电话向被调查者提出问题，记录、汇总答案的调查方式。电话调查有两种类型，一是电话访问或访谈，就是访问者选取一个或多个被调查者，拨通电话，询问一系列思想政治教育的有关问题，访问者随时记下访谈内容，并将其整理成为电话调查资料。二是短信调查，就是调查者用移动电话的短消息服务功能，向被调查者发出调查短信，被调查者根据调查短信内容做出回答，并向调查者短信回复，调查者将回复整理成为短信调查资料。

2. 观察体验法

观察方法，是有目的、有计划地在自然发生的条件下对现象进行考察的方法。体验方法，就是观察者设身处地感知现象和对现象的因果关系采取正确推理的方法，体验方法实际上是一种更为深刻的观察方法。观察活动在人的各个实践领域都具有重要作用。思想政治教育工作者面对千差万别的人群和纷繁复杂的社会，要能获取信息，分辨真伪，更要有敏锐的观察能力和体察能力。

正确使用观察体验法，必须遵循客观性和全面性原则。其一，坚持观察的客观性。这是保证观察材料的真实性，提高观察材料可靠程度的前提。具体而言，就是要做到一切从实际出发，而不是从主观想象出发；就是要养成尊重客观事实的品德和勇气，同凭空捏造和主观偏见的错误作斗争；就是要采取实事求是的科学态度，让自己的目的、判断符合客观实际，努力避免先入为主。对人的观察，更需坚持客观性原则，也更难于坚持客观性原则。之所以更需要坚持客观性原则，是因为只有坚持观察的客观性，才能判断正确，只有判断正确，才能使教育取得成效。否则，就可能是非混淆，滥施奖惩，造成思想混乱。其二，坚持观察的全面性。列宁说过："要真正地认识事物，就必须把握住、研究清楚它的一切方面、一切联系和'中介'。我们永远也不会完全做到这一点，但是，全面性这一要求可以使我们防止犯错误和防止僵化。"① 坚持观察的全面性原则，就是要以唯物辩证法思想为指导，从整体出发，全面地观察，系统地观察。坚持观察的全面性与观察的目的性并不矛盾。观察者总是有明确目的的，总是有意识地去搜寻自己认为有价值的现象和资料，努力提高观察事实的有效性程度，排除一些与研究无关的现象。这种明确的目的只有坚持全面观察体验才能达到。

观察体验法的具体应用方法主要有以下几种，它们各有优长和局限性，需要在实践中综合运用。第一，直接观察与间接观察。直接观察也叫实地观察，是指观察者直接与被观察者接触去感知被观察者的各种现象。间接观察，是指观察者利用一定的观察工具或其他手段去观察研究对象，如通过录音、录像、转述、记值班日志等观察方式，都是间接观察的方式。第二，定性观察与定量观察。确定人和集体的性质和特点以及断定事件和现象之间是否有关系的观察，叫定性观察。描述人和集体活动的范围、程度、规模等数量方面的观察，叫定量观察。定性观察多用于人和集体的性质（先进还是落后）、特征（个性品质、作风等）等方面的区别与比较。定量观察多用于人和集体的各种活动数量指标的记录与描述。定性观察和定量观察是相互联系的，定性观察是定量观察的基础，定量观察是定性观察的精确化。第三，主题观察与转向观察。自始至终围绕既定目的或计

① 列宁选集（第4卷）[M]. 北京：人民出版社，1995：419.

划进行的观察，称为主题观察，这种观察多用于比较熟悉的人和集体以及经常发生的事件。当进行主题观察时，发现了与原来主题无关，或干扰原主题的具有重要价值的新现象，使观察目的发生转向，提出新的主题，这种观察叫转向观察。转向观察多用于偶发性事件或用于不大了解的人和集体。第四，描述性观察与分析性观察。对观察对象的外部特征和现象进行描述的观察，叫描述性观察。这种观察多用于对人和集体的结识性了解，如了解人的形象、风度，发现人的特长等；了解集体的风气和集体的团结状况等。分析性观察则是对对象实质的探索观察，这种观察要更多地运用逻辑思维方法，多用于错综复杂的情况。

认识人和集体的复杂现象和复杂关系需要观察体验方法，但仅靠观察体验方法是不可能解决复杂问题的。对人和集体的观察方法，在运用的范围、条件和对结果的检验等方面，都受到局限。首先，观察方法只能用来感知人和集体的现象，而有的现象能够反映人和集体的本质，有的不一定反映人和集体的本质。观察方法只有和其他方法结合起来使用，才能充分发挥作用。观察方法尤其离不开理性思维的支配，只有在正确的思维方法指导下，才能更精细、更深刻地感知各种现象。其次，观察方法在运用过程中，也受到许多条件的限制。对人和集体的观察，一般只能在实际生活中进行，不能操纵各种复杂的自变量因素，不能打断正常的工作、生活秩序。同时，观察本身可能影响或改变观察对象的态度和心理。再次，观察方法由于不能对有关变量像实验法那样进行控制，因而不能肯定被观察者的行为变化是由何种因素引起的，只有运用其他方法才能确定行为变化的真实原因。

3. 心理测试法

心理测试也称心理测量、心理测查。心理测试是通过心理现象数量化借以判定个体心理属性及差异的方法。由于人的心理特征是内在的，看不见也摸不着，不可能直接进行测试，因而心理测试是通过人们面对情景所表现出来的外显言行来推断其内在心理特质的方式，是一种间接的测试。心理测试是掌握人的心理活动、心理健康状况、心理特点的重要方式，对开展心理健康教育，增强思想政治教育的针对性与实效性具有重要作用。

心理测试有不同类型，按测试目的划分，有以测试人的智力为目的智力测试；有以测试人格为目的的人格测试；有以测试人的学业成就与职业成就；有以测试个体潜在能力为目的的性向测试等。按测试材料性质划分，有文字测试；有用图案、线条、实物操作作业等进行的非文字测试。按测试对象划分，有个体测试、团体测试。与思想政治教育相关的心理测试主要有心理健康状况测试和人格测试。

心理测试的一般程序，一是确立测试目标、实施程序与计分方法，统一指示语、内容和标准答案，分析目标所包含的要素及结构。二是选定测试常模，即进行测试的比较标准，作为测试者解释测试结果的依据。常见的测试常模有年龄、职业、地区、全国等常模，测试使用何种常模应视测试目标而定。三是编制测试题目，即围绕测试目标，运用客观材料，如人际关系处理，身体感觉，对颜色、方位、性格的喜好等，列出一些引起个体行为反应的题目，以口头或文字方式回答，或进行实际操作，按照受测试者的不同反应判定他的心理特点与状态。四是选择一定测试对象进行测试。五是进行测试的信度与效度分析，信度是指一个测试所得分数的稳定性与可靠性，以及一个人在同一测试上先后数次测试结果的一致性；效度是指某项测试的准确性与有效性。六是整理测试资料，形成测试结果。

心理测试虽然运用比较广泛，但由于这种测试要在标准的情景下，取出个人行为样本来进行描述和定量解释，不是一种直接的测试，因而测试往往容易受主观因素、题目编制、操作程序影响，其结果并不唯一准确可靠。为了避免测试结果的主观化，通常心理测试必须严格按照客观的方法和一定的操作步骤进行。同时，测试的实施、计分、解释等也必须遵循一定的程序与原则，并且要正确选定测试常模，使测试有进行比较的标准。

4. 思想预测法

预测是指对未知事件的估计或表述。① 思想预测法是教育者根据以往的和调查所知的思想预测数据资料，选择科学适用的预测方法，对人们的思想发展大致趋势和可能出现问题的倾向做出判断，并将判断结果在预防教育中予以运用的思想信息收集方法。与社会调查方法、观察体验法和心理测试方法不同的是，思想预测法是对尚未产生或将要出现的思想政治教育信息收集的方法，具体内容包括如下：

思想预测是一件非常复杂的事情，比其他预测困难。因为思想预测不仅要预测人的思想和行为本身，还要综合分析产生和影响人的思想和行为的各种因素。这样，思想预测就要有充分的条件，否则思想预测就会成为胡乱猜想。进行科学的思想预测，主要有两个方面的条件：一是预测者主观方面的条件，包括预测者要掌握思想发展的规律，具有逻辑推理和分析判断的能力，善于运用唯物辩证法

① 李一智，徐选华. 商务决策数量方法［M］. 北京：经济科学出版社，2003：10.

观察和思考问题，还要熟悉国内外形势和预测对象的工作生活方式和客观环境。二是思想政治教育信息资料要全面翔实且准确可靠。

思想预测法的具体方式主要有判断性预测法、因果预测法、规范性预测法、类推预测法和征候分析法，它们各自的适用条件和优劣不同，应当在思想信息收集过程中综合运用。

第一，判断性预测法。这是一种典型的定性预测方法，主要凭借预测者的经验、智慧以及逻辑思维能力，对未来事物发展趋势做出直观的感觉和判断的方法，也可称为直觉经验预测法。这种方法适合于预测不确定因素多而又不能量化的未来状况，即对未来的发展趋势，做出定性的描述和评价，是思想预测的重要方法。这种方法有个人判断法与集合意见法两种基本方式。个人判断法就是完全凭借预测者个人的经验和知识，运用个人的创造性思维进行判断。这种方法由于是个人判断，往往容易产生主观和片面的倾向。集合意见法就是集中许多思想预测者的判断意见来进行思想预测。这种方法可以集思广益，通过多数人的比较选择，做出比较符合客观实际的思想预测。

第二，因果预测法。因果联系是客观世界普遍联系的方式之一，人们思想的形成变化也同样服从因果关系。因果预测法，就是通过人的思想变化的因果联系预测思想动向的一种方法，也可称之为相关预测法。因果联系是客观世界普遍联系的形式之一，有因必有果，有果必有因，一果多因，一因多果的情况是普遍存在的。人的思想形成和变化也同样具有因果联系，因而我们可以由因推果，由果测因。因果预测法，常用于客观条件、因素变化时，预测人们将要出现的思想情况，以及人们的自身需要不能满足时可能产生的思想动向等。

第三，规范性预测法。这种方法是以社会发展需要和目标为基础，来估测实现目标可能出现的各种思想倾向，倒推至目前的状况，提前打招呼并做好预防。规范性预测法实际上也可以看作是一种目标设定和管理过程，即以预先设定好的目标、各种可能与目标偏离的情况以及教育对象目前的状况与目标之间的差距，对教育对象进行引导和预防教育。毛泽东在新民主主义革命即将完成、新中国快要诞生的时候，对党内可能产生的思想问题做过预测：“因为胜利，党内的骄傲情绪，以功臣自居的情绪，停顿起来不求进步的情绪，贪图享乐不愿再过艰苦生活的情绪，可能生长。……可能有这样一些共产党人，他们是不曾被拿枪的敌人征服过的，他们在这些敌人面前无愧英雄称号；但是经不起人们用糖衣包裹着的炮弹的攻击，他们在糖弹面前要打败仗。我们必须预防这种情况。[①]" 毛泽东的这段名言，既运用了因果预测法，也运用了规范性预测法。规范性预测的规范成分较多，所以一般用于确定目标，制订和执行计划，排除不利于目标实现和计划执行的各种可能性。因而，目标本身，以及由目标引起的可能出现的各种思想和行为，都是规范性预测的内容。

第四，类推预测法。这种方法也叫类比法或引申法，它是依据已有的事实和规律来预测未来的发展趋势，把过去与现有的情况类推到将来。运用这种方法时，一般对未来环境不做具体规定，假定未来仍然按照过去的趋向发展，从而以现有的情况为参照，通过比较找出共同形式来推测未来的情况。这种方法在人员、工作内容发生周期性变化的情况下，用得较多。类推预测法要求预测者对人们思想和行为的本质要有准确、深刻的把握，"鉴往"才能"知来"，过去思想发展的趋势，在将来也可能起作用。

第五，征候分析法。征候就是将要形成、正在形成的思想信息的一种表现。征候分析法主要通过发现某种思想苗头的产生来觉察未来的变化。毛泽东认为，任何事情在发生变化之前，一般都"有征兆可寻，有端倪可察，有前后现象可供思索"[②]。任何事物一样，在发生变化之前，总会有迹象可找，有征候可察，人的思想变化也是这样。只要善于"观人于微""观事于微""观景于微"，就能把握势头，驾驭它的发展方向。发现好的苗头，及时向正确的预定目标引导；发现不好的苗头，及时制止在萌芽状态，防患于未然。

思想预测是必要的，也是可能的，但思想预测又是相当困难的，要受到许多条件限制。首先，人的思想和行为虽然有其发展规律，但由于人的思想和行为总是呈现出复杂的状况，其内在本质常常被大量非本质的现象掩盖着，使人们很难一下子认识它的规律性，因而难以预见的情况是存在的。其次，思想预测由于受到多种主客观条件的限制，只能在某个条件下做到大体上相对准确，甚至可能包含某些错误。即使是科学的预测，也不可能对今后将要发生的一切事情做出准确的预测。第三，影响思想预测的因素不仅多，而且各种因素变化快，思想预测只能是一种动态预测，只能根据人们思想的变化，不断修正，不断逼近，使预测的准确度不断提高。对急剧变化趋势的把握，尤其需要在动态中进行预测。而在急剧变化情况下进行预测比渐变情况下的预测更困难。我们不能因为变化急剧而放弃预测，也不能忽视瞬息万变的事实而盲目预测。

---

① 毛泽东选集（第4卷）[M]. 北京：人民出版社，1991：1438.

② 毛泽东选集（第2卷）[M]. 北京：人民出版社，1991：495.

总而言之，以上方法，各有所长，也各有所短。任何一种方法都有自己的适用范围和运用条件，不可能会有适用于一切情况的万能方法。在进行调查时，仅仅单独使用一种方法很难得到圆满的结果，而总是需要根据实际情况，同时采用多种方式方法进行调查研究。

二、思想信息的分析方法

在获取全面准确的思想信息后，我们必须对这些信息进行加工整理，即进行思想政治教育信息分析，这是思想信息由收集到处理的必经阶段。掌握科学的分析方法，是不断提高思想政治教育信息的信度和效度、提高思想政治教育效果的重要条件。

（一）思想信息分析的主要功能

思想政治教育的全过程可划分为思想信息的收集、思想信息的分析和思想信息的处理三个基本阶段。其中，思想信息分析处于承前启后的位置，是思想政治教育由收集思想信息到处理思想信息的一个必不可少的阶段。

首先，思想信息分析是思想信息收集的深化。任何思想政治教育，都必须从收集和获取思想信息开始，继而对收集到的各种思想信息进行整理和分析。对收集的思想信息不加以分析，即使获得的思想信息资料再丰富，也只能停留在对思想信息的表面认识上。只有深入地进行分析，才能透过零散的、分散的思想信息资料，揭示其内在联系，发现人们思想行为的本质。因此，思想信息收集是思想信息分析的基础，思想信息分析则是思想信息收集的深化。

其次，思想信息分析是思想信息运用的前提。思想信息处理也就是运用思想信息对人们进行思想政治教育，以积极影响人们的思想行为变化的过程。它是思想政治教育的实施阶段，也是思想政治教育的落脚点。然而，运用思想信息的基本前提，就是所运用思想信息必须是真实、准确地反映人们思想行为的本质及正确的发展方向。而保证思想信息有效运用基本前提的环节就是对思想信息的正确分析。不分析研究，无论是思想信息运用方案的制定、选择，还是具体实施，都会陷入盲目状态，难免招致失败。因此，思想信息分析是思想信息运用的必要准备，思想信息分析的正确与否在很大程度上决定着思想信息运用的成败。

最后，思想信息分析是把握思想活动的本质和规律的关键环节。把握教育对象思想活动的本质及其规律是做好思想政治教育的先决条件。人们的思想活动作为对客观外界的反映，会产生各种各样的思想认识。这些思想认识往往首先表现为一些感性认识，表现为一些感性认识材料和零星的思想见解，往往是人们表面的、片面的、有时甚至是歪曲的思想认识，即反映了人们思想活动的现象，甚至是一些假象，而没有揭示思想活动的本质。只有对这些思想信息资料加以分析，进行一番“去粗取精，去伪存真，由此及彼，由表及里的改造制作工夫”[①]，才能透过现象，发现和把握人们思想活动的本质，科学地预见人们思想活动的发展趋势，更好地为思想政治教育实践提供正确指导。

（二）思想信息分析的基本原则

第一，思想的能动性决定了思想信息分析必须着眼于动态分析。人们的思想认识是对客观外界的反映，但这种反映不是被动的反映，而是一个能动的认识过程。它不是一次可以完成的，而是会随着客观事物的发展、实践的深入和人们认识能力的提高而不断发展变化。对一些事物的认识，往往也是一个由不太全面到比较全面、由不太深入到比较深入的过程。因而不能把收集到的思想信息看作是一个静止的结果，而应看作是一个发展链条上的组成部分。因此，不能从静止的角度而应从动态的角度进行思想信息分析。分析某人或某个群体的思想状况时，我们不仅要注意对反映当前思想状况的思想信息进行分析，还要结合以前收集的思想信息进行分析，并且注重分析影响个人或群体思想状况的条件、原因，预测个人或群体思想状况的发展趋势。总之，要从发展的角度分析人们的思想状况，历史地、全面地把握人们的思想脉络。

第二，思想的内在性决定了思想信息分析必须透过人们的言行认识其思想本质。人们思想的一个显著特点就是它的内在性，即不具有直接的现实性。思想是大脑活动的产物，它隐蔽在人们头脑深处，不能直接呈现在人们面前。但内在的思想总是要以一定的外在形式表现出来。这种外在的形式就是人们的言行。思想是言行的内在本质，言行是思想的外在表现，两者是本质和现象的关系。思想信息分析就是要从分析言行中表达出来的思想信息入手，认识人们的内心世界和思想本质。但人们外在的言行与内在的思想，有时存在一定的差异。因为，虽然人们的思想会从其言行中反映出来，但这种反映并不像照镜子那样直观。思想既可以通过言行正面表现出来，又可以从反面体现出来，还可以用各种假象掩盖或隐蔽起来，也就是人们常说的言行不一。然而，人们的言行虽然与其思想存在差异，但言行作为人们思想的反映，无论如何总是受思想所支配，并且在本质上与

① 毛泽东著作选读（上册）［M］. 北京：人民出版社，1986：130.

思想是一致的。因此，我们在进行思想信息分析时，要注重分清真相、表象和假象，善于通过人们复杂纷纭的外在言行，把握人们内在的思想本质，为思想政治教育提供科学的依据。

第三，思想的开放性决定了思想信息分析必须放在开放的环境中来进行。人们的思想虽然是大脑的产物，但它作为客观外界的反映，本质上是开放的。思想是外界环境的反映，并受外界环境所制约。人们同外界环境联系越紧密，人们的思想认识就越丰富。在经济全球化和社会信息化条件下，随着世界各国经济活动的相互依存度不断提高和卫星通讯、电子计算机和国际互联网络等现代化技术手段的运用，人们同外部世界的联系越来越广泛，不同国家、民族、地域、群体的人们，经济社会交往和思想交流越来越频繁，获得的思想信息也越来越丰富，思想的开放程度不断提高。在这种情况下，分析人们的思想状况时，不能局限于某个封闭的时空范围孤立地进行思想信息分析，而要把反映一定群体的思想状况的思想信息放在开放的环境中来进行分析，既要联系本单位、本地区的实际，更要联系国内外的大环境，这样来分析思想信息，就更能准确把握人们思想发展变化的时代脉搏，使思想政治教育能站在全局的、战略的高度进行。

第四，思想的多样性决定了思想信息分析必须把握人们思想的共同本质和主导方面。人们的思想活动是一个复杂的过程，它是多种因素综合作用的结果，每一种因素的变化，都可能引起人们思想状态的变化，这就导致了人们思想状态的无限丰富的多样性。每个人所处的环境不同，从事的工作不同，面临的问题不同，自身的素质不同，主观认识不同，因而对客观外界反映的重点、方式和结果都会有所不同，思想呈现出分散的状态并各有特殊性。不仅不同群体、不同个人的思想状态各异，就是同一个人在不同的时期，思想状态也不一样；不仅正确思想和错误思想可能交织在一起，而且每一思想正确或错误的程度也可能不尽相同。人们思想的多样性是客观外界多样性和价值追求多样性的反映。在我国社会实行对外开放和多种所有制经济、多种分配方式并存的情况下，这种思想的多样性显得更加丰富多彩。然而，人们思想的多样性并不排除各种思想之间具有联系性，思想的特殊性并不排除思想的一般性。我们应当从分散、多样的思想信息中，去把握人们思想的共性或一般性，即把握人们共同的思想本质和一般规律。人们思想的多样性反映了思想的矛盾性，在进行思想信息分析时，就要注重在复杂思想矛盾中抓住主要矛盾及其主要方面，这样才能真正透过复杂纷纭的思想现象，抓住主要的思想问题，并把握其实质，也才能在思想信息分析中真正做到主次分明，不迷失方向。

（三）思想信息分析的常用方法

思想信息分析的具体方法有矛盾分析法、系统分析法、因果分析法、比较分析法等。

1. *矛盾分析法*

矛盾分析法就是要从“模糊杂乱的大堆事物的现象”中揭示出固有的矛盾，认识矛盾的两个侧面及其相互关系，把握矛盾的性质，提出解决矛盾的措施的方法。思想信息的矛盾分析法，是运用马克思主义关于对立统一规律或矛盾的学说，观察和分析思想现象的科学方法，也是分析思想信息的最基本方法。

在运用矛盾分析法分析思想信息时，要把握好以下几点：

第一，发现思想矛盾。教育者通过各种方式收集的大量思想信息，既有普遍性，也有特殊性。因此，在对大量思想信息进行分析时，就要善于从各种各样的、似乎模糊杂乱的思想现象中发现其内部的联系，找出本质的差异，分析思想现象中包含矛盾的两个方面及其相互关系，揭示出思想矛盾的实质。也就是说，分析思想信息时，最重要的是要对思想信息反映出来的思想问题进行归纳，善于发现思想问题中包含的不同倾向，特别是带有普遍性的思想倾向，剖析思想倾向产生的根源和实质，为引导、解决思想矛盾奠定基础。

第二，区分两类不同性质矛盾。发现了思想矛盾后，还要对思想矛盾的性质加以区分，这是正确解决思想矛盾的前提。区分思想性质的矛盾，关键是要正确区分两类不同性质的思想矛盾：敌我之间的思想矛盾和人民内部的思想矛盾。我国正处在社会主义初级阶段，一方面，由于社会主义制度的建立和剥削制度被推翻，阶级斗争已不是我国社会的主要矛盾。因而在分析思想信息时，重点是要紧扣社会的主题和时代的脉搏，着重分析人民内部的思想矛盾。另一方面，由于多种经济成分存在，剥削阶级的思想意识影响存在，加上国外资产阶级的思想渗透，我国社会仍在一定范围内存在阶级斗争，因而在分析思想信息时，我们仍然要在一定条件和范围内应用阶级分析法来深入分析打上阶级烙印的思想矛盾，而不能忽视或否定这种对立性质的矛盾及其在思想上的反映。正是因为我国社会同时存在着以上两类不同性质的思想矛盾，因此，在运用矛盾分析法分析这两类不同性质的思想矛盾时，要注意两个问题：第一，不能混淆两类性质的思想矛盾。既不能滥用阶级分析法来分析人民内部的思想矛盾，以免犯阶级斗争在思想领域扩大化的错误，也不能用分析人民内部思想矛盾的方法来分析反映一定范围内阶级斗争的思想矛盾，以免犯否定思想和意识形态领域存在阶级斗争的错误。第二，对人民内部的思想状况也要坚持用矛盾分析法进行分析。人民内部的思想矛盾，仍然存在先进与落后、消极与积极、革新与保守等各种矛盾。在分析反映人民内部思想状况的思想信息时，也要注重分析和把握这些思想矛盾，分析矛盾着的双方及其各自的地位与相互关系，为开展积极的思想斗争、促进人民内部思想矛盾的正确解决创造条件。

第三，把握思想矛盾的特性。分析思想信息，还要善于分析和把握思想矛盾的特殊性，这是深刻认识和正确解决思想矛盾的一个重要环节。

首先，要着重分析在诸思想矛盾中起主要作用的思想矛盾。毛泽东指出："在复杂的事物的发展过程中，有许多的矛盾存在，其中必有一种是主要的矛盾，由于它的存在和发展，规定或影响着其他矛盾的存在和发展。"① 并强调："研究任何过程，如果是存在着两个以上矛盾的复杂过程的话，就要用全力找出它的主要矛盾。捉住了这个主要矛盾，一切问题就迎刃而解了。"②那么如何在纷纭复杂的思想矛盾中，找出主要思想矛盾呢？关键是对各种思想矛盾加以比较，看看哪种思想矛盾对其他思想矛盾起着主要的作用，哪些思想矛盾居于次要的、服从的地位，从各种思想矛盾的相互联结和相互关系中，发现和确定主要的思想矛盾和次要的思想矛盾。

其次，分析主要思想矛盾的主要方面。人们思想发展的过程和思想状态，不仅是由主要矛盾决定的，而且是由主要思想矛盾的主要方面所决定的。毛泽东说："矛盾着的两方面中，必有一方面是主要的，其他方面是次要的。其主要的方面，即所谓矛盾起主导作用的方面。事物的性质，主要地是由取得支配地位的矛盾的主要方面所规定的。"③ 同样，思想矛盾的性质，主要地也是由取得支配地位的思想矛盾即主要思想矛盾的主要方面所规定的。因此，为了透过一定的思想现象发现其思想本质，必须对主要思想矛盾的主要方面进行分析。一是要通过矛盾双方相互地位和作用的比较，看看在主要思想矛盾中，哪一方面起主要的、支配的作用，规定和制约着另一方的发展，决定着思想矛盾的性质；哪一方居于次要的、服从的地位，受到另一方的支配。从而确定主要思想矛盾的主要方面和次要方面，进而发现主要思想矛盾乃至整个思想发展状况的性质，为确定思想政治教育的重点打下基础。二是要对主要思想矛盾的主要方面进行分析，明确它的性质和特点是什么，是正确的思想居主导方面还是错误的思想居主导方面，居主

① 毛泽东著作选读（上册）[M]. 北京：人民出版社，1986：160.

② 毛泽东著作选读（上册）[M]. 北京：人民出版社，1986：162.

③ 毛泽东著作选读（上册）[M]. 北京：人民出版社，1986：163.

导方面的思想和非主导方面的思想在不同的发展阶段各有什么特点和变化？只有这样，才能加深对思想矛盾的认识。

第四，分析思想矛盾的转化。各种思想矛盾和思想矛盾内部的对立统一并不是一成不变的，由于相互作用的推动，它们在一定条件下会发生相互转化，即主要思想矛盾和次要思想矛盾以及主要思想矛盾的主要方面和次要方面在一定条件下会发生相互转化。我们在进行思想信息分析时，不仅要分析主要思想矛盾及其矛盾的主要方面，而且要注重分析主要思想矛盾和次要思想矛盾、主要思想矛盾的主要方面和次要方面因内部斗争双方在一定条件下的相互转化。这样，才能始终正确把握思想发展过程及思想状态的变化，为科学地解决思想矛盾创造有利条件。

2. 系统分析法

思想信息的系统分析法，是要把思想政治教育的各种信息作为一个系统来研究，即把思想信息系统作为相互作用和相互依赖的若干组成部分（要素）构成的、具有特定结构和功能、并从属更大系统（环境）的有机整体来对待，着重分析和把握思想信息系统的整体与部分、部分与部分、系统与环境的相互联系、相互作用、相互制约的关系，从中发现人们的思想活动和思想政治教育发展变化的趋势，为思想政治教育的决策和实施提供科学依据。

思想信息的系统分析法主要包括对思想政治教育信息系统的要素分析、结构分析和环境分析。

第一，思想政治教育信息系统的要素分析。各种思想信息构成了一个思想信息系统。如果对思想信息系统进行分析，首要的就是要对思想信息系统的构成要素进行分析，包括对思想信息系统进行要素划分和对构成要素之间的关系进行分析两个方面。一方面，对思想信息系统的要素进行划分。思想信息系统同其他任何系统一样，都包含着多个作为系统重要组成部分的要素。由于思想信息实质上是思想政治教育中利用、传递和变换的信息，因此思想信息系统由以下几个要素组成，即政治教育信息，思想教育信息，道德教育信息和心理教育信息。政治教育信息主要包括政治立场、政治观点、政治信念、政治态度、政治方向等方面的思想信息。思想教育信息主要包括世界观、人生观、价值观和思维方式等方面的思想信息，它涉及的是思想认识方面的信息。道德教育信息主要包括道德认识、道德情感、道德品质、道德行为等方面的思想信息。心理教育信息主要包括各种个人心理活动和社会心理活动的信息，如个人的性格、气质、意志、兴趣及社会心理活动的特征、趋势等方面的信息。另一方面，要对思想信息系统的构成要素的关系进行分析。对思想信息系统的要素进行分析时，不仅要了解构成思想信息系统的要素有哪些，而且要分析各个要素的相互关系，即哪些要素是主要的，哪些要素是次要的；哪些要素是积极的，哪些要素是消极的。这样，在进行思想政治教育的决策和实施时，才能做到对症下药，有的放矢，使思想信息系统的要素关系明晰，并按照正确的取向调整要素结构。

第二，思想政治教育信息系统的结构分析。思想信息系统的性质，不仅取决于由什么样的思想要素组成，更重要的取决于思想信息系统的各要素之间相互联系、相互作用的关系及方式，即取决于系统的结构。思想信息系统的结构分析，就是寻求思想信息系统的合理结构，以实现思想信息系统结构合理化、整体效能优化的分析方法。具体包括结构模型分析、结构层次分析和结构优化分析三个方面。其一，结构模型分析。思想信息系统结构分析的重要任务是揭示系统诸要素之间相互联系、相互作用的方式。从思想信息系统内部政治、思想、道德、心理教育的思想信息诸要素的相互关系来看，各要素之间存在着密切的联系。一般而言，在思想信息系统的诸要素及其相互关系结构中，思想教育是根本，政治教育是主导，道德教育是基础，心理教育是延伸。其中每一个要素的地位和作用都是在同其他要素的相互联系、相互作用中得到体现和规定的。离开了思想信息要素的相互关联，即离开了一定的结构，思想信息要素就会失去自身的规定和地位。其二，结构层次分析。系统结构不仅体现为一定的横向联系方式，而且体现为一定的纵向联系方式，即系统的层次结构。思想信息系统是由政治教育信息、思想教育信息、道德教育信息和心理教育信息四个要素构成的，这些要素以一定的相互联系、相互作用方式构成了思想信息系统的整体结构及其功能特征，而每一思想信息要素作为子系统，又包含着更低一级的要素及其结构。因此，我们在对思想信息系统进行分析时，不仅要注重分析系统的横向关系结构，把握思想结构模型，而且要分析系统的纵向关系结构，把握系统的层次结构及其特征。其三，结构优化分析。系统结构的优化分析是一种结构调整分析，即从整体上分析思想信息系统的结构是否合理以达到整体最优化的分析方法。在思想信息系统的结构分析中，我们不仅要分析组成思想信息系统的要素具有什么样的结构，而且要分析这种结构是否合理，是否使系统形成了有机整体、达到了整体效应的最优化。从思想信息系统的整体与局部的关系看，系统的优化往往存在这样几种情况：有的是每个要素优，组合起来的整体系统也最优；有的是每个要素不优，整体系统也不优；有的是要素优，但整体系统并不优；也有的从某个要素看不优，但从整体系统看是最优的。这些情况的出现，既同思想信息系统的要素有关，更与思想信息系统的结构有关。因此，我们在对思想信息系统结构进行分析时，要从要素和系统整体的关系上，分析和把握系统结构是否合理，整体是否优化，通过调整合理的结构使各种要素形成有机的整体，化局部劣势为整体优势，发挥出系统整体的最佳效应。

第三，思想政治教育信息系统的环境分析。思想信息系统并不是孤立存在的，它总是存在于一定的环境之中，同周围的环境发生着经常的物质、能量、信息的交换关系。因此，思想信息系统是一个开放的系统，它依赖于一定的环境，受环境所制约，并同环境之间发生着重要的相互作用、相互影响。环境对系统的影响作用，主要表现为系统的输入发生变化；系统对环境的影响作用，主要表现为系统的输出对环境的影响。环境制约系统，系统要适应环境。环境的存在和变化从根本上影响着思想信息系统的存在和变化。所以，在分析思想信息系统时，必须进行思想信息系统的环境分析。思想信息系统的环境分析，主要是分析环境状况及其对思想信息系统的影响。思想信息系统的环境一般可分为经济环境、政治环境、文化环境、人际环境、网络环境等，它们对思想信息系统的影响是各有侧重的。思想信息系统的环境，根据范围的不同，又可分为大环境和小环境。大环境主要指国际、国内政治及经济形势和科技、文化发展等宏观因素，小环境主要指本单位的工作、生活环境及人际环境。一般说来，大环境的影响是宏观的，小环境的影响是微观的。大环境的影响间接一些，小环境的影响更直接一些。因此，我们在进行思想信息系统的分析时，要从不同的角度进行环境分析。既要分析经济、政治环境对思想信息系统的影响，又要分析科技、文化环境对思想信息系统的影响；既要分析大环境的影响，又要分析小环境的影响。只有从不同方面对思想信息系统的影响进行综合分析，才能全面深入地把握环境对思想信息系统的输入作用，深化思想信息的系统分析。

3. 比较分析法

比较分析法是认识事物间相同点或相异点的逻辑方法，它是通过对比分析不同事物或同一事物的不同方面的同异点，以达到认识事物的本质、特征和变化发展规律的方法。在思想政治教育中，作为思想信息分析的基本方法，比较分析主要是通过对比分析各种复杂思想信息之间的相同点与不同点，以全面深刻地认识和把握人们的思想活动及思想政治教育的本质、特征和发展变化规律的方法。这一方法在思想信息的分析中有着广泛的运用。

在思想信息分析中，比较分析法具有重要的作用。其一，有利于思想信息资料的整理分类。比较分析能帮助我们对所收集的思想信息资料整理分类，使零碎分散的感性材料条理化、系统化。思想信息资料的分类不拘一格，根据实际需要，或按内容分，或按形式分，或按地点、范围分，或按时间分，或按人物事情分等都是可以的，还可按同异点程度分，即把相同点多而相异点少的对象归属于同类，把相同点少而相异点多的对象归属于异类。但无论用哪种分类法，都要首先进行比较分析，找出研究对象间的同异点。因此，对思想信息资料的分类过程，就是对它们之间的联系和异同点的比较认识过程。其二，有利于认识思想现象的普遍联系。思想现象不是孤立存在的，而是相互联系而存在的。各种思想现象因其个性而相互区别，因其共性而相互联系。而只有通过比较，才能认识各种思想现象的共性及其内在的普遍联系。思想信息的比较分析正是以思想信息在广泛时空范围内的纵横对比，对两个或两个以上的思想信息进行比较或对同一思想信息在不同发展阶段的情况进行比较，从而有利于发现不同方面、不同时期思想现象的共同属性和普遍联系，为认识这些具有共同属性的思想现象的普遍联系提供可能。其三，有利于深化对思想本质特征的认识。任何一种思想现象，既有与其他思想现象相联系的共同属性，又有与其他思想现象相区别的特殊属性。分析思想信息，不仅要认识思想现象的共同本质，而且要认识思想现象的特殊本质。只有这样，对思想现象的认识才能深化，思想政治教育也才会深入。而要认识思想现象的本质特征，也只有借助于深刻的对比分析才能做到。毛泽东曾经说过："真的、善的、美的东西总是在同假的、恶的、丑的东西相比较而存在，相斗争而发展的。"[①] 古罗马学者塔西佗也曾说过，要想认识自己，就要把自己同别人进行比较。任何思想现象的特殊本质及其特征都是相比较而存在的，也只有相比较才能鉴别和认识。因此，在进行思想信息分析时，要注意运用比较分析，加深对各种思想现象本质特征的认识。

比较分析方法的种类很多，按时空特征可分为纵向比较和横向比较，纵比又分为向前比和向后比，横比又分为向内比和向外比；按比较项目又可分为质量之比、数量之比、内容之比、形式之比等。这些不同种类的比较，都是思想信息分析中被广泛采用的比较方法。其中最常用的是纵向比较和横向比较法。一是纵向比较。它是比较同一对象的思想在不同时期内的发展、变化的方法。运用这种比较，可以追溯同一对象思想发展的历史渊源，预测其思想发展的必然趋势，认识同一对象的思想在不同发展阶段的特征，把握其变化发展的趋势。任何思想发展都有一定的阶段性，通过对前后阶段同异点的相互比较，看其保留了什么，改变

① 毛泽东著作选读（下册）[M]. 北京：人民出版社，1986：785.

了什么，变化程度、发展趋势如何，才可能从中找出变化发展的趋向。因此，对任何思想发展变化的分析考察，都少不了纵向比较。二是横向比较。这是对具有并存或并列关系的不同对象的思想的相互比较分析。思想之间的广泛联系决定了横向比较应用的广泛性。思想政治教育中，常常需要运用横向比较，进行不同教育对象、不同教育内容、不同教育形式、不同教育环境的比较。比如，教育者通过不同对象思想行为的相互比较，认识其思想的个性和共性。认识共性有利于进行普遍教育。认识个性，有利于有针对性地进行个别教育。在对教育对象按其思想状况分类或分析各种类型特点时，也都需要使用相互比较的方法。如通过相互比较，可以根据思想政治表现把一个集体内部成员分为先进、中间、后进三种类型，弄清三者之间的同异点，找出其共性和个性，从而为有效地进行思想政治教育做好准备。相互比较，不仅有助于认识事物的质，而且有助于认识事物的量，尤其对于思想信息中那些难以用数字精确表示出来的因素，做量的比较更为必要。人们常常是在量的相互比较中去认识、把握和描述这些因素的。

4. 因果分析法

因果分析法是寻求事物或现象之间因果联系的认识方法。思想信息的因果分析法就是分析思想信息、思想现象的因果联系的方法，主要用于分析各种思想形成、发展和变化的原因及其所引起的后果。这种方法在揭示一定的思想倾向、思想现象形成的认识根源、社会根源和历史根源及这种思想倾向、思想现象所引起的行为表现和社会影响方面，具有重要作用。

思想信息的因果分析在揭示思想信息、思想现象的因果联系方面之所以具有重要作用，就在于它既具有一般因果分析的共同特点，又具有不同于一般因果分析的自身特点。

思想信息的因果联系同一般因果联系的共同特点在于：其一，因果联系的普遍性。思想信息同其他现象一样，存在普遍的因果关系。任何思想现象、思想活动都无不具有它产生的原因，也无不具有它导致的结果，不存在无原因、无结果的思想活动。即使所谓无缘无故冒出来的思想，也绝非真正的“无缘无故”，只是原因不够直接或明显而已。有时候，一种思想活动似乎毫无结果，不了了之地消逝，其实这也是一种“结果”，而且这样的“原因”“结果”也都同样遵循因果联系的规律而存在。问题在于要善于辨析那些隐蔽较深的、不易察觉的因果联系。其二，因果联系的顺序性。任何因果联系都是原因在前，结果在后，在时间上体现出前后相继的顺序。在人们思想的形成变化及思想政治教育的过程中，都充满着这种前因后果的联系。比如“需要引起动机，动机支配行为，行为导向目标”，这一因果联系就有着时间的顺序性。再比如，总是先有某种思想问题的产生，随后才有解决思想问题的思想政治教育对策及过程，这也体现了一种前因后果的关系。在思想信息分析中，要根据时间顺序去溯因追果，注意从人们的各种实际需要中寻找产生思想动机的原因，或者从其言行中追溯其思想动机，并且根据思想问题的产生及其解决探寻思想政治教育的规律。其三，因果联系的多样性。思想信息、思想现象是复杂多样的，其因果联系也呈现出多样性。在思想活动及其教育过程中，既存在一因一果、多因多果的关系，又存在一因多果、多因一果的关系，还存在着互为因果的关系，对这些因果联系要具体分析，不能简单化。比如，实际工作中的某种决策失误，可能导致多种思想问题的产生，这就是一因多果的关系。又比如，某一思想问题的解决，需要多方面的努力，特别是教育对象思想政治素质的提高，需要多方面教育力量的相互协调、齐抓共管、综合作用，这就是多因一果的关系。依据这一因果联系，在总结思想政治教育时，就要避免犯片面性错误。因此，在分析思想信息时，更应重视这种多因多果的复合因果联系。在分析复合因果联系时，可采取先相对分开、后综合研究的分析方法。值得注意的是，某种思想问题的存在导致了解决这种思想问题的对策，而这种对策既可能因其失误而加重原有的思想问题，也可能因其正确而导致与这种思想问题相联系的新的思想问题的产生。这就是思想信息中互为因果的联系，它是因果双方在一定条件下的互相转化。正因为因果联系具有复杂多样性，因此，我们在进行思想信息的因果分析时，不能一刀切，而始终要具体情况具体分析。

思想信息因果分析又具有不同于一般因果分析法的自身特点，这种特点是由思想信息因果联系的特殊性所决定的，其主要表现是：其一，主观和客观的关系。思想信息的因果联系，往往反映了主观和客观的相互联系。思想活动的形式是主观的，反映的内容是客观的，客观存在的变化往往导致思想变化，主观思想的变化也往往导致一定的客观结果。因此，分析思想信息的因果联系，不能单从主观或客观现象中去寻找，而应从主观和客观的相互联系中去分析和把握。其二，思想和行为的关系。思想信息的因果联系又经常表现为思想和行为的关系，思想是内在的、隐蔽的、看不见的东西，行为是外在的、显性的东西。内在的思想一定要通过外在的行为表现出来，外在的行为也总是反映着内在的思想。思想往往是行为的动因，行为往往是思想的结果，人不同于动物的一个显著的特点在于人的行为是有意识、有目的、受思想所支配的，因此，在思想和行为的关系上，思想是因，行为是果。在分析这一因果联系时，应善于从外在的行为结果推寻内在的思想动因。其三，个体和群体之间关系。思想信息、思想现象之间的因果联系，还表现个体思想和群体思想之间的互相影响、互相作用。一般说来，群体的思想状况及其变化影响着个体的思想状态及其变化，前者是因，后者是果，如从众心理就是这种因果联系的典型表现。但在一定条件下，个体的思想状态及其变化也会引起群体思想状况的变化，甚至产生重要的影响。比如，当个体在群体中居于领导地位时，他们的言行对群体思想就会产生重大的影响。这时，前者是因，后者是果。可见，群体和个体的思想影响在一定条件下可互为因果。因此，在分析思想信息时，要注意分析和把握这种互为因果的联系。

在具体的思想信息分析中，可以依据所起的不同作用，将因果分析法分为追因法和溯果法两大类。第一，追因法是从结果追寻原因的方法。在思想信息分析中，追因法主要用于寻求各种思想行为得以形成、发展、变化的原因。运用追因法时，首先必须有明确的“结果”，然后才能进一步分析导致这一“结果”的各种原因。在思想信息分析中，常以教育对象突出的思想、行为和思想政治教育中的突出事例，作为所要研究的“结果”，并确认这一“结果”。其次，根据思想行为产生的情况，归纳出可能导致这一结果的所有原因。再次，从这些可能的原因中筛选出真正的原因。筛选的方法是，既可以从相同结果的对应分析中找出共同的原因，也可以从不同结果的对照分析中找出特殊的原因，还可以凭借人们的实践经验、工作艺术以及心理实验方法等确定“结果”的各种原因。第二，溯果法是从原因寻求引起的结果和影响的方法。在思想信息分析中，溯果法主要用于分析由某种思想现象和某项思想政治教育所产生的结果和影响。有原因必有结果，原因具有复杂性，结果也具有复杂性，对于某一原因来说，何者为直接原因，何者为间接原因，何者为主要原因，何者为次要原因，都需要运用溯果法，遵循因果联系规律，从原因中推断出来。在运用溯果法时，首先要确定已知的“原因”是什么，即明确它是引起什么现象的“原因”，这种“原因”的性质和特点是什么，它同其他的原因有什么不同？在确定了“原因”之后，才能由“因”溯“果”。其次，要从与“原因”相对应的后续现象中寻找哪些现象可能是由它所引起的结果。最后，再对这些具有可能性的结果进行分析、比较、筛选，确认哪些现象是由这一“原因”所引起的，哪些现象不是这一“原因”所引起的，从而最后得出结论，确定与“原因”有必然联系、确实由该原因所引起的“结果”。追因法和溯果法都是分析思想信息、探索思想活动因果联系的重要方法，因为思想活动的因果联系涉及思想现象的内在的、本质的、必然的联系，因此，追因法和溯果法也是探索思想活动和思想政治教育规律的有效方法。

三、思想政治教育的决策方法

决策是做出决定或决定对策的意思，是人们在改造世界的过程中，寻求并实现某种最优化预定目标的和合理使用资源的活动。决策是行为的选择，行为是决策的执行，有正确决策的选择才有正确的行为。思想政治教育决策，是指对实现思想政治教育目标而提出的若干个可行性方案进行比较并做出最优选择的过程。其含义包括：一是思想政治教育的决策要确立正确的目标；二是对实现目标的方案要进行最优化选择；三是决策方案要能够付诸实施。为了使思想政治教育达到预期的良好效果，就必须认真地研究和正确地运用思想政治教育的决策，不断提高思想政治教育决策的水平。

（一）思想政治教育决策的一般程序

科学的决策程序，必须正确反映事物的内在联系及其发展的先后顺序。思想政治教育决策的程序，是正确反映思想政治教育决策过程中各个环节的内在联系及其发展的先后次序的工作步骤。一般来说，思想政治教育决策的程序包括问题界定、目标确立、方案设计、方案择优、跟踪反馈等一系列环节。

1. 问题导向树立目标

决策过程，从某种意义上说，就是发现问题、提出问题以及解决问题的过程。其中认识和分析问题是决策过程中最为重要也是最为困难的环节。识别问题，明确奋斗目标，是决策的起点。问题是否明晰，目标是否恰当，关系到思想政治教育的方向，制约着思想政治教育的实施过程。

一要界定思想政治教育决策的问题。准确查明思想政治教育决策的问题产生的时间、地点、范围、程度和性质，把思想政治教育决策的问题的界线搞清楚。既要进行纵向的由表及里、由浅入深的分析，寻根究底，找到问题发生的根本性原因；又要进行横向的比较分析，找到思想政治教育决策的问题发生最主要的原因。这里的问题，既包括已经发生或已经暴露的思想政治教育现存的问题，也包括尚未暴露或将要发生的潜在的问题。

二要诊断和分析思想政治教育决策的问题。在掌握准确完整的相关信息的基础上，运用诊断、分析问题的科学方法和正确的指导思想，找出一定时期内人们思想认识中所要解决的主要问题和主要矛盾是什么，进而系统周密研究人们的思想历史、现状及未来发展的可能趋势，并对影响和支配人们行为的各种倾向性思想问题产生的背景、原因和条件等进行认真的分析，为思想政治教育决策提供可靠的问题依据。

2. 根据目标确定内容

思想政治教育决策的目标，是指思想政治教育工作者在一定时期内进行的各项活动所要达到的预想效果。准确的思想政治教育决策目标是科学决策的首要标准，而决策目标又是根据思想政治教育所要解决的问题来确定的，因而弄清楚问题又是确立决策目标的基本前提。好的方案取决于有明确而恰当的教育目标，目标错了，一切皆错。因此，确定目标必须遵循思想政治教育工作的指导方针，从人们现存的思想实际出发，以思想活动发展的内在规律为依据，在明确问题的基础上确立目标。思想政治教育决策目标的确立需要注意以下问题：

一是思想政治教育决策目标的规范性。思想政治教育决策目标必须符合中国特色社会主义国家的法律和党的政策，不能违背四项基本原则。思想政治教育决策目标还要符合社会主义的道德规范，任何损人利己、损公肥私的决策目标都是不允许的。同时，思想政治教育决策目标还应该同上级的决策计划、指示相符合，以达到思想政治教育决策目标的规范性要求。

二是思想政治教育决策目标的整体性。思想政治教育决策必须着眼整体，全面考虑多个思想政治教育决策目标的主次、先后等相互关系，建立起层次分明、有机关联的目标体系。

三是思想政治教育决策目标的灵活性和可行性。具体目标固然必须是单义的，只能做一种理解；但又必须是灵活的，可以因应客观实际情况的变化进行调整。思想政治教育决策目标还必须是切实可行的，即思想政治教育决策目标经过努力是有可能实现的。因此，我们在确定思想政治教育决策目标时，既要积极能动地激励人们奋发进取，又要实事求是，切实可行，即经过努力有实现的可能性。

3. 根据内容拟定方案

确定思想政治教育决策目标，所回答的是针对已发现的人们的思想矛盾需要“做什么”的问题。当思想政治教育目标确定以后，随之就需要为实现这一目标而拟定相应的行动方案，解决“怎么做”的问题。

在拟定备选思想政治教育方案时，既要注意科学性，又要注意有创造性。无论哪一种备选方案，都必须建立在科学的基础上。方案中能够进行数量化和定量分析的，一定要将指标数量化，并运用科学、合理的方法进行定量分析，使各个思想政治教育方案尽可能建立在客观科学的基础上，减少主观性。要充分发挥集体的智慧才能，让大家畅所欲言，充分发表自己的意见，然后通过集体充分的讨论，这样制定出来的备选方案往往更有针对性和创造性。

为提高方案的科学性与创造性，必须对方案的可行性予以论证。提出可行性方案的目的是为了最终科学地选择和决定思想政治教育决策方案，因而又称之为备选方案。这是思想政治教育决策过程的第二步，也是观念和问题转换为实施行动的关键一步，即明确了思想政治教育决策的问题所在，接下来就是寻求解决思想政治教育决策问题的可供选择的解决方案。思想政治教育决策的信息收集、问题分析的成果都集中体现在可行性方案的设计上。可行性方案所提供的是解决“问题”和实现“目标”的具体方法、途径，其作用是有效地调动各方面的积极因素并使思想政治教育的各项活动纳入统一的轨道，协调而又有计划地展开思想政治教育。

可行性备选方案应当具有多样性。任何一个思想政治教育决策问题的解决和目标的实现，在客观上都存在着多种途径和方法。为了完满地解决问题，完成思想政治教育决策的预期目标，应当制定若干个不同而又可以相互替换的备选方案。思想政治教育决策备选方案一方面是作为决策的选择之用，为选择提供不同的视角和思路，使决策尽可能完善；另一方面，由于思想政治教育决策毕竟是对未来事件的预测和规划，不可避免地存在不确定性，多样的备选方案有利于应对这种不确定性，增强思想政治教育决策的弹性和灵活性；再者，把所有可能的思想政治教育决策方案全部拟定出来备选，可以避免漏掉最佳方案，这是保证最后选择最优方案的重要条件，否则，最终所选择的方案就可能不是最优的。此外，备选方案的质量也会直接影响最终的决策结果，不同的备选方案要具有排斥性，即所拟定的思想政治教育备选方案之间具有原则性的差异并且互相排斥，所谓互相排斥，就是执行了甲方案就不能同时执行乙方案。

4. 择优选择方案

各种可行性备选方案的提出，都是为了寻找实现同一特定思想政治教育目标的途径和手段，解决“怎么做”的问题。任何一个思想政治教育可行性备选方案都不可能尽善尽美，各种方案的利弊是什么？可能的结果怎样？都需要我们进行比较、权衡和论证，实现正确取舍，排除非优方案，选择最优方案。

首先，制定合理的评价标准。主要包括：思想政治教育备选方案是否符合当时当地人们的思想实际，在处理系统内外关系时步调是否一致；方案中的方法、途径、形式及时机选择是否得当可行，方案实施的可能结果如何，可能出现其他什么后果或影响，是否能够实现所确立的目标；方案实施中有哪些问题和困难，其程度如何、原因何在，有无预防或补救措施，方案实施的代价是否较小，副作用是否较小。

其次，确定具体的评选方法。评选方案的具体方法通常有两种类型：一是经验判断法，即决策者依据过去的经验评选思想政治教育决策方案，这是最古老的决策方法，也是今天常用的决策方法；二是试验法，在时间、环境及其他条件允许的情况下，可以将思想政治教育决策方案放到典型单位作为试点，然后总结试点经验，以此作为最后评选思想政治教育决策方案的依据。以上两种方法，各有其优缺点，各有其适用范围，必须根据情况灵活运用，才能做出准确的评价和选择。

最后，对备选方案进行评价论证，确定最优方案。对思想政治教育决策备选方案的评价论证一般有两种含义：一是基于思想政治教育系统的运行对各备选方案的整体比较、分析和评价，二是对系统的组成要素之间的比较分析和评价。我们可以依据对当前条件的估计和对人们思想未来发展趋势的预测，按照评价标准，运用合适的评选办法，对各种不同的备选方案进行比较、权衡和论证，从中选定一个能够有效地利用有利条件和时机，实现思想政治教育特定目标的令人满意的最优决策方案，用以指导思想政治教育工作的开展。

5. 检查反馈修正决策方案

经过提出问题、确定目标、制订可行性备选方案和评价选定最优方案后，下面就是决策方案的组织实施。思想政治教育决策方案付诸实施后，决策者的主要职责是进行监督检查，及时发现决策方案实施过程中出现的问题，并认真查明问题产生的原因，适时采取调节措施，以保证决策目标的实现。跟踪检查的主要途径就是信息反馈。为了保证信息反馈及时而准确，最重要的是建立高效的信息反馈系统，始终保持反馈回路的畅通。决策者应根据反馈信息进行决策方案效果分析，及时修正决策方案实施中出现的偏差。

思想政治教育决策方案的实施既是为了达成决策目标，也是对决策本身的一种实践检验，这个检验主要是通过在实施过程中有计划、有组织地进行信息反馈和分析而实现的。决策方案在实施过程中，不外乎出现以下三种情况：一是思想政治教育决策方案执行情况良好，决策目标能够按时实现，这表明决策方案正确或基本正确。在这种情况下，要坚定贯彻决策方案的决心，排除各种不必要的干扰，保证将决策方案贯彻到底。决策方案的实施需要考虑最为具体的实施步骤、时间安排、时机把握、人力物力财力的调配等，更为重要的就是考虑多种意外的情况，以做好相应的预防准备，留有灵活机动的余地。二是思想政治教育决策方案在执行过程中出现了某些偏差，这是由于思想政治教育决策方案都是建立在预测和目标设计的基础之上，更多偏重于决策者的观念；而实施方案则不同，它考虑的是如何利用实际条件来实现决策方案，它需要考虑观念和现实的差异性，并为这种差异性做出相关的调整，使观念的东西变为现实的指导人们实践的行动计划。因此，思想政治教育决策方案并不等同于实施计划，决策方案无论制订得多么细致充分，也不能取代具体的实施过程。三是思想政治教育决策方案在实践中出现了重大的问题或失误，难以继续执行下去。这种失误有可能是原来的方案不符合实际，也有可能是客观情况发生了重大变化，与原来的决策方案相冲突。在这种情况下，就不能再强行实施原来的决策方案，而应根据新的情况进行重新决策或追踪决策。追踪决策是在原决策方案无法继续执行时所进行的一种根本性修正或重新制定决策方案。要使追踪决策稳妥可靠，首先应在充分调查研究的基础上，对原来的决策方案在实践中行不通的原因进行认真分析，找准问题的症结，然后再进行决策修正，以免出现新的决策失误。

总之，思想政治教育决策是一个有一定顺序、条理化的过程，而不是瞬间选定某一方面的单纯的决断。在这个过程中，每一个阶段都相互影响着。理论上常把思想政治教育决策过程划分为不同的阶段，但实际思想政治教育中决策过程的各个步骤往往是互相联系、交错重叠的，不能把决策的各个步骤的工作截然分开。因此，以上是思想政治教育决策的几个基本步骤，是我们在做决策时必须遵循的程序。决策的程序化是决策活动规律的反映，是决策成功的重要保证。思想政治教育决策的程序，应当正确地反映思想政治教育决策过程中各个环节的内在联系。只有严格按决策程序办事，克服决策问题上的非理性化和非逻辑化倾向，才能防止决策的随意性和盲目性，不断提高思想政治教育决策的科学性和有效性。

（二）思想政治教育决策的类型和方法

思想政治教育决策是为确立思想政治教育目标，寻求思想政治教育最优方案而进行的活动，这种活动必须依靠科学的决策方法来支撑。常用的思想政治教育决策方法主要有直接预测方法、回归分析方法、专家决策方法、系统工程方法等。

1. 直接预测方法

直接预测法又称为经验决策法，是指决策者根据已知情况和现有信息，提出决策目标和方案，并做出相应的评价和选择。思想政治教育直接预测的方法，是指在思想政治教育决策活动中充分发挥人的主观能动性的一种决策方法。它的核心是直接利用人们的知识、经验、能力，在思想政治教育决策的各个环节，根据调查研究获得的思想信息资料进行分析预测，提出决策目标、方针、方法，以及方案参数，并做出相应的评价和选择。直接预测方法是思想政治教育决策中最常用的一种方法。其目的与其他思想政治教育决策方法一样，主要是为摆脱思想政治教育过程的“事后主义”，把思想政治教育工作做到前面，防止错误的发生。同时制约一种错误思想向其他错误思想转化的趋势，有利于思想政治教育者在工作中及时调节教育内容、手段或方式，减少思想政治教育过程中的盲目性和随意性。

进行直接预测的主体可以是个人，也可以是集体。因此，按照主体的不同可以将之划分为个人直接预测、集体直接预测两种具体应用方式。个人直接预测是指预测者凭借经验、知识和综合分析能力，对事物未来趋势做出直接的感知和判断的方法。这种方法主要用于一些无法进行定量分析的思想行为现象。集体直接预测是指依靠集体经验、智慧对事物未来发展趋势做出直接的感知和判断的方法。从定性角度来看，集体决策是一个群体的各个成员共同参与一项决策。思想政治教育集体预测与决策是一个动态多阶段的交互过程，为了使集体预测与决策真正成为一种理性的或有限理性的预测与决策行为，确保预测与决策质量，在思想政治教育集体预测与决策过程中应把握民主性、共存性、集中性。

应用直接预测方法进行思想政治教育预测与决策，要求预测者对预测对象过去和现在的思想发展变化有比较清楚的了解，并有意识地进行不间断观察。预测者对预测对象的思想情绪体察得越深刻，对预测对象的思想变化把握得越准确，其预测结论以及决策方案可靠性就越大。直接预测方法的优点在于充分调动决策者的主观能动性，提高决策者的能力，灵活简便，省时省力，也有利于决策执行。但直接预测的方法存在明显的缺陷：一是流于经验判断，缺少严格的论证；二是主观成分居多，往往因受到预测者知识类型、性格特点的影响而出现主观性偏差；三是传统的观点占优势时，使决策方案趋于比较保守。因此思想政治教育实际预测决策过程中，要注意与其他方法的结合运用，避免上述缺陷的出现。

2. 专家决策法

专家决策方法是由思想政治教育者把一定数量的专家组织起来，利用专家在专业方面的经验和知识，做出判断与决定的一种方法。专家决策方法主要有德尔菲法和头脑风暴法等。

德尔菲法是兰德公司的一个杰作，成为全球 120 多种预测法中使用比例最高的一种。它是利用一系列简明扼要的征询表和对征得意见的有控制的反馈，从而取得一组专家的最可靠的统一意见。德尔菲法是为了克服专家会议法的缺点而产生的一种专家决策方法，其核心是让各位专家能真正充分地发表自己的预测意见。德尔菲预测法要求专家彼此互不相识、互不往来，这就克服了在专家会议法中经常发生的专家们不能充分发表意见、权威人物的意见左右其他人的意见等弊病。这一方法的具体程序是，首先，在第一轮把意见征询表寄给思想政治教育专家小组的成员，请他们填写意见。预测小组收回调查表后，进行初步的统计和计算，发现具有共识性的意见和看法。其次，将第一轮得到的相对比较集中的意见再反馈给每位专家，要求他们以此为参考，重新填写意见。如果某一专家做出的第二轮预测仍与多数人的意见不符，则要求他陈述理由，说明为什么他的意见不同于大多数人的意见。预测工作小组收到调查表后，就要根据新的数据重新进行统计和计算。最后，将第二轮统计结果及有些专家的陈述理由告知每位思想政治教育专家，针对解决的问题，相关思想政治教育专家或相关人员也可以聚在一起，在宽松的氛围中，敞开思路，畅所欲言，寻求多种决策思路，经过多次综合、归纳和反馈，逐步取得一致意见。每次根据问题的特点，选择和邀请做过相关研究或有相关经验的专家，将与问题有关的思想信息分别提供给专家，请他们各自独立发表自己的意见，并写成书面材料。在综合思想政治教育专家们的意见后，再将综合意见反馈给各位思想政治教育专家，请他们再次发表意见。如此反复多次，经过几轮反馈，使思想政治教育专家的意见逐渐趋同，最后形成代表专家组意见的思想政治教育预测结论和决策方案。

头脑风暴法又称智力激励法，是由美国创造学家 A. F. 奥斯本于 1939 年首次提出、1953 年正式发表的一种激发创造性思维的方法。头脑风暴法的要旨是依靠专家的智力资源，以小规模研讨会的形式集思广益，为决策行为的实施提供参考。头脑风暴法的具体应用与集体直接预测不同，后者由于群体成员心理相互作用的影响，易屈从于权威或大多数人意见，形成所谓的“群体思维”。群体思维削弱了群体的批判精神和创造力，损害了决策的质量。为使与会者畅所欲言，互相启发和激励，保证专家群体的创造性，提高思想政治教育决策效率和质量，头脑风暴法要求时间一般在 1—2 小时，参加者 5—6 人为宜；主持者以明确的方式向所有与会专家阐明思想政治教育决策所要解决的问题，说明会议的规则，尽力创造融洽轻松的会议气氛，一般不发表意见，以免影响会议的自由气氛；倡导创新思维，与会思想政治教育专家各自发表自己的意见，“自由”提出思想政治教育方案，对别人的建议不做评论，发表意见不必深思熟虑，多多益善，鼓励独立思考、奇思妙想以补充完善已有的建议。实践证明，这种方法确实是激发决策者创造性思维的一种行之有效的方法，经常用于思想政治教育决策的方案设计阶段，以获得广泛的、具有创建的新设想。同时，在制定思想政治教育备选方案时还要充分考虑到各方面的制约因素，比如国家的方针政策要求、传统道德观念的限制、决策者本身权力和能力以及社会经济因素等方面的限制。

专家决策方法的主要优点是可以在不受外界心理因素的影响下最大限度发挥专家的创造性思维，根据确定的预测对象的性格、工作性质、爱好及其技术特长，来推断其未来的思想发展状况。由于这种方法不受别人的影响，很容易产生主观和片面的倾向。因此，需要对不同思想政治教育专家的预测结论和决策意见进行统计分析，优选出得分相对较高的预测结论和决策意见，尽量使预测结论和决策意见符合人们思想的发展趋势，提高思想政治教育预测和决策质量，确保思想政治教育工作的顺利实施。

3. 系统工程法

系统工程是20世纪中期产生并迅速发展起来的一门管理科学与工程方面的综合应用技术和方法，是把自然科学和社会科学中某些思想、理论和方法等，根据系统总体协调的需要，有机地联系在一起而形成的一门新兴的交叉学科。随着科学技术的日益进步，以及现代管理科学的迅速发展，系统工程的理论与方法，特别是决策理论与方法逐渐运用到思想政治教育的实践中来，并且日益成为思想政治教育决策方法之一。

按照系统论的观点，任何一种复杂的研究对象，都可以作为一个完整的系统进行研究。系统工程是组织管理“系统”的规划、研究、设计、制造、试验和使用的科学方法。在思想政治教育决策中，系统工程方法的要旨就是用作工程的办法来对思想政治教育过程进行组织管理。它以思想政治教育系统为对象，经过分析、推理、判断、综合，建成某种系统模型，进而以最优化的方法，求得系统最佳化的目标和方案。即通过工程化的过程，使思想政治教育系统达到思想上先进、时间上最省、能协调运转的最佳效果。

系统工程方法在思想政治教育决策中所涉及的系统范围可大可小，因此可以据此划分为宏观决策、中观决策、微观决策等三个不同的具体应用层次。

宏观决策：亦可叫作战略决策或全局性决策。它涉及思想政治教育工作全局性的指导方针、政策和重大原则等宏观问题，必须从经济、政治、文化等大系统环境进行全局分析，并加以决策。当今社会，思想政治教育的宏观环境总是处在不断变化发展之中。各种高新科学技术的迅猛发展，世界大市场的形成，思想信息的迅速传播，这一切使得思想政治教育的决策变得复杂和困难起来。尽管以往难以获得的许多信息资源，现在搜集起来变得容易和简单多了，但宏观环境及其所带来的决策对象情况的易变性，却使决策信息难以即时准确驾驭和更新，决策的迅速性和弹性也难以与之相契合。这一易一难表明，运用以往形成的传统决策方法往往难以奏效，需要应用系统工程方法来应对发展变化的环境和决策对象，从而保证思想政治教育决策的有效性、可行性、适时性。同时对决策目标的实施进度和决策效果进行不定期评价，及时发现并找出决策行为的不足之处，而后加以改进，并将决策行为与创新管理有机地结合起来，合理利用和开发智力资源。

中观决策：亦叫组织性或协调性决策。如涉及学校、家庭、社会思想政治教育相互结合、彼此协调的决策就属此列。学校教育是按照党的教育方针，对学生进行的有目的、系统的正规教育，对学生的全面成长起着主导作用。家庭教育，由于血缘关系、经济关系、亲情关系等汇合的背景，具有经常性、初始性和可信性特点。社会教育的内容更加广泛，它通过社会舆论、社会交往、社会活动的途径进行教育，是人们思想政治素质形成的大课堂。在进行思想政治教育决策时，可以应用系统工程方法，考虑这三个方面教育的互相联系、协同作用，形成三者互动相济，能够产生巨大的综合教育力量的思想政治教育决策方案。

微观决策，是为了解决局部性或个别性思想政治教育问题所做出的决策。例如，一所高校要根据一定时期的学校中心工作，针对不同年级的大学生进行入学教育、或大学生日常生活的思想政治教育，以及毕业分配的思想政治教育，确定具体教育目标和实现这一目标的途径和方法，就属于微观决策的范畴。微观决策的对象也是一个思想政治教育的系统，因此也可以应用系统工程方法形成诸多要素互动相济的决策方案。甚至我们要做好教育对象的个别谈话工作，也可以应用系统工程方法制定微观决策方案。因为我们要根据教育对象的思想基础和个性特点，系统考虑选择什么样的时机、场合，触及什么样的深度才能达到最佳效果；如果批评中发生“不配合”现象，应如何进一步做好工作；如果谈话奏效，又如何使之进一步巩固、提高等等。

在思想政治教育决策中应用系统工程方法的优势，体现在三个方面。一是可以使各种思想政治教育方法实现功能上的互补，结构上的动态平衡，通过调动多种方法从各自不同的角度对同一问题开展工作，形成方法上的合力，产生多种方法的综合效用大于单一方法效用之和的系统效应。二是通过家庭、学校、单位和社会思想政治教育的相互配合，把各单位、各部门的力量协调整合起来，形成多家参与的思想政治教育共建模式。三是通过把法制建设与道德建设、依法治国与以德治国结合起来，综合使用思想道德教育与法律约束、行政监督、经济杠杆等多种手段，形成思想政治教育的宏观整体合力。

整体而言，上述各种思想政治教育决策方法都并非尽善尽美的，各有其优长和缺陷。在思想政治教育决策实践中，应当辩证地认识思想政治教育具体决策方法的适用条件和优长短板，根据不同的决策对象和实际需求，有选择地应用其中一种方法，或将几种方法结合起来进行综合决策，切实提高思想政治教育决策的实效性，真正实现思想政治教育决策的科学化与规范化。

第三章 思想政治教育的基本方法

思想政治教育的工作方法，是教育者与教育对象在教育过程中共同采用的方式。思想政治教育的实施方法，是思想政治教育认识方法向实践的发展。认识教育对象和教育环境的目的，是为了塑造、引导、改造教育对象的思想，改造和创造教育环境。因而，实施思想政治教育工作方法，是思想政治教育全过程的中心环节，是为了取得思想政治教育实际效果，实现思想政治教育的目标，因而是思想政治教育方法论体系中最重要的方法。可分为四大类：在思想政治教育中起主导作用的、其他方法不可替代的基本方法，在一般情况下经常运用的通用方法，适用于特殊情况和解决特殊问题的特殊方法，适用于解决各种复杂问题的综合方法。这些方法适用于不同的范围和各种不同的情况，在实际运用时，要根据教育对象和教育环境的具体情况进行选择，使教育方法具有针对性和有效性。不看教育对象和教育环境的具体情况，盲目使用教育方法，教育不会有良好的效果。因此，通过本篇的学习，要深刻认识各种实施方法的理论根据及其作用，掌握实施方法运用的范围和条件，学会针对不同的情况，选择和运用不同的教育方法。

一、理论教育法

理论教育法是教育者通过有目的、有计划地向教育对象进行马克思主义理论的讲授教育，帮助其树立正确的世界观、人生观和价值观，坚定共产主义理想信念，提升思想道德素质的一种教育方法，也被称为理论灌输法或说理教育法。理论教育法是思想政治教育最常用、最基本的方法之一。

（一）理论教育法的理论依据

任何思想理论的产生与发展都是在特定历史条件下对实践的提炼、总结和升华，既有促其产生和发展的外部环境作为助力，也有其自身的理论支撑点。理论教育法产生与形成的过程也不例外，其主要理论依据为马克思主义灌输理论和主观能动性理论等。

1. 马克思主义灌输理论

自古以来，灌输就是人类文明传播与延续的重要方式。作为科学的理论，马克思主义灌输理论则是到了近代伴随着社会主义事业的发展才得以形成和发展的。马克思恩格斯在指导无产阶级斗争的过程中指出，虽然现代无产阶级会自发地产生社会主义的“倾向”，但却并不能自发地形成关于社会主义的科学理论。列宁在他的《怎么办?》一书中进一步明确指出：“工人本来也不可能有社会民主主义意识，这种意识只能从外面灌输进去。”① 列宁所指的“从外面灌输”包括了两层含义：其一是指向工人阶级灌输那些他们原来并不了解和掌握的先进意识；其二是指导工人阶级从政治角度来准确认识无产阶级与资产阶级对立的性质，从而明确无产阶级的历史使命。这一观点表明，科学系统的社会主义思想，是不可能以自发方式产生在无产阶级群众的头脑中的，而只能通过学习、教育、宣传、实践等自觉的方式才能为他们所掌握。

尽管当前的社会条件已发生巨大变化，但灌输理论仍然是马克思主义的重要原理，是理论教育法的重要理论基础，在党的思想政治工作中发挥着至关重要的作用。新的时代条件下，思想政治教育对象的文化知识水平得到极大提高，自我意识也极大增强，但对于马克思主义的科学世界观和方法论，仍然是不可能不学而知、不教而会的，必须要通过各种形式的学习、教育，才能在头脑中真正确立起来。在思想政治教育工作中，我们除了进行马克思主义理论宣传教育之外，还要通过人民群众的相互教育和启发，引导人们将视野超越个人、家庭和所在单位的局部利益和眼前利益，充分认识社会和阶级的整体利益，认清自己的历史地位和社会责任，引导群众向更高的思想境界和更高的实践阶段发展。否则，人们是不可能自觉地超越个人、家庭和单位的局部范围和狭隘境界，也不可能把无产阶级政党的路线、方针、政策变成自己的自觉行动。所以，马克思主义灌输原理仍然是进行马克思主义理论学习、教育和宣传的重要理论依据。

2. 主观能动性理论

科学理论不会自发产生而只能从外部灌输，这并不意味着教育对象在理论教育过程中是完全被动的，教育对象所展现出的相对独立性和反作用在人的思想和行动方面的表现，就是人的主观能动性的体现。重视主观能动性是马克思主义的基本精神。马克思在《关于费尔巴哈的提纲》中就既指出了唯心主义脱离唯物主

① 列宁选集（第1卷）[M]. 北京：人民出版社，1995：317.

义基础而抽象地突出“能动的方面”的错误，又指出了旧唯物主义漠视人的主观能动性的根本缺陷。毛泽东在《实践论》《矛盾论》《论持久战》等著作中，更加深刻细致地论述了主观能动性，形成了关于人的主观能动性理论。在《论持久战》中，毛泽东第一次明确提出“主观能动性”的科学概念，指出一切事情都是要人去做的，“做就必须先有人根据客观事实，引出思想、道理、意见，提出计划、方针、政策、战略、战术，方能做得好。思想等等是主观的东西，做或行动是主观见之于客观的东西，都是人类特殊的能动性。这种能动性，我们名之曰‘自觉的能动性’，是人之所以区别于物的特点”①。这里，毛泽东将人的主观能动性看作是人的本质特性。在此基础上，毛泽东进一步指出：“总的历史发展中是物质的东西决定精神的东西，是社会的存在决定社会的意识；但是同时又承认而且必须承认精神的东西的反作用，社会意识对于社会存在的反作用，上层建筑对于经济基础的反作用。这不是违反唯物论，正是避免了机械唯物论，坚持了辩证唯物论。”② 在存在与思维的关系方面，毛泽东更强调思维对存在的反作用，从而形成了较为完备的主观能动性思想体系，为思想政治教育提供了理论基础。

要改造世界先得认识世界，只有认识了世界才能改造世界，因为头脑清醒的人比盲目摸索的人更能自由自在地创造历史。只有无产阶级自觉的精神发展，才能有无产阶级事业的发展。因此引导教育对象自觉能动地改造自己的主观世界，“改造自己的认识能力，改造主观世界同客观世界的关系”③，就是思想政治教育中的头等大事。在现代思想政治教育过程中，教育者不再仅仅是向教育对象传授理论，而是主要教授学习、运用的方法，培养教育对象研究与自我教育的能力。教育对象学习和掌握理论也不再是被动地接收和储存，而是通过自己的探讨，结合实际能动地运用理论、发展理论，使被动的学习过程转化为主动地研究、发现过程。主观能动性理论，说明了人对思想理论的需要与追求，而满足这种需要与追求的途径和方式，就是理论教育法。因而，人的主观能动性理论，从一定意义上决定了理论教育法产生的必然性。

（二）理论教育法的具体方式

理论教育的具体方式多种多样，大致可以分为讲授讲解、理论学习、宣传教育和理论培训等方式。

---

① 毛泽东著作选读（上册）[M]. 北京：人民出版社，1986：228.

② 毛泽东著作选读（上册）[M]. 北京：人民出版社，1986：167.

③ 毛泽东选集（第 1 卷）[M]. 北京：人民出版社，1991：296.

第一，讲授讲解。这是教育者通过口头语言向教育对象传授理论知识，解释政治和伦理概念，论述哲学和科学社会主义原理与道德原则，阐述思想发展变化规律的教育方法，是使用最为广泛的一种理论教育方法。这种方法既用于正面传授马克思主义理论和道德知识，也针对思想问题，进行解疑释惑。其具体方式有：其一，讲述。侧重于形象生动地描绘某些政治、道德现象，叙述历史事件发生发展的过程和历史人物评传材料，引导教育对象形成鲜明的政治倾向和思想道德情感。这种方法，常用于革命传统教育、爱国主义教育。其二，讲解。主要是对一些比较高深的哲学、政治、道德概念与理论，以及党的路线、方针等，进行系统而严密的解释和论述。这种方法，在政治理论教育、形势教育中，运用较多。在教育过程中，讲述和讲解经常结合运用。以理论讲座的形式讲授马克思主义理论课，就是讲述和讲解的综合运用。

讲授讲解教育法，是摆事实、讲道理、以理服人的方法。它要求讲述的事实要真实，讲解的道理要透彻。事实胜于雄辩，事实会教育人。“理论只要说服人，就能掌握群众；而理论只要彻底，就能说服人。所谓彻底，就是抓住事物的根本。”① 说理是思想政治教育的基本方法，是打开人们心灵的钥匙，讲授讲解尤其要说理充分透彻。所谓充分透彻，就是把自己所讲道理的概念要讲准，内容要讲明，层次要分清，实质要说透。讲授讲解教育法是语言灌输的一种主要方式，它主要运用于系统的马克思主义理论教育、理论学习辅导和党的路线、方针与政策的解释、宣传。运用讲解法时，首先，讲解的内容要正确，理论、概念应具有科学性，讲述的事实同结论要保持一致。其次，讲解既要全面、系统，同时要抓住重点，突破难点，找到理论与实践的结合点，增强教育的针对性。第三，讲解要采取启发式，循序渐进地进行引导，防止填鸭式和注入式。

第二，理论学习。理论学习是人们通过有组织、有计划地集体学习或个人学习来掌握马克思主义理论和党的路线、方针、政策的方法，是一种自我教育的方法。理论学习主要是阅读马克思主义的经典著作，弄懂弄通基本原理，并结合实际进行运用，掌握马克思主义的立场、观点和方法。

理论学习是阅读文字的一种主要方式，主要是通过读书籍、报刊、网络文本进行的。读书活动是引导人们自己学习、思考、运用的一种自我教育方式。组织读书活动的具体做法是：围绕某一专题或某一任务，提示读书范围，开列读书目录；进行必要的辅导，开展评议讨论；交流读书体会，举办知识竞赛；奖励读书

① 马克思恩格斯选集（第 1 卷）［M］. 北京：人民出版社，1995：9.

优胜者，将读书活动引向深入。在思想政治教育方面，读书的内容是很多的，有政治理论、历史知识、法律知识、伦理道德、人生修养等，这些内容要同思想实际、工作实际相结合，要立足于解决认识问题和实际问题，使读书活动富有实际效果。同时，读书活动不能仅限于自己读，还要交流、讨论、竞赛，这样可以把读书活动引向深入。一些单位利用大众传播工具，组织知识竞赛，举办学习演讲，开展专题辩论，对群众的读书活动和理论学习，具有很大的推动作用。

开展读报刊用报刊活动，是组织群众学习党的路线、方针和政策，提高思想政治觉悟的常用方法。党报党刊，是重要的思想舆论阵地，是人民群众“无处不在的耳目”和“千呼万应的喉舌”。无产阶级革命导师，一向都把报刊视为传播真理，唤醒人民，组织队伍的重要手段，并把它作为党与人民群众联系的精神纽带。人民群众通过报刊的学习，可以及时了解领导的意图，提高执行党的路线、方针和政策的自觉性，从而有利于明确方向，统一认识，统一行动。报刊同书籍相比，虽然政策性、时事性强，理论性、系统性有所不足，但它出版周期短，信息含量大，能及时反映情况，干预生活，进行导向，因此读者面广，影响力大，是进行思想政治教育的有效途径。开展读报刊用报刊活动，要同思想政治教育的具体要求结合起来，对报刊的内容要有选择，对群众的阅读要有引导，注重联系实际，有效解决思想问题和实际问题，才能使读报刊用报刊活动坚持下去。

第三，宣传教育。宣传教育是运用大众传播媒介向人们传播正确理论和先进思想的方法，既有理论的阐述与辅导，也有典型的学习、运用示范。随着科学技术的进步和传播工具的发展，由大众媒介构成的环境对人们的思想观念具有广泛深刻的影响，人们时时刻刻处在这样的环境之中。因此，利用大众传播工具，主要是广播、电视、录音、录像以及网络等，来开办专题节目，宣传正确的理论和思想，引导群众学习和思考，具有良好的效果。这种宣传教育方式，已不同于单位的宣传栏，宣传队，其覆盖面大，影响范围广，并且可以组织丰富多彩、内容系统的专题，不仅可以直接引导群众进行学习，而且还能营造良好的舆论环境，使宣传教育具有持续、强化的效应。

宣传教育必须围绕党的中心工作，结合群众的思想实际进行，用以动员群众、组织群众为完成中心任务而共同努力。这样，就要选择对中心工作指导性强、与群众思想实际结合紧密的理论，有理有据，形式多样地进行宣传教育。不能离开党的中心工作，不顾群众普遍关心的问题而空讲概念、理论。否则，宣传教育就会失去引导作用，甚至可能引起群众的反感。

第四，理论培训。理论培训是通过办培训班、讲习班来学习理论的一种方法。这种方法适应学科建设和实际工作科学化的需要，受到广泛重视和应用。思想政治教育方面的理论培训，就是围绕某一专题，确定理论学习内容，联系实际，以自学为主，进行必要的辅导，组织讨论和交流，达到提高和统一思想认识，有效指导实践的目的。

理论培训方法，具有学习内容、学习人员、讨论问题集中的特点，有利于相互启发，加深对政治理论的理解；有利于相互交流，探索解决实际问题的办法。它适用于各级党校、各个单位对干部、党员、骨干的短期培训。在运用理论培训时，首先，要根据实际需要确定专题，明确专题培训的目的。专题既不要太宽泛而不着边际，又不要太具体而陷于就事论事，专题应当是某一方面理论与主要实际问题的结合点。其次，要围绕专题，根据培训对象的理论水平和文化水平选好学习书目和学习资料，既不能要求过高而难以掌握，又不能要求太低而学无所获。再次，要进行必要的辅导和组织适当的讨论。辅导和讨论是引导、启发、深化的一种方式。辅导和讨论要抓住重点、难点和理论与实际的结合点进行，既要防止脱离实际空发议论，又要避免陷于具体事务而争论不休。第四，要进行培训检查。培训检查是了解培训对象学习、掌握理论的广度和深度，以及分析解决实际问题的能力的必要方式，一般采用写研究报告、学术论文、学习体会以及口头报告的方式。

（三）理论教育法的运用条件

理论教育法是我国思想政治教育的基本方法之一，但在运用时也是有条件的。一方面，注重主体间性。主体间性扬弃了传统哲学的主客二分，强调尊重受众的主体独立性，达成多方主体之间的理解和融合。主体间性本身具有一定的方法论意义，它要求在处理人与人之间的关系时，对待他人要理解、尊重、同情，要设身处地、将心比心。在对教育对象进行理论教育时，主体间性要求教育者要注重教育对象人格上的平等，建立理解和对话的新型师生关系。另一方面，理论教育生活化。“教育回归生活世界”，是当下最为响亮的教育改革理念之一。生活是人的存在方式，回归生活的理论教育才具有真实的合理性，才是正本清源的合理表达。理论教育不能空讲道理，死记概念。理论教育的内容必须关切教育对象的日常生活世界，紧密联系教育对象的日常生活实践。例如，用联系社会生活实际的难点问题和热点现象等来对理论进行阐释等。通过形成与日常生活的同频共振，才能引发教育对象更广泛的情感认同与参与热情，进行提升理论教育方法的效果。

二、实践教育法

实践教育法也叫实践锻炼法，是教育者通过有目的、有计划地组织教育对象参加实践活动，使其从生动具体的实践体验中得到锻炼，在改造客观世界的过程中改造自己的主观世界，促进知行转化，进而培养教育对象良好品德的一种教育方法。实践教育法把思想政治教育内容寓于活动过程之中，把深刻的道理融于活动情节之中，引导教育对象以一个亲身实践者而非一个接受者或旁观者的角色，去做、去体验、去感悟、去成长，从而提升教育对象的思想觉悟和践行能力。

（一）实践教育法的理论基础

实践教育法有着深厚的理论基础，它以马克思主义认识论为基础，同时又与生活教育理论、活动教育理论等有着相通与借鉴之处，这些理论共同构成了实践教育法的理论根基。

1. 马克思主义认识论

马克思主义认识论即辩证唯物主义认识论，它在批判地继承前人认识成果的基础上，第一次科学地解决了认识的产生和发展规律问题，实现了人类认识史上的伟大变革，为我们认识世界改造世界提供了科学的理论指导，因而是实践教育法的理论基础。

首先，实践是人们正确认识形成发展的源泉。马克思主义认识论认为，认识的本质是主体在实践基础上对客体的能动反映，正确的认识是对社会环境和客观事物的正确反映，错误的认识是对社会环境和客观事物的歪曲反映，而社会实践则是人同社会环境和客观事物相联结的唯一纽带和桥梁。只有通过实践，人们才能接触和观察事物的现象，也才能透过现象洞悉事物的本质和规律，形成正确认识。实践出真知，人们的正确认识和崇高的理想道德，归根到底都只能在社会实践中形成和发展。只有社会实践，才是人的正确认识的来源。

其次，实践是检验认识真理性的标准。马克思说："人的思维是否具有客观的真理性，这并不是一个理论的问题，而是一个实践的问题。人应该在实践中证明自己思维的真理性，即自己思维的现实性和力量，亦即自己思维的此岸性。"① 毛泽东进一步明确："只有人们的社会实践，才是人们对于外界认识的真理性的标准。"② 因为，实践具有直接现实性的特点，是主观见之于客观的活动。只有

① 马克思恩格斯选集（第 1 卷）［M］. 北京：人民出版社，1995：55.

② 毛泽东选集（第 1 卷）［M］. 北京：人民出版社 1991，284.

实践，才能把主观同客观联系起来，才能把存在于人脑中的构想变成直接存在的现实。因而，也只有实践，才能直接检验人的思想是否同客观现实及其发展趋势相符合，判明它是否具有真理性。所以，实践是检验人们认识真理性的唯一标准。

再次，实践是认识的目的。实践是认识的起点，也是认识的目的和归宿。认识活动的目的并不在于认识活动本身，而在于更好地指导实践，更好地改造客观世界。认识指导实践、服务实践的过程，就是认识价值的实现过程。世界上所有的事情都有赖于人去完成，而人的所有活动都是受思想支配的。正确的思想能指导人们用正确的方式向正确的方向行动，错误的思想必然导致错误的行为。思想政治教育帮助人们提升思想道德水平，树立远大理想，确立正确的世界观、人生观和价值观，其目的就在于用正确的思想认识指导人们的正确行动，帮助人们在社会实践中正确分析和处理各种实际问题，从而充分调动人们进行社会主义现代化建设的积极性和创造性。

最后，实践是人全面发展的根本途径。人是实践的存在物，在长期反复的实践活动中，人们改造自然的能力得到不断锻炼和强化，人们的认识能力、思维能力和思想水平等也得以不断提升和完善。因为，人在社会生活中，既接受着客观世界的影响，也相应地改造着客观世界，并且在改造客观世界的过程中改造着自我，这是一种客体主体化的过程。在这个过程中，人们通过实践活动，形成和发展着新的认识，这使人们能够更准确地做出判断，提高认识水平和思想觉悟，不断规范自己的道德行为，加速主体的社会化进程，从而使主体得到完善，促进主体的全面发展的过程。所以，实践是人不断丰富和完善的根本之路，对人的全面发展起着决定性的作用。

总之，实践观是辩证唯物主义认识论首要的和基本的观点。人们思想认识的形成、发展、检验，都是由社会实践所决定的。思想政治教育要帮助人们树立正确的思想认识，提高思想道德水平，就必须以社会实践作为教育的基本途径。

2. 相关教育理论

在教育改革进程中，教育工作者们对传统教育进行了批判和革新，这时以回归生活与实践为主张的各种教育观点应运而生，为实践教育法提供了重要的理论借鉴。

第一，生活教育理论。陶行知指出：“生活教育是给生活以教育，用生活来教育。教育要通过生活才能发生力量而成为真正的教育。”[①] 这体现出他“社会即学校”的观点，即教育必须通过生活来进行，生活的范围就是教育的范围，社会的范围就是学校的范围。这表明，学校教育应当是学生生活世界的一部分，是同社会联系在一起的，而不能脱离学生的现实生活。实践教育法要求教育对象积极参与到现实生活的实践中去，在社会实践中得到锻炼和提升，这与生活教育理论由注重知识讲授回归生活世界，有着内在的相通性。

第二，活动教育理论。活动教育理论主张，“教育对学生身心发展起作用的机制是通过作用于学生的活动而间接影响着学生的身心发展”[②]。这表明，活动是连接教育与教育对象之间最为关键的纽带，教育只有在活动中才能促进教育对象的主体觉醒和主观能动性的发挥。这里的活动既指内部活动，教育必须要通过教育对象内心活动的参与才能起作用；也指外部活动，只有通过一定的活动中介才能使教育作用得以实现。因而，教育既要注重教育对象的心理活动，也要注重通过外部活动，使教育对象的心理活动得以外显性发挥，从而进行有针对性的教育。活动教育理论和实践教育法都注重以活动作为载体来进行教育，但活动教育理论更加强调要注重教育对象的内心活动，从而在这一方面对实践教育法提供了有益的思想借鉴。

（二）实践教育法的方式及发展

实践教育法的实质是人的个性品质社会化的过程。随着社会主义现代化建设和现代科学技术的迅速发展，实践教育的内容更加丰富、实施范围不断扩展、教育方式愈加多样。当前，这些具体方式主要有以下几种。

第一，劳动教育。劳动教育是指在生产劳动过程中，帮助教育对象形成对劳动的正确认识，树立正确的劳动价值观，具备一定的创造性劳动能力，养成良好劳动习惯的教育活动。“马克思、恩格斯、列宁和毛泽东同志都非常重视教育与生产劳动的结合，认为在资本主义社会里这是改造社会的最强有力的手段之一；在无产阶级取得政权之后，这是培养理论与实际结合、学用一致、全面发展的新人的根本途径，是逐步消灭脑力劳动和体力劳动差别的重要措施。”[③] 可以说，劳动教育是实践教育的主要方式，是引导教育对象为社会主义现代化做贡献，培养全面发展新人的根本途径。

---

① 陶行知．陶行知文集（下册）［M］．南京：江苏教育出版社，2008：820.

② 王道俊，郭文安．主体教育论［M］．北京：人民教育出版社，2005：176.

③ 邓小平文选（第2卷）［M］．北京：人民出版社，1994：107.

劳动教育的主要目的与内容，是要帮助教育对象树立正确的劳动观，培养积极的劳动情感，提升创造性的劳动能力，养成自觉的劳动习惯。劳动观是人们对劳动的总体看法和态度，包括对劳动价值、劳动目的、劳动意义的认识与理解。帮助教育对象树立正确的劳动观，就是要使其认识到人类历史是生产发展的历史，是劳动人民创造的历史，只有通过辛勤劳动，才能把我国建设成为社会主义现代化强国。培养教育对象对劳动者和劳动成果的珍惜与感恩之心，树立马克思主义的群众观点，克服轻视劳动群众的不良习气。帮助教育对象掌握劳动知识与劳动技能，并在劳动协作中培养团队协作意识和创造性解决问题的能力。在此基础上，引导教育对象养成自觉劳动、认真劳动的习惯，实现教育对象知情意行相统一，促进教育对象的全面发展。

随着社会实践的发展，劳动教育的目的、内容和方式也在不断地发展着。如今，以人工智能、大数据、云计算和物联网等为标志的科技因素，不断突破创新着生产劳动的原有内涵与形式。新时代劳动教育的功能属性也相应地发生着根本性改变。为人民服务、为党治国理政服务、为巩固和发展中国特色社会主义制度服务、为改革开放和社会主义现代化建设服务，已经成为新时代劳动教育的新功能、新属性。我们必须突破传统认识，去达到教育与生产劳动相结合的新境界。

第二，社会服务。这是通过让教育对象运用自身拥有的知识、技能和体力等素质，为社会提供力所能及的服务，在向社会奉献自身力量的同时，获得对责任关系、道德关系和奉献精神的体悟和思考，从而实现思想政治教育目的的一种方法。

社会服务的形式多种多样，常见的有社区服务、助学支教、扶贫帮困和应急救援等。日常社区类是组织教育对象深入社区进行环境整治、生活服务和法制宣传等便民利民服务；助学支教类，是组织品学兼优的学生开展支援教育和教学管理工作等实践活动，为受教学生提供内容丰富、形式多样的教育教学活动；扶贫帮困类，即组织教育对象长期关注贫困地区发展状况和贫困家庭生活状态，在尊重理解的前提下，从物质、教育、医疗等多方面关心帮助困难群众，让困难家庭感受到社会尊重，促进社会和谐；应急救援类，是面对自然灾害和人为造成的突发、具有破坏力的紧急事件采取的预防、响应的志愿服务活动。相较于劳动教育而言，社会服务更易组织实施、覆盖面广、收效明显，因而是实践教育法中经常采用的一种教育方式。

在有组织、有目的社会服务活动中，教育对象自觉运用自己的知识、技能和体力等帮助他人、服务社会，这种帮助与被帮助、服务与被服务的关系，不仅体现了人与人之间的关怀和帮助，更重要的是这个活动过程本身也是对教育对象的一种教育过程。教育对象通过服务过程，能够亲身体验责任关系和道德关系，并加深对这种关系的理解和认识；通过服务产生的实际效果，能够丰富教育对象的思想感受和情感愉悦，起到思想政治教育中的正强化作用，促进正确观点的形成；通过社会的认可和称道，能够强化教育对象的集体主义意识和奉献精神。尤其是对于青年学生群体来说，能够运用自身所学为社会做贡献，不但解决了受帮扶者的实际困难，而且在活动中拓展了视野和生活空间，获得了真实丰富的社会体验，促进个人的性格得以完善，能力得以提高，在助人的过程中收获了自助的动力，这对于他们的学习和成长是一种莫大的激励。

第三，社会考察。社会考察是通过引导教育对象按照一定的计划、程序和方式去认识和研究社会现象，分析并解决社会问题，从而提高教育对象思想认识和解决社会问题能力的方法。社会考察的对象包括社会客观存在和主观范畴的社会事实，教育对象带着特定目的或问题深入接触社会实际，逐渐实现理论与实践的结合，从而深刻了解社会现象与社会问题，获得正确分析问题和解决问题的能力。因而，社会考察也是思想政治教育中一种重要的实践活动方式。

社会考察的基本形式主要有以下三种。一是深入社会观察。要对某一社会现象或问题的存在方式和状况进行了解，挖掘其背后的矛盾，就要了解真实情况。这要求教育对象一定自己动手、动口、动脑去接触社会，认识社会，虚心请教，以获得正确客观而丰富翔实的第一手资料。这种方式一般适用于对重大社会事件或焦点问题的分析研究。二是参与社会体察。这是教育对象完全参与到所考察的对象的活动之中去，作为考察对象的一部分去亲身体验的一种实践活动。亲身体验得来的经验材料较之观察得来的经验材料更深刻，当然也更富有感情色彩，这类考察方式一般适用于对某阶层的工作、生活状况的考察。三是进行社会调查。通过确定调查主题，框定调查对象，设计调查问卷，组织问卷填写，获得较为全面客观的资料。这是目前最常采用的调查方式，适用于考察某一社会群体对某类问题的看法或观点，社会热点问题的考察等。

把社会考察方法用于思想政治教育，是我们党的优良传统，在我们党的思想政治教育史上占据十分重要的地位。毛泽东在《实践论》中指出："你要有知识，你就得参加变革现实的实践。你想知道梨子的滋味，你就得变革梨子，亲口吃一吃。"[①] 在社会考察中，为更好地发挥思想政治教育的作用，必须坚持以正

① 毛泽东选集（第 1 卷）[M]. 北京：人民出版社，1991：287.

确的理论和方法为指导，尊重客观实际，切忌主观片面；要诚恳、虚心地向群众学习与请教；要有强烈的问题意识，尽力掌握调研活动的主动权；要通过调查获得丰富的第一手材料，然后经过整理、分析和加工制作，去粗取精、去伪存真，由此及彼、由表及里，从感性认识上升到理性认识，得出既有事实根据、又有理论思考的正确结论。只有这样，社会考察活动才能成为教育对象完善自我、认识社会、提高能力的实践活动。

（三）实践教育法的运用条件

在思想政治教育过程中知与行不可分离，其中特别要提倡力行，这是实践教育的根本要求。为提高实践教育法运用的有效性，在运用时需注意满足以下条件。第一，教育者要贯彻现代教育中的平等性理念，坚决摒弃作为官僚权威的传统控制者角色，积极转变为引导者和指导者角色，为教育对象的自主实践创造更多的支持性条件和保障。第二，强化活动的组织性、完整性、意义性与创造性，保证活动具有清晰的意义指向、明确的程序安排、灵活的评价与调节机制，同时还要有教育对象能够无障碍运用的具体实践方法。第三，在深化实践教育法的基础上，坚持理论教育法、隐性教育法等多种方法交叉运用，将教育潜移默化地渗透到教育对象的日常生活当中，深化教育的效果，促使教育对象实现思想认识上的升华，推进思想政治教育方法的创新。

三、批评与自我批评法

从教育学的角度来讲，批评不是训斥、威胁，而是对别人行为中的缺点或不足提出意见和建议，以期帮助他人认识并改正错误，加强自我约束和激励，从而获得正确的行为。自我批评是对自己生活与工作中的行为进行及时的自我检视、自我反省，以期实现自我提升的行为。思想政治教育中的批评与自我批评法，是指教育者通过运用批评和自我批评的方式，引导教育对象对自己和他人的缺点、不足和错误进行公开分析和检查的一种教育方法。这是我们党解决党内矛盾、改正错误的基本方法，也是人民内部进行自我教育的基本方法。毛泽东在《关于纠正党内的错误思想》一文中，就曾指出："党内批评是坚强党的组织，增加党的战斗力的武器。"① 我们党运用这一方法，在坚持真理、修正错误、保持思想政治上的纯洁性、密切党同人民群众的联系等方面，都取得了很好的效果。

---

① 毛泽东选集（第1卷）[M]. 北京：人民出版社，1991：90.

（一）批评与自我批评的作用

批评与自我批评是思想政治教育的一种有效方法，要指导教育对象学会熟练正确地运用这种方法，实现自我教育、自我改造和自我完善，并在这一过程中提高发现与解决自身问题的能力，并实现相互团结的目的，使思想政治教育获得更好的效果。

1．有助于帮助教育对象自我教育和自我完善

开展批评与自我批评的过程也是帮助教育对象自我教育、自我修复和自我完善的过程。毛泽东曾经指出："我们曾经说过，房子是应该经常打扫的，不打扫就会积满灰尘；脸是应该经常洗的，不洗也就会灰尘满面。我们同志的思想，我们党的工作，也会沾染灰尘的，也应该打扫和洗涤。'流水不腐，户枢不蠹'，是说它们在不停的运动中抵抗了微生物的侵蚀。对于我们，经常地检讨工作，在检讨中推广民主作风，不惧怕批评和自我批评，实行'知无不言，言无不尽''言者无罪，闻者足戒''有则改之，无则加勉'这些中国人民的有益的格言，正是抵抗各种政治灰尘和政治微生物侵蚀我们同志的思想和我们党的肌体的唯一有效的方法。"① 这段话深入浅出地阐述了批评与自我批评就如同人要洗脸和房子要打扫那样不可或缺，形象而生动地说明了批评与自我批评对于个人进步的重要作用。在全国政协一届二次会议上的讲话中，毛泽东同志更加明确地指出："自我批评是进行加强自我教育和自我改造的唯一正确的方法，它是一个特别好的方法。"② 因为，通过实行批评与自我批评的方法，可以使曾经犯过错误的同志对自己进行深刻解剖，分析错误思想根源，从而受到深刻的思想教育，并且，对错误思想的批评和对自我的教育始终是交叉进行、相辅相成的，这样也就取得了双重效果，既清除了错误思想，又实现了自我教育。

批评和自我批评方法对教育对象自我教育和自我完善的作用收效良好，"许多人从几年来的亲身体验中更加领会了批评和自我批评确如毛主席所指示的一样，是'人民国家内全体革命人民进行自我教育和自我改造的唯一正确的方法'，各界人士也在多年的思想改造运动中，不断提升觉悟，最终分清了敌我界限，其中正在以马克思列宁主义武装自己的人也日益增多"③。因此，习近平明确要求：

① 毛泽东选集（第3卷）［M］．北京：人民出版社，1991：1096.

② 毛泽东文集（第6卷）［M］．北京：人民出版社，1999：81.

③ 中国人民政治协商会议第一届全国委员会工作报告．人民日报，1954-12-22（2）.

“无论批评还是自我批评都是一剂良药，是对同志、对自己的真正爱护。”① 要“大胆使用、经常使用、用够用好，使之成为一种习惯、一种自觉、一种责任，使这个武器越用越灵、越用越有效果”②。

2. 有助于增强集体的凝聚力和创造力

批评与自我批评是一种团结的方法，它通过克服缺点和错误，使人们在正确思想指导下统一认识，增强团结。毛泽东对批评方法的性质和作用，曾做过科学阐述：“我们曾经把解决人民内部矛盾的这种民主方法，具体化为一个公式，叫作‘团结—批评—团结’。讲详细一点，就是从团结的愿望出发，经过批评或者斗争使矛盾得到解决，从而在新的基础上达到新的团结。”③

回顾党的历史，我们可以得出，什么时候我们党批评和自我批评坚持得越好，党内的风气就越正，党员干部的创造力、凝聚力和战斗力就越强。新中国成立前，由于马克思主义中国化经验不足，我们党内存在着本本主义、教条主义等生搬硬套的做法。通过开展批评与自我批评，我们党纠正了“左”的错误，才能在危急关头挽救了党，挽救了红军，挽救了中国革命。也正是因为八七会议上的大讨论、大批判，才能最终得出“枪杆子里出政权”这一历史结论。新中国成立之后，从1956年党的八大上邓小平同志在《关于修改党章的报告》中要求“必须运用过去整党工作的经验，采取群众性的批评和自我批评”，到1982年党的十二大在党章中明确“党在自己的政治生活中正确地开展批评和自我批评”，再到十八届六中全会通过的《关于新形势下党内政治生活的若干准则》明确规定“必须坚持不懈把批评和自我批评这个武器用好”，党的这一优良传统和作风一脉相承，极大地维护了党内团结。这充分说明，灯不拨不亮，理不辩不明，党内沟通交流的渠道顺畅了，党内思想认识才能得到统一，从而迅速改正错误，促进党的团结和谐。

3. 有助于提高思想政治教育工作的有效性

传统的思想政治教育中，教育者常常单纯按照规章制度对违纪行为加以惩罚，但这样很易诱发教育对象的逆反心理，或是造成教育对象的错误认知。而通过批评与自我批评，在教育对象之间可以起到一个良好的沟通纽带作用，促进教育对象之间相互监督，共同成长，完善自身。这不是一种强制行为，而是充分挖

---

① 习近平. 大胆使用批评和自我批评有力武器［N］. 人民日报，2013-09-27.

② 习近平. 在党的群众路线教育实践活动总结大会上的讲话［M］. 北京：人民出版社，2014：21.

③ 毛泽东著作选读（下册）［M］. 北京：人民出版社，1986：763.

掘教育对象自身的积极性。当自身的不良行为与社会道德观有不一致时，能够自觉对错误行为或思想进行调整改变。这种主动性方法比强制性方法更易于让教育对象接受，从而加强了思想政治教育的效果。1942 年的延安整风运动就是一次彻底开展批评与自我批评的成功实践。整风运动在毛泽东的带领下，通过集中使用批评与自我批评的方法，全党上下将集中学习和自我学习结合起来提升马列主义理论水平，从高级干部的整风学习、全党整风，到最后的经验总结过程中，普遍采用批评与自我批评的方法，收集、梳理党中央历史上的错误，开展调查研究，反省、批评、检讨过去的历史；澄清历史上的大是大非问题，提高对党的作风建设的认识，强化了广大党员干部的党性修养，最终在批评与自我批评中实现了对党员和干部的教育、改造和自我教育、自我改造。整个整风运动最终彻底转变了中国共产党的作风，充分显示了利用批评与自我批评进行思想政治教育的优越性。

因而，我们应当充分相信教育对象能够在思想上自己教育自己，应当更多地启发人们自觉抵制错误思想的影响，克服缺点错误，应当更注意帮助人们运用自我批评的方法进行思想改造。即使对人们的错误和缺点进行批评，对错误思想进行斗争，也还是要立足于激发、启迪人们采用自我批评的方式，自己克服缺点错误，抵制错误思想。

（二）批评式教育方法的方式

在运用批评与自我批评方法时，要注意把原则性和灵活性结合起来，按照不同对象，不同问题，采取适当的方式。同时，要根据社会的发展和实际的需要，不断改进批评与自我批评方式。

第一，直接式批评与间接式批评。这是两种进展方式不同的批评。直接式批评开门见山、直截了当，一针见血地批评。这种批评不绕弯子，不兜圈子。间接式批评则是循序渐进进行的批评，这种批评不首先接触批评的要害，不和盘托出批评的全部内容，而是由浅入深地耐心说服。

直接式批评一般适用于思想基础好和性格开朗、外向、乐于接受批评的人。对这种人坦诚直率地指出缺点和错误，他们一般不会介意，不会计较。这种直接式的批评往往很容易引导他们及时地、公开地自我批评，迅速地解决问题。采取直接式批评，一定要有理有据，言之有理，言之有物。道理讲不明，事实讲不清，用直接式批评不会有好的效果，甚至会伤害人。间接式批评一般适用于缺点错误较多、性格内向、自尊心比较强的人。对这种人进行批评，要循序渐进，由浅入深地耐心引导，使其对批评有一个心理准备，逐步适应并接受批评，然后启发、引导被批评者开展自我批评。运用间接式批评时，对被批评者要以诚相待，以情感人，要注意把握好时机与场合，引导被批评者改正缺点和错误，不要陷入盲目迁就和“兜圈子”的状况。

第二，参照式批评与评估式批评。这是两种衡量方式和标准不同的批评。所谓参照式批评，就是参考和仿照某些人或事而进行的批评。一般的做法是：借助某人或某事的经验与教训，运用对比、参照的方式，烘托出批评的内容，指出存在的问题，使被批评者在参照的人或事的对比下，感受到某种压力，意识到自己的缺点和错误，促成自我批评。这种批评方式，适用于社会经历浅，自我意识、独立意识不强，心理尚未成熟，易受影响和感化，可塑性大的青少年。运用参照式批评时，所选的人或事要有针对性和可接受性，使受批评者易于对照、比较和反省。

所谓评估式批评，就是按照本单位、本部门大家共同遵守的准则和要达到的目标来进行检查、评价所开展的批评。通常的做法是：先由个人按照统一的评估指标和要求进行自我评估，肯定成绩，找出差距，总结经验，吸取教训。然后由单位按统一的评估指标对每个人进行评估，排出优秀、良好、合格和不合格的序列。对优秀者，单位要给予表扬、奖励，对不合格者，要给予批评、惩罚。所以，评估式批评既是一种按统一指标和要求来衡量的自我批评，也是一种相互参照、比较的批评。这种批评与自我批评的方式，是在新形势下，适应自主、平等、竞争、效益、法制的新要求发展起来的。随着评估的不断规范化和制度化，批评与自我批评也逐步规范起来。评估式批评与自我批评原则上适用于一个单位同等类型的所有的人，因为一个单位同等类型的人都按同一指标和要求来衡量，平等、公正，便于比较和竞争。因此，在进行评估时，对同等类型人所使用的评估指标和要求一定要统一，有些指标尽可能量化，不能因人而异、厚此薄彼；评估比较时要客观公平，发扬民主，公开进行。

第三，监督式批评与揭露式批评。这是两种由不同职能部门所采用的批评方式，前者是由监督部门和群众团体通过检查、督促，针对存在问题所开展的批评，后者是由宣传舆论单位利用大众传媒对揭露出来的问题所进行的批评。随着我国民主建设和法制建设的逐步加强，我国各级党政监督部门，如党的纪律检查部门、行政监察部门、经济审计部门都相继建立，对干部、党员的执法监督、权力监督不断加强。广大群众民主意识、法制意识不断增强，积极参与社会活动和本单位的民主管理；宣传单位在坚持正面宣传的同时，也对社会的某些弊端、丑恶现象进行公开揭露；群众监督、舆论监督在不断加强。这些监督工作是通过专门工作人员依照政策和法规，通过有组织地检查、调查、核实和分清是非、总结经验教训来进行的。对违法违纪事件进行查处，对存在问题进行纠正，对丑恶现象“曝光”，都需要运用批评这个武器，都需要通过批评、启发、督促犯错误的人开展自我批评。在社会主义市场经济条件下，单位和个人的自主性加大，人们进行各种选择的可能性也加大。为了保持社会的正常秩序，维护人们的正当权益，更加需要各种方式的监督，需要批评与自我批评。否则，权力失去监督和批评，选择失去制约和规范后，就会产生错误，甚至产生腐败。有些单位产生腐败现象，有些人犯错误，在很大程度上是由于缺乏监督，忽视批评与自我批评造成的。

为了保证干部、党员、群众正确执政、执法、遵纪守法、清正廉洁，加强监督式批评和揭露式批评是十分必要的。这种批评方式，既是监督部门、宣传舆论部门的工作手段，也是广大人民群众的武器，它比一般性的批评与自我批评更有力量，也更有效果。

第四，商讨式批评与警醒式批评。这是两种措词不同的批评。商讨式批评是带有商量、讨论的口气，与被批评者交换意见的批评。其做法是：批评者以商讨问题的态度把批评意见传递给被批评者，同被批评者进行必要的讨论，交流看法，征求意见，促使被批评者认识自己的缺点和错误，开展自我批评。这种批评方式，适用于头脑灵活、思维敏捷、脾气暴烈、有明显否定性心理倾向的人。对这样的人，以商讨问题、交换意见的方式，心平气和地进行批评，可以有效改变可能存在的对抗动机，使其冷静、虚心地接受批评意见。因此，采用商讨式批评时，一定要平心静气，创造一种平等、宽松、和谐的气氛，使被批评者放弃对抗动机，自觉接受批评。

所谓警醒式批评，就是措辞尖锐，语调激烈，使被批评者警觉清醒的批评。这种批评方式，主要适用于惰性心理、依赖心理比较突出的人。如意志消沉，精神萎靡，行动迟缓者；自我意志薄弱，缺乏积极性、主动性者；犯了错误，不愿正视和改正，存在侥幸心理者。对具有以上心理状态的人进行批评，态度要真诚，言词要激烈，要使其受到强烈的刺激和震动，从执迷中醒悟过来。在使用警醒式批评时，必须认准对象的特点，谨慎从事，不可乱用。因为这种方式“火药味”浓，运用得好，可以收到意想不到的效果。如果使用不当，很可能导致被批评者的抵触情绪，甚至激化矛盾，产生对抗。

（三）批评与自我批评运用的原则

批评与自我批评不是随意开展的，必须遵循一定的原则，才能发挥好应有的作用，达到思想政治教育的目的。这些原则主要有以下几点：第一，坚持实事求是的原则。开展批评与自我批评是一项严肃科学的活动，必须要以事实为依据，才能得到全面正确的认识，才能在批评与自我批评活动中做出准确的判断。不能无中生有、凭空捏造，不能因为个人的好恶而随意将事情夸大或缩小。要秉承实事求是的原则，坚持事物的本来面目和事情的真相，这是开展批评与自我批评的根本保证。第二，坚持团结一致的原则。进行批评与自我批评，是为了克服错误思想和行为倾向，在坚持正确方向的前提下团结一致，增强集体的凝聚力和竞争力。因此，批评与自我批评不是目的，而是手段。其最终目的是要落实到党的队伍的团结上，只有通过党的团结，才能达到全国各族人民的团结，这是我们事业取得胜利的基本保证。第三，坚持民主公开的原则。民主是开展批评与自我批评的前提条件，在民主氛围下，教育对象才敢讲真话，敢于发表不同意见。如果压制民主，让人有话不敢讲不愿讲，真正有效的批评与自我批评是开展不起来的。所以毛泽东说："如果没有充分的民主生活，没有真正实行民主集中制，就不可能实行批评和自我批评这种方法。"①此外，批评与自我批评要坚持公开的原则。只有开诚布公，才能消除误会，互相帮助改正错误，而不负责任的背后议论和批评，只会增加矛盾和误会。

四、基本方法的关系和作用

（一）基本途径的相互关系

理论教育法、实践教育法以及批评与自我批评的方法，是一个互为条件、具有内在联系、不可缺少的方法整体，既不能相互代替，也不能相互脱离。

在前面分别讲三个基本方法运用条件时，已经论述了它们互为条件的关系，即理论教育要联系实际，实践教育要以正确理论为指导，批评与自我批评既要有正确的指导思想，又要以实践为基础，坚持实事求是的原则。因此，互为运用的条件是它们内在联系的一个方面。同时，三个基本方法的结合所形成的普遍适用的原则方法，是三个基本方法更本质联系的表现。这些原则方法主要有：

---

① 毛泽东著作选读（下册）[M]. 北京：人民出版社，1986：818.

联系实际的方法。就是把马克思主义理论同社会实际、工作实际、思想实际紧密结合起来的方法，是“马克思列宁主义的普遍原理和中国革命具体实践相结合”原则在思想政治教育方面的具体运用，是思想政治教育的根本方法。毛泽东把理论联系实际的方法形象比喻为“有的放矢”，指出：“对于马克思主义的理论，要能够精通它、应用它，精通的目的全在于应用。”① 思想政治教育坚持理论联系实际的方法，就其实质而言，就是以马克思主义理论为指导，具体地观察、分析和解决思想和工作实际问题，提高思想觉悟与思想境界；就是解决实际问题，要以正确理论为指导，学习理论、提高认识必须紧密联系实际。

知行统一的方法。知行统一的方法就是把提高认知水平与实际行动结合起来，即不仅要说到，还要能做到，朝着正确的目标，脚踏实地地奋斗，把远大理想同现实努力结合起来。因此，知行统一的方法，实际上是理论教育与实践教育相结合的方法。在思想政治教育中，运用知行统一的方法，一定要坚持知行统一的教育要求，即既要学习理论、提高认识世界的能力，又要努力践行、提高改造世界的能力。

改造主观世界与改造客观世界相结合的方法。这一方法，实际上也是认识与实践相结合的方法。人们为了有效地改造客观世界，就必须努力改造主观世界。因为改造客观世界要以认识客观世界为前提。思想认识和理论指导是否符合客观实际，是决定改造客观世界能否取得成功的关键。因此认真学习理论，自觉改造主观世界，是为了保证实践活动的成功。同时，主观世界的改造，是离不开实践活动的。学习理论，开展教育，加强修养，都必须结合实际进行。离开实践活动来谈思想教育，离开改造客观世界来谈改造主观世界，既没有基础，也没有目的。

理论教育同实践教育总是不可分割地联系在一起的。同样，批评与自我批评，也总是同主观与客观、理论与实践、知与行等关系紧密相联的。因为人们在学习理论、改造主观世界、进行实践、改造客观世界的过程中，不会是朝着既定目标的直线运动，总是会有曲折、偏差、失败，克服思想上、行动上的错误，纠正偏差，吸取教训，使之不断端正方向，朝着正确目标实践，就要运用批评与自我批评的方法。

总之，理论教育、实践教育和批评与自我批评的方法是具有内在联系的方法整体。理论教育脱离实际，就会产生本本主义、教条主义；实践教育离开理论指

① 毛泽东选集（第 3 卷）[M]. 北京：人民出版社，1991：815.

导，就会走向经验主义、盲目主义；理论教育和实践教育过程中，如果忽视批评与自我批评，就会否定教育的复杂性和曲折性，导致简单化。

（二）基本途径的整体作用

理论教育、实践教育、批评与自我批评，在思想政治教育中各有自己的作用。理论教育对人的思想、行为起目标导向作用、精神激励作用；实践教育对人的思想的形成和发展具有决定作用、推动作用和检验作用；批评与自我批评对人们的思想和行为具有调节作用、矫正作用。这三个基本方法综合起来运用，就构成了人们成长进步、争取成功的基本途径：人们通过理论学习、理论教育确定一定的指导思想，明确努力目标；按照指导思想付诸行动，朝着目标进行实践活动；在学习、实践过程中，即在改造主观世界和客观世界的过程中，不断总结经验教训，开展批评与自我批评，调节自己的思想和行为，争取学习和工作的成功，进而确立新的目标，投入新的实践活动。这个基本途径，具有促进人们成长进步、争取成功的整体作用。违背这个途径的基本环节，都会导致错误和失败。

在思想政治教育方面，坚持理论教育、实践教育和批评与自我批评的结合，反映了我国社会主义的本质，体现了无产阶级及其政党的特征。毛泽东在《论联合政府》一文中，系统深刻地论述过理论、实践以及批评与自我批评的关系，指出："理论和实践这样密切地相结合，是我们共产党人区别于其他任何政党的显著标志之一。"[①] "有无认真的自我批评，也是我们和其他政党互相区别的显著的标志之一。"[②] 因此，综合运用理论教育法、实践教育法和批评与自我批评的方法，是与我国的社会主义制度和共产党的性质相一致的。

① 毛泽东选集（第3卷）［M］. 北京：人民出版社，1991：1094.

② 毛泽东选集（第3卷）［M］. 北京：人民出版社，1991：1096.

第四章　思想政治教育的一般方法

思想政治教育的方法是多样性的，在基本方法的基础上还可以细分。思想政治教育的一般方法，也称为思想政治教育的通用方法，是对思想政治教育基本方法具有从属性的较为具体和实用的方法。主要的和常用的一般方法包括疏导教育法、比较教育法、典型教育法、自我教育法、激励教育法和感染教育法。

一、疏导教育法

（一）疏导教育法的基本含义

疏导教育法就是创设氛围让教育对象各抒己见、畅所欲言的基础上，再对其进行有目的、有方向的思想疏通和引导的一种教育方法，其目的是提高教育对象的思想认识，把教育对象的各种不同思想和言论引向正确的方向。准确理解疏导教育法的基本内涵要从两方面入手：一方面，要重视“疏”的作用。疏导教育法是在教育双方地位平等、身份平等的基础上所进行的，以教育对象的思想和感受作为核心话题的互动交流，在这一过程中教育者不仅要进行理性内容的灌输，更重要的是情感问题的疏通，只有疏通了情感才能建立与教育对象的情感联结，使教育对象以积极的心态来接受正确的思想。另一方面，也要重视“导”的作用。教育者要在认真倾听教育对象具体问题的基础上进行分析辨别、归纳总结，并针对教育对象的不同问题采取具有针对性的方法，弘扬和宣传正确的思想，帮助教育对象解决具体而实际的问题，使教育对象明辨是非、明确努力进步的方向，最终使教育对象真正得到帮助。因此，疏导教育法是“疏”和“导”两方面的相互联系、辩证统一。“疏通是引导的前提，引导是疏通的目的。”没有疏通环节的广开言路、各抒己见，引导就无法顺利开展；没有引导环节的利导引导、说服教育，疏通也就失去了应有的价值。

疏导教育法在思想政治教育的方法体系中居于重要地位，主要基于两点原因。一方面，疏导是缓和矛盾的有效方式，疏导教育法是解决人民内部矛盾的基本方法。毛泽东在《关于正确处理人民内部矛盾的问题》中指出："凡属于思想性质的问题，凡属于人民内部的争论问题，只能用民主的方法去解决，只能用讨论的方法、批评的方法、说服教育的方法去解决，而不能用强制的、压服的方法去解决""企图用行政命令的方法，用强制的方法解决思想问题，是非问题，不但没有效力，而且是有害的"①。这里所提到的，在处理人民内部矛盾所采取的"讨论的方法、批评的方法、说服教育的方法"，就是疏导教育的方法。人们的各种思想认识问题，只要现实存在着，就会以各种形式表现出来。堵塞言路、强制压服，都无法从根本上解决思想问题。只有采取疏导的方法，让人们各抒己见、畅所欲言，把各自的看法、意见和感受都充分讲出来，然后再加以引导，才能真正有效地引领人们的思想朝着正确方向发展。另一方面，疏导教育法能够有效发挥教育对象的主观能动性，提升思想政治教育的效果。在思想政治教育活动中，教育对象主观能动性发挥得如何，直接关涉到思想政治教育活动的成效如何。传统的思想政治教育方法过于注重单向灌输，忽视了教育对象主观能动性的发挥，往往只能收到事倍功半的效果，甚至引起教育对象的逆反心理。而在疏导教育过程中，通过创设氛围鼓励教育对象积极地想、说、做，使教育对象享有充分的言论和行动自由，更能激发教育对象的主观能动性。在这一教育理念下，教育对象思想水平的提高不仅可以通过教育内容的传导实现，也可以在教育对象群体的沟通中完成，更能够通过教育对象自身的积极主动参与而不断完善。并且，这种通过自身参与而形成的知识储备或能力提升，相较于纯粹的被动接受而言，更易于外化成为良好的行为习惯，也更易于产生更加有效且长远的影响。

（二）疏导教育法的具体方式

疏导教育法作为"疏通"与"引导"高度结合与统一的思想政治教育方法，在长期的实践中逐步形成了富有特色的具体方式。从疏导的形式来看，可以分为集体疏导与个别疏导；从疏导的手段来看，可以分为分导、利导和引导。

1. 集体疏导与个别疏导

集体疏导是对"一定数量的群众进行的疏导，目的是解决组织内的矛盾和群体的突出问题"②。沟通协商、民主讨论、干群对话等都属于集体疏导。集体疏

① 毛泽东著作选读（下册）[M]. 北京：人民出版社，1986：762.

② 罗洪铁，董娅. 思想政治教育原理与方法基础理论研究［M］. 北京：人民出版社，2005：429.

导的特点主要表现为组织性和计划性，即这种疏导行为是在特定时间和地点，有组织、有计划地进行的。“个别疏导是针对个别人进行的疏导，其形式主要有个别谈话、个别访问、书信谈心等形式，着眼于解决个别教育对象的思想与行为问题。”①这种疏导方式兼具灵活性与经常性，教育者可以根据实际情况随时随地开展教育活动。当前，我国社会组织呈现多样化发展，人们的就业形式、分配方式等也日趋灵活，针对这些新的变化，必须要将集体疏导和个别疏导结合运用，才能取得良好的思想政治教育效果。

2. 分而导之、因势利导与启发引导

第一，分而导之。化解人的思想问题就像大禹治水，强制堵塞并不可取，分洪和泄洪才是有效方法。分而导之主要针对情绪强烈、冲击性大的群体意识和行为采用，有分散而导、分步而导和分头而导三种形式。分散而导是采用分散的方法，逐个解决群体成员的思想问题，进而解决群体成员共同存在的思想问题。这种方法把群体情绪和群体思想问题化整为零，集中力量突破重点，达到取得整体教育效果的目的。分步而导是针对具体某人的思想问题，分清矛盾的主次和先后，按照轻重缓急，有计划、有步骤地加以引导解决的方法。分头而导就是针对教育对象的思想问题，动员各种教育力量分别进行教育引导，以形成教育合力，集中解决具有一定难度的思想问题。

第二，因势利导。唯物辩证法认为，事物发展的根本动力是既统一又对立的内部矛盾，它规定着事物发展的方向。如果事物发展之势已成，要它停止下来是不可能的，而只能顺其发展之势，积极引导，使事物朝着健康的方向转化。疏导教育法中的因势利导就是对这一辩证法的具体运用，具体而言就是教育者抓住有利的教育时机和事件，顺势展开深层次、宽辐射的教育引导，这种择机而发的疏导手段，能够取得水到渠成的教育功效。教育者要做到因势利导，首先要掌握思想发展的趋势，顺应社会发展的潮流，引导和推动思想向正确方向发展，不能违背思想社会发展的规律而逆潮流而动。其次，要抓住教育的有利时机，掌握火候、择机而发，不要因为错失了教育的有利时机而造成教育被动。最后，要充分利用教育的有利条件，努力克服不利因素，充分发挥和开发人们自身的积极因素，克服消极因素。

第三，启发引导。这是教育者指导教育对象积极主动、自觉自愿提高思想认识的教育方法。古代《学记》中讲道：“道而弗牵，强而弗抑，开而弗达。”意

① 罗洪铁，董娅. 思想政治教育原理与方法基础理论研究［M］. 北京：人民出版社，2005：429.

思是说，讲明道理但不要强行牵制；严格要求但不要施加压力；指明道路但不要代替做出结论。这充分强调要发挥教育对象的主动性，激发教育对象思考的积极性，增强教育对象接受教育的自觉性。这一方式在思想政治教育中的运用常见于：提出问题，启发教育对象运用正确理论独立思考、深入分析、解决问题；开展讨论，鼓励教育对象开诚布公、交换思想、互相启迪，共同得出正确结论；正面说服，用摆事实讲道理的办法使教育对象明辨是非、坚信真理、抵制错误；运用典型，激励教育对象树立参照，用自身与之比较对照，自觉学习与仿效。总而言之，通过启发引导，促进教育对象充分发挥自身的积极主动性，从而真正实现教育对象思想认识的进步和道德水平的提升。

二、比较教育法

（一）比较教育法的基本含义

比较教育法是教育者通过对彼此联系着的不同事物或虽然是同一事物但在发展过程中的前后差异的对比分析，引导教育对象更加深入地了解事物的本质属性、基本特征以及各种事物之间的联系和区别，从而得出科学结论，用以提高教育对象思想认识的方法。比较教育法是思想政治教育的一般方法，也是思想政治工作中不可或缺的方法。

比较教育法能够在鲜明的对比中去伪存真、明辨美丑、抑恶扬善，从而彰显出它与其他思想政治教育方法相比所拥有的独特优势。“正确的东西总是在同错误的东西作斗争的过程中发展起来的。真的、善的、美的东西总是在同假的、恶的、丑的东西相比较而存在，相斗争而发展的。”① 的确，客观事物之间总是存在差异的，而且这种差异是相比较而存在的，差异越明显，矛盾揭露得越深刻，人们对事物的认识就越清楚，解决矛盾的方法也就越切合实际。因而比较教育法更加有利于人们鉴别是非、区分优劣，检验认识的正确与错误。进行思想政治教育是为了促使教育对象形成符合一定社会要求的思想品德和行为习惯，而在这一过程中教育者不可避免地会将不同现象、事物或理论的属性与特点等放在特定的环境中进行对比、分析和鉴别，这就是比较教育法的存在和发展提供了空间。

在思想政治教育中，比较教育法通常运用于以下几种情况。第一，对历史和现状的回忆对比，以加深对现状的认识和对历史的反思；第二，对各种理论、思

① 毛泽东著作选读（下册）[M]．北京：人民出版社，1986：785.

潮和学说的比较评价，以加深对科学理论的理解，增强对错误思潮的抵制能力；第三，对各种不同的社会制度、不同路线、政策及其实践的比较，以加深对党和国家选择的方向、道路的深刻理解，提高建设社会主义现代化和执行改革开放政策的自觉性；第四，通过对人们行为的价值比较，帮助教育对象树立正确的是非观、价值观等，激励教育对象努力按照一定的社会品德规范处事为人，促进教育对象对品德规范的知行统一。

（二）比较教育法的应用方式

比较教育法可以根据对比对象、内容和条件的不同，分为不同的形式。从对比的内容来看，可以分为横向对比、纵向对比和正反对比。

第一，横向对比。横向对比是指通过对在时空上同时并存的同类事物所进行的比较，从而帮助教育对象找出存在的共同点或区别点，从而深化认识，提高思想觉悟，做出正确选择。任何事物都有自己的多重属性，其中既有和其他事物的某些属性的相同之处，与此同时也存在质的差别，只有把握了事物之间的异同点，才能准确认识事物的总体特征和事物之间的内在联系。

横向对比法有助于教育者从正面、反面，相异、相同等各个角度全面、准确、深刻地分析对比内容；有利于教育对象在鲜明与强烈的比较中，辨明是非、鉴别真伪，判断正误，更加自觉、坚定地接受正确思想，批判错误思想。在思想政治教育实践中，横向对比法的运用具有极强的现实性和广泛性，常用于对各种不同性质的观点、思潮异同点的分析与判别，考察各种政治理论及思想观念的变化，预测思想的发展趋势；以及比较各种思想政治教育和教育方法的利弊、效果、条件等。例如，把我国社会主义制度同西方资本主义制度进行比较鉴别，使教育对象深刻认识到社会主义制度的优越性，就是一种思想政治教育中常用的横比教育方式。

第二，纵向对比。纵向对比是把同一事物在不同时期的特点进行比较，从中寻找事物变化发展的规律或趋势，从而得出正确结论，提高教育对象的思想认识水平。这一方法的优势在于通过过去与现在的比较，可以清晰地看出事物的变化和发展，从而形成对客观事物的动态认识。辩证唯物主义认为，任何事物的发展总是以一种新质代替旧质而不断前进的，其规律是一道螺旋式上升、波浪式前进的曲线，通过不断的否定而推动事物的发展。因而，任何事物的发展都有阶段性。我们可以通过对同一事物在不同时期的状况进行比较分析，找出其中的异同点，就可以认识其中变化发展的规律性。

利用纵向对比法的纵深性特点进行思想政治教育，是一种传统的教育手段，回顾、反思与总结等都是其具体方式。20 世纪五六十年代，通过引导人们回忆劳动人民在旧社会受压迫受剥削的痛苦经历，对比新中国成立后劳动人民翻身解放的美好生活，极大地激发了人民群众对党和社会主义的热爱与向往。在新的历史时期，纵向对比在思想政治教育中仍然运用较多，如用于中国共产党十一届三中全会前后情况的回忆对比；我国实行改革开放前后情况的回忆对比；集体与个人过去和现在成长进步情况的回忆对比等。

第三，正反对比。正反对比是指对彼此联系但又相互对立的事物进行比较，或者是对同一事物在不同发展阶段中截然对立的外在表现进行比较，从比较的两极中分别提炼出两者内在的质的规定性，指出正确和错误，使教育对象在比较中明辨是非，而得出正确结论，提高思想觉悟。辩证唯物主义认为，任何事物都是由对立统一的双方构成的，其中必定有一方居于支配地位，起主导作用，而另一方居于被支配地位，其中前者是矛盾的主要方面，决定着事物的性质。事物的形式尽管复杂多样，但终归是由正反双方构成的。其中决定事物性质的是事物的“正”，余者为“反”。在思想政治教育实践中，一般而言“正”是正确的方面，“反”则是错误或是反动的方面。因而毛泽东曾指出：“我们要学会全面地看问题，不仅要看到事物的正面，也要看到事物的反面。”正是事物的这种对立，使我们有了比较它们的可能。

正反对比是判断事物性质的比较，最终目的是通过正反对比探寻最根本规律，并施教于教育对象，强化教育目的和结果。正反对比作为比较的内容和结果常常存在于比较教育的各种对比之中，如思想觉悟的正反比较、理论学说的正反比较、人物的正反比较、同一制度在其发展渐进过程不同阶段的正反比较，等等。

三、典型教育法

（一）典型教育法的基本含义

典型教育法，是指在思想政治教育中通过选取典型人物和事例进行示范，激发教育对象产生思想情感上的共鸣，引导他们学习仿效或引以为戒，以达到提高教育对象思想认识的效果。这一方法的主要特点是将抽象的理论转化为直观的典型人物或感人事迹，将抽象的道德规范具体化和人格化，具有形象、具体、生动的特点，是我们党传统的思想政治教育方法之一。

典型教育法的理论依据是矛盾发展的不平衡规律。客观事物中的矛盾发展总是不平衡的，矛盾每一个方面的发展也是不平衡的。表现在人们的思想认识上，就是人们的思想觉悟总是有高有低，认识水平总是有深有浅，实际表现总是有好有差，贡献总是有大有小，不可能完全相同。因而，现实生活中各条战线、各个地区、各个领域和各个单位都有各种各样的典型存在。典型是个性和共性的统一，既有其自身的特点，也有与同类事物的共通之处。先进典型往往包含着普遍的共性，体现社会发展的正确方向和一般规律。思想政治教育的任务，就是一方面要善于发现、树立、宣传和推广先进典型，另一方面还要帮助后进典型努力转化为先进典型。

作为思想政治教育的一种传统方法，典型教育法从革命战争时期直到现在，都在思想政治教育过程中发挥着重要作用，具体表现为示范引导和警示警戒。一方面，典型教育法通过先进人物及其事迹来激发教育对象进行学习和仿效，因而具有示范性和导向性。之所以被称为先进人物，其本身就代表和反映着一定时代、一定阶级或一定社会集团所倡导的思想和行为，因而他们能够自身将抽象的思想、道理等寓于现实生活的具体事例之中，为教育对象提供了可学习的标准和参照。而对于教育对象而言，由于“每个人都有自我实现的潜能”①，都有追求进步的本能和欲望，因而先进人物会对教育对象产生巨大的激励作用，使教育对象见贤思齐、学习效仿，不断矫正自己的行为，实现自我完善、自我超越，从而达到一定时代、一定阶级或一定社会集团的要求。另一方面，典型教育法还可以通过选取反面人物及其事例来教育人们，什么是错误的思想言行及其会带来的后果和危害，从而使教育对象更加明辨是非，及时进行反省反思和自身行为纠偏，从而起到警示警戒的重要作用。

（二）典型教育法的主要类型

如上所述，典型可划分为正面典型和反面典型，因而典型教育法可划分为借助正面典型进行的正面典型教育法和借助反面典型进行的反面典型教育法。在实际教育过程中，应以正面典型教育法作为主导，以反面典型教育法作为辅助，两种典型教育法相辅相成，缺一不可。

第一，正面典型教育法。正面典型教育法也被称为榜样教育法，指通过代表先进、正确思想并体现一定时代、一定阶级和一定社会集团所要求的思想道德的

① 郑雪. 人格心理学［M］. 广州：暨南大学出版社，2001：244.

典型人物及其事迹，引导教育对象学习、参照和效仿的一种教育方法。正面典型的作用就是借助榜样进行引导示范。榜样的光荣行为或先进事迹，以其直观形象的呈现方式，易于被教育对象所理解、接受和仿效，因而具有极强的感染力和感召力，能够产生正面激励作用。

大多数人类行为是通过对榜样的观察而获得的，人生榜样是教育对象在生活世界里不可或缺的重要元素，而且正面典型的力量是无穷的。一方面，认知科学表明，作为社会印象的典型一旦形成并为人们所接受，就具有了稳定性，不易改变或说服①。先进典型往往比先进的理论在思想政治教育方面更加有效，这是因为在同等的日常生活条件下，相较于理论思维，人们更倾向于实际生活思维。另一方面，树立正面典型贯彻了思想政治教育以正面教育为主的原则。正面教育原则表现了教育者对教育对象的尊重、信任与理解，反映了教育者与教育对象之间的平等和民主关系，也体现了马克思主义理论和先进思想的力量所在。因此，榜样示范、表彰先进，能够通过具体生动的表现方式，使正面教育原则在思想政治教育实践中得到有效贯彻。

在运用正面典型教育法的过程中，首先选树典型要深入实际。典型不是规定出来的，更不是制造出来的，典型必须要有坚实的群众基础，真正从群众中走出来，同时要有真实先进的表现和事迹，这样才能具备榜样的力量，使教育对象心服口服。其次，宣传典型要切忌浮夸。先进典型也是普普通通的人，而并非十全十美的，因而在宣传典型人物时，要引导教育对象辩证地看待典型，吸取典型人物身上的光辉之处。最后，学习典型要贴近生活。在号召人们学习典型的过程中，不能过于注重形式，不能把学习典型当作一项非完成不可的任务，而要贴近人们的生活实际，把学习典型同人们的专业、工作相结合，把典型精神与工作相结合，让人们懂得学习典范不是一项任务而是把他们的精神带到学习和工作中，发挥好自己的价值。

第二，反面典型教育法。反面典型是反映落后的、错误的思想，在人民群众中产生消极影响和对社会发展产生阻碍作用的典型。反面典型犹如戒尺，时时敲打人们的心灵，给人以警醒和深思，因而具有举一反三的警示作用、撼动人心的警醒作用和触及灵魂的震慑作用。反面典型教育法，就是通过代表落后、反动、错误思想的人物及其事迹，给教育对象以警示警戒作用，使其从中吸取教训、引以为戒的一种思想政治教育方法。

---

① 周晓鸿. 现代社会心理学——多维视野中的社会行为研究［M］. 上海：上海人民出版社，1997：173.

真理和错误总是相比较而存在，相斗争而发展的，真理的获得离不开错误，真理的发展同样也离不开错误。恩格斯曾指出："要获取明确的理论认识，最好的道路就是从本身的错误中学习。"① 我们要唯物辩证地看待问题，就要既看到积极面，又要看到其阴暗面；既要看到对社会发展起积极推进作用的正面典型，又要看到对社会进步起消极阻碍作用的反面典型。这样才能旗帜鲜明地弘扬社会发展的进步力量，有效杜绝和扼制社会发展的消极力量，从而充分发挥思想政治教育的引导作用。如果我们只讲正面典型，宣传好的一面，而对反面典型避而不谈，那么正面宣传的作用也会大打折扣。例如对于腐败问题，教育者不仅要宣传焦裕禄、孔繁森等廉洁奉公的好干部典型，同时还要对腐败分子进行批判、谴责，这样才符合实际情况，符合人们的身心发展规律和认知规律。

反面典型教育法的恰当运用要注意分寸，掌握原则。首先，要遵循实事求是的客观性原则。教育者对反面典型的分析，一定要客观公正、有理有据、实事求是，切勿夸大其词或试图掩盖。其次，在运用反面典型教育法的过程中，要做到有分析、有批判、有鉴别，分析其根源，剖析其危害，真正使教育对象能够从沉痛的教训中觉悟，自觉抵制消极影响，强化正面教育的效果。总之，运用反面典型教育法既要符合实事求是的辩证精神，又要注意用反面典型来说明正确的道理，这样才能起到防微杜渐、消除腐朽思想的思想政治教育目的。

四、自我教育法

（一）自我教育法的基本含义

苏联教育家苏霍姆林斯基曾指出："教育是由他人教育和自我教育构成的统一体，只有能够激发学生去进行自我教育的教育，才是真正的教育。"② 思想政治教育实践表明，在思想政治教育过程中，没有自我教育的他人教育是难以扎根的教育。而自我教育法，正是引导教育对象按照思想政治教育的目标和要求，自觉主动地接受先进思想和正确行为，克服错误思想和不良行为，促使自己的政治倾向和思想品德向良好的方向转化、发展的教育活动。

马克思主义认为，自我教育的本质是把教育对象的自我修养、个人的成长同改造世界、改造社会活动，同物质生产和精神生产中的积极活动联系在一起。教育对象依据教育者的要求和自身发展的诉求，有计划、有目的、自觉地对自我提

① 马克思恩格斯选集（第4卷）[M]. 北京：人民出版社，2012：586.

② 苏霍姆林斯基. 给教师的建议 [M]. 北京：教育科学出版社，1984：341.

出要求，把自我看作成需要认识和改造的工作对象，并通过自我选择、自我认识、自我调控、自我反省等等方式，逐步提高和完善自我思想政治素质和道德素质。自我教育法的运用是与自我意识的发展相关联的。自我意识即主体的自我认识、自我评价、自我监督、自我调适等，它会随着主体年龄的增长而发展，同时也受教育和社会环境的影响。当教育对象的自我意识越发展，自我教育就会越自觉。

自我教育法的理论根据是现实的人的思想政治品德的形成与发展之基本规律。依据现代思想政治教育学的基本原理，人的思想政治品德形成和发展的规律，是指揭示人们如何吸收、选择外部社会环境的影响，如何把一定现代社会的思想政治品德要求转化为个体自身的思想政治品质的规律。这是一种在社会实践的基础上，人的思想内外部因素相互平衡、相互协调和思想矛盾运动、转化的规则。简言之，现代人思想政治品德的形成和发展，既是在现代社会实践基础上主客观因素相互平衡、相互协调的结果，又是主体内在思想矛盾运动转化的结果。思想政治教育的关键在于激发教育对象内在的心理矛盾运动——进行自我教育。

教育和自我教育是相互联系、相互促进的两个方面。人们的思想认识和道德水平的提高，无疑需要通过家庭、学校、社会进行思想政治教育，但更需要通过教育对象自身的思想矛盾运动来实现。思想政治教育不仅要求教育者把正确的思想和道德规范传授给教育对象，更重要的是要教育对象通过自身的思想矛盾运动，即自我教育达到用正确的思想武装自己，从而树立正确的世界观和人生观的目的。同时，教育对象自我教育的能力是在外部教育的影响下形成和发展起来的，只有经过教育才能培养和发展自我教育的能力。而自我教育能力的发展，又反过来促进教育对象更加自觉地接受教育的影响，增强和巩固教育的效果。所以，教育与自我教育的关系，是教育的内因和外因的关系。毛泽东曾指出："外因是变化的条件，内因是变化的根据，外因通过内因起作用。"① 教育者以及外部环境等属于外因，而教育对象自身的自我教育则是内因。思想政治教育的目的，最终是要提高人们自我教育、自我控制的能力。外部的教育只能为教育对象的思想和行为的发展创造一定的条件和环境，而教育对象要想获得更好、更高的发展，必须利用好自我教育这个内因。

（二）自我教育法的主要形式

苏霍姆林斯基曾指出："教育这个概念在广义上就是对集体的教育与对个人

① 毛泽东选集（第1卷）[M]. 北京：人民出版社，1991：302.

的教育的统一。而在对个人的教育中，自我教育则是起主导作用的方法之一。”① 因而，自我教育可以分为群体的自我教育和个人的自我教育。其中，群体自我教育是指一个集体内部的互帮互教，是群众自己教育自己的活动，例如集体讨论、批评和自我批评等。个人自我教育的主体既是教育者，又是教育对象。个人自我教育主要有自我修养、自我管理和自我调控等形式。由于在思想政治教育实践中，自我教育大多表现为个体自我教育，所以这里着重探讨个体自我教育的几种常见形式。

第一，自我修养。自我修养是人们在政治、思想、道德和知识等方面进行自我教育和自我锻炼，由此而提高自身认识能力和思想水平的教育方法。修养的内容很广泛，包括政治修养、思想修养、道德修养、文学修养等。任何人的政治素质、思想认识和道德水平的提高，都不是凭空得来的，只有在长期的社会实践中不断进行自我修养，才能实现。自我修养的方法主要有：其一，反省。反省即自我省察，是个人对自己的思想和行为进行检查对照，寻找差距和不足的道德修养方法。反省是在回顾、总结自己思想和行为的过程中，通过自我认识、自我剖析、自我评价、自我监督，对以往思想和行为的再认识，是一个人思想和道德品质修养自觉性的表现，也是一个人政治思想水平提高的重要条件，因而能促进人们追求更高的政治目标和道德目标。其二，反思。反思是人们对自我以往的思想和行为进行的反观自照和理性思考。反省和反思都是主体的自我内心活动，但反思所涉及的内容不仅限于主体的主观因素，而且联系到社会、环境等客观因素；不仅分析思想和行为的现实状况，而且追溯思想和行为的来龙去脉。因而，反思对思想和行为的思考，比反省更全面、更系统。同时，反思对某一思想和行为的思考更加深入，会将其上升到理性高度，运用一定的理论来揭示实质。因而，反思比反省更为深刻。其三，自我改造。自我改造是指人们在社会实践中，发挥主观能动性，自觉地进行自我剖析、自我批评，从而提高自身思想政治觉悟和道德水平的教育方法。自我改造是自我教育最有效的方法，它体现主体自我教育的自觉性与能动性，促进主体按照正确的目标，不断调整自己的思想和行为，升华主观认识，使之符合客观世界的发展要求，逐步实现自我完善。因而，自我改造的过程实际上是一个人自我完善的过程。自我改造虽然指的是主观世界的改造，但这种改造不是主体孤立的内心活动，而是同改造客观世界紧密相连的，不是主体脱离实际的闭门思过，而是在社会实践中进行的。离开社会实践来谈自我改造，

① 苏霍姆林斯基. 给教师的一百条建议 [M]. 周蕖，等，译. 天津：天津人民出版社，1981：207.

自我改造就会陷入纯粹的主观思辨。

第二，自我管理。自我管理是个人自觉运用法纪、规章制度和道德规范来约束和调控自己的言行。在社会生活中，每一个人都应当意识到自身的生存与发展是一种社会活动，因而自己是一个社会的人。这就是说，人们为了不致同社会或他人发生冲突，就要用社会共同遵守的法规、制度和规范制约自己，管理自己。严格地说，每一个人一生中都离不开自我管理，因为每个人都要受自我意识的支配，指导自己的行动，协调个人同社会的关系。而行动的发生和关系的调控过程，也就是自我管理的过程。自我管理可分为群体自我管理和个体自我管理。群体自我管理是指正式群体和非正式群体中的成员，按照一定的规章制度互相制约、互相督促、共同遵守一定的规范，抵制、批评违反规范的言行。个体自我管理则是个人按照一定的规章制度调控和控制自己的言行。个体自我管理主要有两种方式：其一，自制。自制就是自我控制，意指个人对自己的思想、情感以及言行的约束和控制。自我控制主要是用理智控制自己的感情冲动，制约不良言行，无论面对何种外界刺激，始终能够保持沉着、冷静，具有高度的忍耐力和克己精神，使自己始终坚定正确的信念，指向正确的目标，并保证目标的实现。自我控制与人的认识水平有关，对客观事物认识越深刻，人的自我意识就越成熟，自制能力也就越强。同时，自我控制也与人的目标坚定有关，能够矢志不移地为实现一定目标而努力的人，自制能力也很强。因此，要使人们能够掌握自我控制的方法，必须不断提高人们的认识能力，树立明确的奋斗目标。其二，自律。自律就是自觉约束自己的言行，使之限制在一定的社会规范之内。自律是一种不可或缺的人格力量，它包含了人们应有的自我监督意识和自我控制能力。个人自我监督和自我控制的程度主要取决于自觉性和文化、道德水平。人们在社会生活中，必须协调自己与社会的关系，这就需要自律。自律要求人们能够自觉地以自我赞赏来激励自己，更能够用自我批评来处罚自己，时刻调节自己的言行，使之符合一定的社会规范。

五、激励教育法

激励教育法是以人们的客观需要和主观动机为根据，通过运用各种激励手段，对教育对象施加正强化或负强化的信息反馈，以引起教育对象的思想变化，激发其主观动机，产生符合社会需要的思想言行，最终实现思想政治教育目标的教育方法。人的一切行为都具有目的性，“在社会历史领域内进行活动的，是具有意识的、经过思虑或凭激情行动的、追求某种目的的人；任何事情的发生都不是没有意图，没有预期的目的的”[①]。当人们已经确立了明确的目标，并朝着目标付诸行动时，如何研究激发动机的因素，如何强化人们从事活动的期望，如何激发人们的动力，这就是激励教育的任务。因而，激励教育过程，就是激发人们的内在动力，调动人们的积极性，向着正确目标迈进的过程。

（一）激励教育法的主要内容

激励教育法以教育对象的需要为起点，试图将教育对象的需要产生的动力转化为其行为的动力。鉴于人的需要主要分为物质需要和精神需要，因而激励教育法的激励内容也主要体现为物质激励和精神激励两个方面。物质激励是运用奖金奖品等物质手段使教育对象得到物质上的满足，从而进一步调动其积极性、主动性和创造性。因为物质需要是人的第一需要，物质激励就是物质利益原则在思想政治教育中的实践运用。精神激励是对教育对象精神方面的无形激励，包括认可、赞扬和授予荣誉等，其目的也是为了调动教育对象的积极性、主动性和创造性。物质激励和精神激励互为补充，相辅相成，缺一不可。要有效激发教育对象的积极性和主动性，一方面要关注他们的物质利益，进行必要的物质奖励。当前我国生产力水平发展不均衡，人们物质生活尚未得到充分满足，以物质奖励的方式进行激励是不可缺少的一种方式。另一方面，精神动力是最持久最强大的动力，我们也要关心和满足教育对象的精神需要，坚持以精神激励为主。因为，物质激励是基础性激励，精神激励则是根本性激励，它能满足人的高层次需要，它所发挥的作用也更为持久，是激励的真正源泉。如果放弃精神激励，就会见物不见人，甚至失去精神支柱，导致拜金主义、享乐主义和极端个人主义行为。因此，物质激励不能代替精神激励，精神激励也不能代替物质激励，只有把两者有机结合起来，才能充分调动教育对象的积极性。

（二）激励教育法的基本方式

一是目标激励。目标激励是指教育者通过设置并进行宣传教育，促使教育对象的思想观念和情感意志发生变化，引导他们树立起符合社会要求的目标意识和观念，进而激励他们朝此目标不断努力，促使其产生社会所期望的行为反应来实现目标。目标是人们希望实现的结果，它本身就具有激励作用，能促使人的需要转变为动机，使教育对象朝着目标方向做出一定的行为，并将自己的行为结果与

---

① 马克思恩格斯选集（第4卷）［M］. 北京：人民出版社，2012：253.

既定目标相比较，及时进行调整和修正，从而确保实现目标。在我国，“思想政治教育的根本目的是提高人们的思想道德素质，促进人的自由全面发展，激励人们为建设中国特色的社会主义，最终实现共产主义而奋斗”①，一切思想政治教育工作都应当紧紧围绕这一目标展开。为确保目标的顺利实现，教育者必然要运用一定的激励手段激发教育对象的热情，通过教育对象的实践活动来实现思想政治教育的目标。目标激励作为常用的激励手段之一，直接利用了目标本身所具有的激励作用来激发和鼓励人们为实现目标而努力。此外，思想政治教育的目标是国家目标和个人目标的统一，反映了国家发展需要和个人发展需要，因而目标就能顺利转化为教育对象的行为动机，教育者就能够利用目标的激励作用激发教育对象的行为来实现目标。因此，目标激励的运用是实现思想政治教育目标的需要。在思想政治教育中，教育者应当依据思想政治教育的总体目标，结合教育对象的需要制定切实可行的目标，合理运用目标激励，才能有助于目标的实现。

二是奖罚激励。奖惩激励就是运用奖励和惩罚的手段来发挥激励功能作用的思想政治教育方法，具体包含表扬、嘉奖、表彰和批评、惩罚、处分等方式。唯物辩证法告诉我们，客观事物的发展总是不平衡的。在现实生活中总是先进与落后同在，积极因素与消极成分并存。我们的各项工作和事业正是在先进与落后、积极与消极的矛盾运动中不断发展的。思想政治教育的重要职责，就是要旗帜鲜明地表彰先进，激励人们学习仿效，促进人们进步。同时，对后进分子及其缺点错误，也要给予必要的批评惩戒，激发人们的警醒纠偏，促进人们行为转化。表彰奖励是正面激励，批评惩戒是反面激励，两者相辅相成联系在一起，但在运用过程中，一定要坚持以表彰奖励为主，批评惩戒为辅，这是思想政治教育的一个原则。唯物辩证法告诉我们，在事物的发展过程中，推动事物发展的积极因素总是最活跃的部分，它在事物的矛盾运动中起主导作用。因此，我们在思想政治教育中必须坚持以弘扬积极因素为主。此外，从大多数人的思想言行来看，他们身上虽然兼具优点和缺点、长处和短处，但大多数人身上的优点和长处是主要的，积极进取精神是主流。因此，思想政治教育者首先要善于发现人们的优点和长处，调动人们的积极性、主动性和创造性。与此同时，批评惩戒也是必不可少的，特别是在自我教育还没有达到较为自觉程度的情况下。但批评和惩罚的最终目的还是为了克服消极因素，调动积极因素，促进人们进步。

三是竞争激励。竞争激励是教育者通过在教育对象中组织评比、竞赛等方式

① 陈万柏，张耀灿主编. 思想政治教育学原理［M］. 北京：高等教育出版社，2007：73.

造成一种相互比较、不甘落后、争先创优的氛围，从而使教育对象的正确行为得到强化。它充分利用了人们的上进心理和求胜心态，在一定程度上激发人们的向上动力，从而推动人们向既定目标努力，是思想政治教育经常运用的一种方式。竞争激励是有目的、有计划、有组织进行的教育活动，而不是盲目自发的行为。它可以用于个人与个人之间，单位内部以及单位与单位之间的评比，其内容和形式也是丰富多彩的，有全面评比，也有单项竞赛；有优中选优，也有逐个淘汰等等。这些方式，可以直接与思想政治教育的内容相结合。开展学习、教育、集体建设、作风、团结等方面的比进步、比贡献、比合作的活动，也可以以业务学习、本职工作、文体活动、社会活动等内容为载体，通过比技能、比成绩、比知识理论来激发上进心，增强集体荣誉感。用好竞争激励，需要注意三个方面。第一，要有正确的指导思想和明确的目的。竞争的目的是为了激励上进，鼓励先进，为集体、为人民争光，而非个人争名夺利。第二，要有严格的标准和明确的要求。竞争者都要按统一的要求和标准开展竞争，才能决出高低，比出胜负。否则就会在竞争中是非不明，好坏难分，达不到鼓励先进、鞭策后进的目的，甚至会挫伤先进者的积极性，助长消极落后情绪蔓延。第三，要引导教育对象正确对待竞争。既要鼓励大家争取优胜，又要提倡发扬风格，比出干劲来、评出风格来、赛出团结来，增强集体荣誉感，而不能因为争名次、争奖励而损害单位和人与人之间的友谊和团结。

六、感染教育法

所谓感染教育法，就是人们在无意识和不自觉的情况下，受到一定感染体或环境影响、熏陶、感化而接受教育的方法。感染教育法也可以叫隐性教育法。从20世纪60年代末起，国际教育界就开始注意“隐性课程”（Hidden Curriculum）的研究和开发。所谓隐性课程，就是潜藏在正规的或显性的认识性、活动性教育课程及专业课程之后或之外的“课程”，特别是教育环境中的体制性与气氛性的“课程”，如公平竞争制度、良好的风尚等。这样的“课程”是通过感染的方式，在潜移默化中起教育作用的。相比较而言，感染教育法较说理教育法具有更形象、生动、自然的特点，具有更为浓厚的情感色彩。我国城乡广泛开展的群众性精神文明创建活动以及企业文化、校园文化、军营文化建设，都具有很强的感染教育作用。

（一）感染教育法的取向与特点

在感染教育中，人们受感染体的感染有两种不同的性质，即顺向感染和逆向感染。人们对感染的情感产生亲和、接受感染体的内容，称之为顺向感染；人们对感染的情感产生对立，不接受感染体的内容，甚至对感染体鄙视和排斥，称之为逆向感染。思想政治教育就是要使人们在感染教育中产生情感“共振”，促进顺向感染发生，防止逆向感染出现。

感染教育适用于所有的教育对象，用于青年学生群体的效果更为突出。因为青年学生思想活跃，感情丰富，加上他们有一定的科学文化知识，生活的集体化程度较高，具有激发情感的良好条件。运用感染方法，特点是寓理于情，使教育对象在不知不觉中乐于接受教育，从而保持教育信息接收系统的开放状态，对教育内容保持亲和的、积极的和兴奋的情绪，潜移默化地接受某种思想观念和行为规范。感染并不是一种孤立的方法，它可以贯穿于思想政治教育的其他方法中，同其他方法结合起来运用。概括起来讲，思想政治教育的基本方法就是要晓之以理，动之以情，导之以行。所谓以理服人，主要采用说服的方法，但要提高对“理”的接受率，就必须注意寓理于情，加强说理教育的生动性和情感性。所谓以情感人，主要是采用感染的方法。但以情感人的目的是为了使教育对象能够接受一定的教育内容，同样必须寓理于情。所谓导之以行，就是以教育者自己的模范行为去教育对象、感染对象。因而，运用感染方法调动情感力量，可以使思想政治教育的各种方法更加生动活泼，形式更加喜闻乐见，从而增强思想政治教育的吸引力和感染力，提高思想政治教育的效果。

（二）感染教育法的内容与方式

按不同的活动方式和感染内容划分，主要有以下几种：

一是形象感染。形象感染也叫形象教育，指用生动、直观的事物形态和深刻反映社会现实的典型事例感化人们的情感，启发人们理解和接受抽象道理的一种教育方式。形象感染主要包括：身临其境，参观访问，实地考察，在生动的情景中受感染，也可以称之为情景感染；观察现象，接触实物，观看图片，在形象的直观中受感染，也可以称之为直观感染；同人物结交访谈，在直接的言谈举止中受感染。形象感染主要不是靠说教，而是主要靠形象的内在感染力，具有直观、具体的特点，能使思想政治教育生动活泼，效果良好。

二是艺术感染。艺术感染也叫艺术教育，是通过文学、美术、音乐、舞蹈、戏剧、电影、电视等文艺作品的欣赏活动、评论活动和创作活动给人以影响和感化的。艺术感染实际是美育的一个方面，是一种寓教于乐的方法。它以艺术美的欣赏，发展想象力和创造性，培养鉴赏能力和审美观点，陶冶道德情操，丰富精神生活，有助于树立正确的世界观和人生观。要进行艺术感染，首先要培养教育对象欣赏的兴趣，如介绍某种文学和艺术作品的创作背景、取材内容及逸闻趣事等，联系教育对象自身经验和当时背景，引起欣赏的心向。其次要培养提高教育对象欣赏的鉴别能力，组织好书评、影评等活动，正面加以引导，用正确思想和高尚情趣欣赏文学艺术作品，抵制和反对低级庸俗的东西，善于鉴别真与假、善与恶、美与丑。第三，激发教育对象强烈的情感反应。合理利用各种欣赏内容和情境，激发教育对象的惊讶、赞叹、敬佩、景仰等情感反应，并通过指导被教育者从事阅读、练习、创作等实际活动，进一步发展教育对象的审美情感、道德情感。

三是群体感染。群体感染也叫交互感染，指在一个群体中，受感染体感染的各个个体相互作用、相互影响的状况。这种状况，在日常生活中和思想政治教育中是大量存在的。比如，众多人一起看一场精彩的球赛比一个人看一场同样精彩的球赛受的感染要强烈得多。一个人生活在一个朝气蓬勃的集体中就会感到心情舒畅；生活在一个死气沉沉的集体中就会感到精神不振，心情忧郁。所以，古人说，入芝兰之室，久而不闻其香；入鲍鱼之肆，久而不闻其臭。人们也常把好集体称作“熔炉”和“摇篮”；而把不好的集体比作“染缸”和“温床”。这些说的都是群体中的个体存在相互感染的现象。个体在群体中受感染的感染强度是加强还是削弱，要看个体与群体受感染的方向是否一致。如果群体受感染同个体受感染具有同一性质和方向，那么个体受感染的强度就会在群体的影响下增加，否则，就会削弱个体感染的强度，甚至可能使个体的感染强度向相反方向发展。在现实生活中，由于每个人不可能孤立存在，都要置身于这样或那样的群体之中，那么，每个人对某种感染体的感染强度，必定受到群体对同一感染体的感染强度的影响和作用。思想政治教育运用感染方法，就是要善于培养群体的顺向情感，使其产生顺向感染去影响个体，使个体增强或激发顺向情感，削弱逆向情感，并尽可能使逆向情感向顺向方面转化，从而使个体在积极、健康的环境影响下，潜移默化地接受正确的思想观点和行为规范。

第五章 思想政治教育的特殊方法

思想政治教育的特殊方法是相对于其一般方法而言的。在思想政治教育过程中，可能会遇到某些特殊的或突发的思想问题和行为表现，如可能发生的思想问题与心理危机、顽固的思想障碍、剧烈的思想冲突等。针对这些情况，仅使用一般的教育方法是不够的，还需要运用特殊的教育方法。思想政治教育的特殊方法主要有预防教育法、心理咨询法、思想转化法和冲突调解法四种，它们各有其特定的应用条件和实施步骤。

一、预防教育法

预防教育法，是为了应对某些突出的或特殊的思想问题和行为表现，将可能产生的异常思想行为控制在萌芽状态或根本不让其发生的一种教育方法。预防教育法是思想政治教育的特殊方法，在思想政治教育工作中发挥着重要的作用。从预防教育法的本质来看，预防教育法属于超前教育范畴，旨在防止思想问题与不良行为的出现或恶化。预防教育法的关键在于及时把握人们思想行为的苗头，把各种教育工作做在前面，是一种可以体现预防性的教育方法。

（一）预防教育的重要性

第一，预防教育能增强思想政治教育的先导性。在进行体制变革以及政治经济形势发生重大转折时，人们往往会有迷茫和不理解，并由此产生一系列的思想问题，呈现出诸多的不适应，产生种种疑虑和担心。当天灾人祸等社会突发性事件发生时，人们的思想情绪会发生波动，产生恐慌和不安。现代思想政治教育所要解决的主要问题是人们的指导思想问题，预防教育法能以准确的思想预测为基础，把握人们思想行为变化的规律，通过具体的教育措施对人们的思想发挥导向作用。同时，预防教育的提前介入能够使思想政治教育摆脱消极被动状态，在思想问题发生之前增强人们的思想“免疫力”，使思想问题无法产生或被消灭在萌芽状态，避免不良思想和错误行为发生，这就是所谓的“防患于未然”。因此，思想政治教育工作者需要勤于观察、敏于发现教育对象的思想、行为变化，善于把握思想发展变化的规律性，有效防范思想问题的发生，努力把人们的思想导向正确方向。只有这样，才能充分发挥正确思想的先导作用和思想政治教育的导向作用。

第二，预防教育能加强思想政治教育的主动性。随着现代社会生活工作节奏加快，社会开放程度越来越高，指导思想一元化和个体思想多元化状况并存，影响人们思想的各种因素日益增多，人们的思想问题呈现出多样化和不确定性特点，既发生得突然，又易于造成严重后果。在这种背景下，无论思想政治教育者还是教育对象都有尽可能把握未来发展变化趋势的需要，这要求现代思想政治教育工作必须运用预防教育法，把工作做在前面，增强思想政治教育的主动性。

第三，预防教育能强化思想政治教育的有效性。人们的思想时刻都因受外界影响而发展变化，如果思想政治教育不能主动把握人们思想发展变化的趋势，那么就很可能囿于“头疼医头，脚疼医脚”的困境，整天疲于应付各种思想问题，以至于这里“烟”未散，那里“火”又起，积重难返，势必造成恶性循环。预防教育法之所以能够促进现代思想政治教育科学化，就在于其能够把工作做在前头，“防患于未然”“防微杜渐”的功能，能够卓有成效地提升思想政治教育的实效。

（二）预防教育的具体方法

预防教育的方式方法是多种多样的，其中常用的主要有以下方法：

第一，普遍预防与重点预防。这是依据教育对象的不同而划分的两种预防形式。普遍预防是当客观情况发生重大变化后，针对大多数人有可能出现的思想问题，事先进行预防性的思想教育，避免出现大面积的错误思想与行为倾向。人们发生带共性的思想问题，一般是在社会发生转折，体制进行转变，政策开始调整，舆论发生变化，以及出现重大事件的时候，由“热门话题”“思想热点”开始，提出许多问题，发生许多议论。这时，必须及时针对刚刚出现的问题和可能发生的不良倾向进行解释、引导，把人们的思想、议论导向正确的方向。因而，普遍预防运用得好，就能有效化解矛盾，避免思想积怨和矛盾激化，从而保证单位和社会的平稳发展。

重点预防是对突出的人和事以及关键时期可能出现的问题，及时进行事先疏导，防患于未然。在社会上，在各个单位，人们的年龄、经历、性格、爱好、工作、学习、生活以及经济情况、家庭情况是不同的，思想状况千差万别、千变万化，我们要善于根据客观环境和人们情绪、言行的变化情况，判断可能发生的问题，把教育工作做在前面。我们不可能，也不需要对每一个人、每一件事进行分析和判断，只能抓住关键的人、关键的事、关键岗位、关键时刻进行重点预防。社会的关键时刻一般称“敏感时期”，单位的关键时刻一般是单位发生重大事情的时候。关键时刻会有关键的事，关键的事涉及关键岗位，关键岗位必有起关键作用的人。所以思想政治教育要重点抓人，关注思想上后进的人，纪律上松散的人，生活上困难的人，有针对性地做好重点预防工作，防止发生意外，保证社会的稳定和单位各项工作的顺利进行。

普遍预防和重点预防是一般和个别、普遍性与特殊性的关系，一定要结合起来进行。普遍预防解决共性问题，重点预防解决特殊问题，共性问题解决不好，容易转化为特殊问题；特殊问题解决不好，可能导致共性问题。只有把普遍预防和重点预防结合起来，才有利于倾向性问题和特殊问题的预防。

第二，明示与暗示。这是预防教育经常使用的两种方式。明示是指教育者以正面直接的方式，明确地给教育对象阐明道理、提出要求、主动设防的方法。这种方法一般是在错误倾向的苗头开始出现并有所发展，情势比较紧迫的情况下采用。例如，某种不安定事件刚露头，某种不良情绪被误导，某种错误的从众行为出现扩展趋势，某种冒险行为可能产生严重后果等等。面对这些情况，必须及时明示，讲清道理，晓以利害，主动防范。

明示有书面明示和口头明示两种方式。书面明示是以文件、条例、通知、告示、网络等书面形式，提出思想和行为要求，明确教育对象应当遵循的准则与方式。书面明示的要点是，重申政治纪律，严格规章制度，公开奖惩条例，明令禁止行为，具有清楚明了、条理规范、便于掌握的特点，一般是针对可能发生的错误思想倾向和危害性行为而采用的一种预防方法。所谓口头明示，是通过会议、谈话、交往等形式，以口头方式提前给教育对象讲明道理，提出要求，即常说的“打招呼”，防止可能出现的错误思想与不良行为。口头明示的特点是迅速直接，灵活方便。它可以用于群体预防，如召开会议，通报情况，分析形势，针对可能发生的错误思想倾向和行为偏向，有言在先，表明态度。它也可以用于个体预防，如通过谈话，进行提示，使教育对象意识到可能发生的思想问题，有针对性地做好预防工作。书面明示和口头明示各有特点，各有运用的范围和条件，要根据实际情况加以采用，有时二者也可以结合起来同时使用。

暗示是以委婉含蓄的方式对教育对象施加影响，进行引导，使教育对象自觉或不自觉地避免错误思想倾向和行为偏向的发生。暗示的方法一般是在情况比较复杂，错误倾向隐约可见但发展动向尚不清楚，或思想行为表现异常的情况下采用。如集体内部因关系复杂而影响团结的苗头露头时；有的人思想和行为异常但情况无法显露时；影响稳定的敏感事件可能扩散时等等，需要用暗示方法，有针对性地正面阐述道理，启发自觉，引而不发，避免错误倾向继续发展。如果有针对性地采用明示法，则可能把事情挑明之后反而把矛盾激化，把影响扩大。如果不加以必要的预防，则可能错误倾向蔓延开来，不可收拾。

常用的暗示方法有目标暗示，舆论暗示。所谓目标暗示，即通过确立一定的目标，以正确的目标暗示错误思想与目标的背离，帮助教育对象避免思想出错、行为出偏。所谓舆论暗示，就是通过会议、讨论、宣传等各种形式，制造正确舆论，抑制消极因素，使教育对象的思想和行为潜移默化地受到舆论的影响。例如，有各种意见纷争，甚至不健康的思想有所抬头时，组织教育对象进行座谈讨论，让正确主张与错误意见展开交锋，并引导正确主张不断居于主导地位，使教育对象接受正确舆论的影响。

第三，启示与警示。启示是教育者针对有可能发生的问题，以侧面间接的方式启发教育对象思考和觉悟，提示教育对象避免错误的教育方法。在教育中，教育者以众所周知的事实，用简单易懂的推论或恰当的例子，来说明或阐述应当得出的结论，启发教育对象思考更深层次的问题。这一方法通常是在事态比较明了或教育对象思想状况良好时采用。

启示方式主要有以下几种：第一，提问设悬式。这种方式通过提问的方式给教育对象故设悬念，从而使教育对象思想高度集中，迅速做出反应。提问设悬，有时是为了探明教育对象心中的“密码”；有时是为了启动其思索的“齿轮”；有时是为了打开其无言的“话闸”；有时是为了使教育对象想到可能产生的后果；有时是为了引导人们在正反两方面的对比中找到答案。根据不同的情况，可以提出不同的问题和假设，以达到启发、预防的目的。第二，旁敲侧引式。毛泽东在论述军事运动时曾经指出：“为了进攻而防御，为了前进而后退，为了向正面而向侧面，为了走直路而走弯路，是许多事物在发展过程中所不可避免的现象。”①在思想政治教育中，有时会遇到一些困境，如有的人思想固执，有的人性格怪僻，有的人心理逆反等等，正面教育很难有效。针对这样的情况，教育者不妨采用旁敲侧引的方式。正面教育不灵而转向侧面引导，直接教育无效而转向间接劝

① 毛泽东著作选读（上册）［M］. 北京：人民出版社，1986：116.

导，一时解决不了就耐心等待，从而有效避免教育者与教育对象的直接冲突，防止思想矛盾加剧和激化。第三，投石问路式。在教育对象的思想问题尚未显露出来，教育者对教育对象的情况没有全面掌握的时候，急于发表意见，提出要求，常常事与愿违，甚至适得其反。这时，教育者不妨与教育对象谈天说地，试探对方的情况，摸清对方的心理，创造启发引导的条件。一旦对教育对象的情况有了较为全面准确的了解，就能够有的放矢地提出要求，给教育对象以有效的启示和引导。

所谓警示，就是对可能出现的、危害严重的思想和行为提出警告，明令禁止。如果说启示是通过启发教育对象自觉预防的话，警示则是教育者强制设防。这一教育方法的特点是外部强制性较大，它不是通过教育对象自身的理智力量来达到目的的，而是完全通过外在的限制和规定来达到效果，因此它往往施行相应的措施，以明确利害关系。警示一般用于可能造成恶劣后果、群众极力反对的思想和行为，如破坏安全的思想和行为，导致动乱的思想和行为，吸毒、嫖赌等行为。对这些思想和行为，必须事先明令禁绝，不可有犯，一旦有人违反，必须进行处理。如果事先不予警示，晓以利害，就有可能打开缺口，造成危害。

二、心理咨询法

心理咨询法是指运用心理学的专门知识和技术，通过语言和文字等媒介，对教育对象的心理、行为施加影响，使其认知、情感和态度发生变化，解决其心理问题，以维护其心理健康的方法。这是因为，对于某些心态异常、行为怪异的思想政治问题，一般的思想政治教育方法已经难以解决，这就需要引入心理学科中的相关方法，开展心理援助和救护，使用思想政治教育心理咨询方法。

（一）心理咨询法的实施依据

虽然心理咨询和现代思想政治教育分属两个不同的学科，但它却是现代思想政治教育方法的重要借鉴和补充。现代思想政治教育的对象是人，是具有生理、心理、道德和社会性情感的具体的人。人的行为不仅会受到思想、立场和观点的支配，在一定程度上还受情感、意志、个性等心理因素的影响。现代思想政治教育较之传统的思想政治教育更加重视教育对象在教育过程中的主体地位，其本质就是做人的工作，激发人的主观能动性。心理咨询是从心理学认识角度来对教育对象的心理、行为进行分析和施加影响。因此，将心理咨询有关方法和理论应用于现代思想政治教育之中，是更好地遵循思想政治工作规律，继承和发扬党的思想政治工作优良传统，与时俱进、改革创新的客观要求，也是加强针对性、实效性，不断增强现代思想政治教育活力的重要途径。

从心理与思想的辩证关系来看，心理是人脑的机能，是客观事物的主观能动反映，思想也有着相同的本质。思想对心理起决定性作用，支配心理活动的方向，心理对思想具有反作用，思想的发展变化受心理因素影响和制约。那么，一方面，我们可以看到，将思想政治教育和心理咨询结合起来，具有一定的德育效应。在扬弃传统思想政治教育过程中不断向教育对象灌输政治理论和思想道德原则的前提下，通过运用心理咨询方法体系，了解教育对象心理特点，促进思想政治教育的有效进行；另一方面，思想政治教育对教育对象又具有心理优化的功能。思想政治教育过程中，心理咨询的方法的渗透，使教育者可以帮助、教育和启发教育对象消除他们思想形成和发展过程当中的心理障碍，从而转变看待问题的观点和态度，建立和创新思维方式，掌握科学的世界观、人生观、价值观和方法论。教育方式的相互渗透性，使实际教育有更充分的方法选择余地，使教育工作更加生动活泼和富有成效。但需要注意的是，心理咨询的咨询对象是“教育对象”或“来访者”，并不是严格意义上的“患者”，这决定了心理咨询实际上并不属于心理治疗范畴，而是属于教育范畴。

（二）心理咨询法的具体应用

1. 心理咨询法的运用过程

心理咨询法的运用过程，也就是咨询者和咨询对象共同讨论的过程。这个过程是建立在咨询者和咨询对象良好的人际关系基础之上的。心理咨询是基于科学的一种教育手段，其进行不可能像一般谈话那样随便，必须遵循一定的步骤、通过一定的环节才能逐步达到了解并引导教育对象的目的。心理咨询一般分为掌握材料、分析咨询、引导帮助和检查巩固四个步骤。

第一步，掌握材料。心理咨询是建立在对咨询对象的充分了解基础上的，咨询者必须了解咨询对象的基本情况以及与咨询对象有关的背景材料。从心理咨询实践来看，掌握材料的过程也就是咨询者对咨询对象相互熟悉、了解，并寻找解决手段的初步过程。

第二步，分析咨询。在了解咨询对象的情况之后，咨询者必须尽快对这些经验材料进行系统思考和分析，将所有信息从经验状态上升为理性认识状态，并运用有关知识和技术对材料进行提炼，找到心理问题的实质，设计出咨询方案，并对方案进行优化，确定解决问题的主要办法和途径。

第三步，引导帮助。咨询者对解决方案的逐步实施，主要表现为对咨询对象提供有关信息、分析解释、传授知识等，并针对咨询对象存在的心理疑难问题，采取相应的校正和引导措施。在这一环节，要始终注意咨询的心理状态的变化，根据每一个变化采取相应的手段对整个咨询过程加以调控。

第四步，检查巩固。咨询对象的心理问题经过分析咨询和引导帮助之后，一般都会有不同程度的改善。但这并非意味着咨询的终结，相反，咨询者还必须对咨询对象进行追踪研究，通过访问、座谈等方式，了解情况，取得反馈信息，巩固和扩大咨询成果。

2. 心理咨询法的主要方式

第一，疏导咨询法。疏导咨询法是指在咨询过程当中，咨询者针对咨询对象的性格特点寻找一种恰当的交流方式，从而建立一种良好的沟通关系，对咨询对象阻塞的心理进行疏通引导，使之畅通无阻，从而达到治疗和预防心理疾病、促进身心健康的方法。该方法的核心程序是先“疏”后“导”，充分了解了咨询对象的实际情况之后，分析其心理障碍产生的根本原因，掌握其特点与实质，让咨询对象找到适合自己的排除心理障碍的武器和方法。

第二，交友谈心法。交友谈心法是指咨询者为咨询对象创造良好的人际关系来解除其心理障碍或心理疾病的方法。这一方法，要求咨询人员充分理解、关心、信任咨询对象，帮助建立良好的人际关系，使咨询对象消除与人际环境的障碍与隔阂。该方法的要点是：第一，咨询者要创造一个温暖、充满关爱的环境，使咨询对象充分认识到，只要人人都献出一点爱世界将变成美好的人间。使人融入集体之中能在某种程度上消除人的孤独感和恐惧感，融入了群体的个人会感到拥有一种强大的力量，他还会受到群体的情感传染和暗示作用。第二，咨询者和咨询对象要建立真诚、信任和平等的互动关系。他们拥有共同的目标，就是通过聊天谈心，力求解决咨询者内心的障碍，给予咨询对象关爱，建立一种和谐的人际关系。

第三，自我调控法。自我调控法，就是咨询者通过帮助咨询对象正确的定位自己，了解自己，从而培养咨询对象的自制力。在充分认识自己的基础上消除心理上的障碍的方法。运用这一方法，首先关键的是要尽可能帮助咨询者认清自己，接纳自己从而树立坚强的信念和自信心，从而启发咨询对象自我认识的自觉性。其次，培养咨询者能够学会正确的调整心理结构，正确调整自己与所处环境的关系，同时培养咨询者自我把握、自我调控的能力。

三、思想转化法

思想转化，是指在思想政治教育过程中，教育者帮助教育对象，将思想由错误转化为正确，由消极转化为积极，由后进转化为先进的方式，是用于解决个别或极少数人错误思想观念的方法。在集体中，人群总是相对地存在着先进、中间、后进三个部分，个别或极少数人由于种种原因，由片面认识开始，逐步形成了比较系统的错误观点，有时甚至达到固执的程度，不仅有害于本人的进步和作用的发挥，而且影响其他人的思想政治倾向。因而，有效解决顽固错误思想问题，需要采用思想转化方法。

（一）思想转化法的运用要求

思想转化法的运用是一个系统而复杂的过程，在运用的过程中，哪个环节出现了问题，都会影响思想转化的效果。因此，教育者在运用思想转化的过程中一定要注意以下基本要求。

1. 教育者预设思想转化的目标

进行目标预设，是运用思想政治教育思想转化法的起点。问题是否明晰，目标是否恰当，关系到思想转化法运用的方向，制约着思想转化法的实施过程。因此，其目标预设需要注意三个方面基本要求：第一，思想转化目标要符合规范性。思想转化的目标必须符合中国特色社会主义国家的法律和党的政策和社会主义道德规范，同时思想转化的目标还要符合各单位的规范和规章制度。第二，思想转化的目标要符合灵活性和可行性。具体目标必须是单义，只能做一种理解；但又必须是灵活的，可以根据客观的实际情况的变化相应地进行调整。思想转化的目标还必须是切实可行的。第三，思想转化目标要符合整体性。思想转化的目标必须着眼于整体，全面考虑教育对象思想问题的主次、先后之间的关系，建立相互关联、层次清晰的目标体系。

2. 教育者采用恰当方式实施思想转化

第一，正确对待，积极引导。人也是矛盾的统一体，其思想既有积极因素，也有消极因素。先进者积极因素突出一些或者处于主导地位，后进者可能某些消极因素突出一些。因此，对任何人特别是后进者，一定要全面了解各方面的情况，倾听多方面的意见，切忌偏听偏信，片面对待。既要看到后进者的缺点和短处，更要看到他们的优点与长处，以便扬长避短，因势利导，促进他们向好的方面发展。事实上，即使是后进者，也只不过是消极因素明显和突出一些，不是不存在积极因素，这正是能够实现思想转化的根据所在。只要抓住教育对象的积极因素，点燃其内心的闪光点，坚持下去，后进者是可能转化的。因此，教育者要树立转化后进的信心和决心，相信后进终究是能够转化的，而不能片面地、固定地对待后进者或持有错误观点的人。

第二，摸清情况，对症下药。摸清情况，实际上是三个方面的内容：一是要查清产生错误思想观点和不良行为的主要原因，然后对症下药。二是要掌握每个人的性格特点，因人制宜进行转化教育。有的人性格直率，可以直截了当；有的人性格内向，适于循循善诱，要根据不同的性格特点采用不同的方式。三是要注意教育分寸，做到教育适度，就像医生用药要适中一样，既不要过重，加剧矛盾，形成对立；也不要过轻，就事论事，不触及深层次的思想问题，成效甚微。

第三，耐心等待，持之以恒。毛泽东曾指出："一个正确的认识，往往需要经过由物质到精神，由精神到物质，即由实践到认识，由认识到实践这样多次的反复，才能够完成。"① 人们的思想转化，特别是后进者的思想转化，也不是一次就能够完成的。有时后进者接受了教育，转变了，进步了，有时又可能会出现反复，甚至重犯错误。因此，一定要耐心等待，持之以恒，不怕反复，多做工作。

（二）思想转化的具体方式

实施思想转化的途径很多，其中主要的途径有几个方面：

第一，情感融化，打开思想转化的通道。情，是人们在社会生活中相互之间形成的一种心理反映。人都是有感情的，"没有'人的感情'，就从来没有也不可能有人对于真理的追求"②。在思想政治教育过程中，我们常常会遇到这样的情况：同样是讲道理，有的人讲，群众爱听，乐于接受；而有的人讲，群众就不爱听，不乐于接受，甚至很反感，其中的重要原因就是没有与群众建立感情，群众不信任。同样，在思想转化过程中，如果缺乏感情或感情对立，教育对象就会产生"抗药性"，难以收到应有的教育效果。所以，实施思想转化的第一步，就是用情感去融化教育对象，为思想转化消除障碍，打开通道。要做到情感融化，一是要热爱转化对象，真诚地亲近他们，以消除对方的提防心理和反感情绪。二是从工作、学习、生活诸方面关心转化对象，做他们的知心朋友，以诚相待，推心置腹，用自己一颗火热的心去温暖他们，取得信任。只有在教育者与教育对象

---

① 毛泽东著作选读（下册）[M]. 北京：人民出版社，1986：840.

② 列宁全集（第 25 卷）[M]. 北京：人民出版社，1988：117.

之间架起了一道感情的桥梁，才可能减少以至消除思想转化过程中的阻力，为下一步工作打下牢固的基础。

第二，事理说服，提高思想转化的效果。所谓事理说服，就是通过摆事实、讲道理，说真话、道实情，达到教育的目的。在思想政治教育过程中，事实教育是具有强大说服力的教育方式，其特点在于它的简捷性、直观性和无可争辩性，在证实、辨伪和释疑等方面具有突出的力量表现。毛泽东在总结第二次国内革命战争的经验时曾说过："中国共产党以自己艰苦奋斗的经历，以几十万英勇党员和几万英勇干部的流血牺牲，在全民族几万万人中间起了伟大的教育作用。"①这种教育，就是一种事实教育。人们之所以形成这样或那样的糊涂认识和思想问题，很重要的原因是由于有的人盲目逆反、固执己见，或不明真相、上当受骗所致。对此，运用大量而确凿的事实，对转化对象进行耐心反复的说服，最终是可以促使其思想实现转化的。同样，凡事都有个理，做思想转化工作时，如果讲不出一定的道理，是难以服人的，被转化者不会从内心深处接受你的看法和主张，更谈不上改变和放弃原有的错误观点。因为"理论只要说服人，就能掌握群众；而理论只要彻底，就能说服人，所谓彻底，就是抓住事物的根本"②。所以，做好思想转化工作的关键，是要在说理上下功夫。说理的基本要求是：一是说理要"透"，只要把道理说透了，人莫不服；二是说理要"真"，要讲真话，不讲假话，理不怕真，理真人服；三是说理要"实"，要根据事实，不能离开事实，只有实事求是，实实在在，不尚空谈，以事论理，说理才有基础，才有力量；四是说理要"新"，要适应新的时代新的对象新的特点，切忌回避现实，陈旧僵化。另外，说理时要注意讲好大道理，用大道理统领小道理。讲大道理并不等于空洞的说教，而是要联系实际，由近及远，由小见大，由具体到抽象，融化于人们的日常生活之中。

第三，行为约束，增强思想转化的力度。通过情感融化和事理说服，很多转化对象的思想是会有转变的。但转变不是一下子可以完成的，会有一个过程，甚至可能出现曲折和反复。针对这种情况，除了反复教育外，还要进行相应的行为约束，让转化对象按一定的纪律、规章制度规范自己的行为，在行动中进行思想体验，巩固教育效果。同时，在现实生活中，确有极少数人觉悟低，私心重，自身又缺乏思想上的免疫力，因而在行动上往往容易做出许多错事来，甚至屡教不改。对于这样的人，仅靠情感融化和事理说服是不能完全解决问题的，必须借助

① 毛泽东著作选读（上册）[M]. 北京：人民出版社，1986：104.
② 马克思恩格斯选集（第1卷）[M]. 北京：人民出版社，1995：9.

规章制度、纪律法规去约束行为，通过外力的推动去启发他们内在的觉悟，制止其错误思想的发展和错误行为的发生。行为约束是制止、纠正违反最基本的社会道德、行为准则的条件，是终止某项错误行为，以达到提高思想转化效果的保证。因此，对用其他办法教育仍不见效者，要加强对其行为的约束，以提高在错误思想和不良行为面前的抗干扰能力，巩固和扩大思想转化的成果。

四、冲突调解法

冲突缓解法是指在思想矛盾激化、发生激烈冲突的特殊情况下，针对人们的思想矛盾和行为激化状态，通过建立健全制约机制和宣泄渠道，调解冲突产生的条件，减少和削弱冲突导致的震荡和破坏而采取的一种应急方法。这里所讲的冲突，主要不是指阶级、国家间的对立和对抗，也不是指心理学上的心理冲突，而是指人们在利益、意见、态度及行为方式诸方面不一致和不协调，相互之间发生的矛盾激化状态。

（一）思想与行为冲突的类型及其产生的条件

在现实生活中，人们都要在一定的社会组织制约下，遵循社会公认的准则，规范自己的行为。为什么会出现冲突呢？一般来说，多数人不会有意寻求冲突，而会在某种程度上力求息事宁人，尽量避免各方面关系的复杂化。但是，生活中的矛盾总是难免的，当人们相互之间的矛盾积累到一定的限度，不发生冲突就无法解决激化的矛盾并改变自己的处境，这时冲突就无法避免。

1. 思想与行为冲突的基本类型

冲突涉及社会生活的各个方面，我们仅从不同角度、按不同内容把冲突划分为若干类型。一般来说，冲突主要有以下基本类型：

第一，依据冲突的形式，分为自我冲突和自我与环境的冲突。自我冲突是指一个人内心世界的矛盾激化而不能进行自我调节的状态。自我冲突表现为心理严重障碍、思想困惑不解甚至人格发生分裂。心理崩溃、自杀是自我冲突无法解决的结果。自我与环境的冲突是指一个人在利益、价值、需要等方面与他人、集体和社会不协调、不一致甚至格格不入的状况。

第二，依据冲突的程度，分为一般性冲突和剧烈性冲突。日常生活中发生的口角、争吵、摩擦等，是轻微的冲突。这种冲突或因利益受损，或因意见分歧，或因感情不和而引起，涉及的范围小，层次浅，影响不大，比较容易调解。剧烈冲突是一种严重的抗争、暴力状况，如群体械斗、局部动乱、打砸抢烧等情况。

这种冲突，主要是政治利益或经济利益的对立而引起的，波及的范围大，涉及深层次的问题，给个人和社会造成的危害和影响严重。

第三，依据冲突的时间，分为暂时冲突、阶段冲突和长期冲突。暂时冲突是指偶尔发生、很快调解的冲突，如因一时感情冲动而导致的冲突；不明真相发生误会而引起的冲突；受人挑唆而卷入的冲突等等。这种冲突一般不会持久，只要参与冲突的人明确了冲突的原因，认识了冲突的不良影响，冲突就会很快调解。阶段冲突是指在一段时间内发生的冲突，如有官僚主义作风的领导在任职期间同群众的冲突，学生后进小团伙在学校期间同班集体的冲突等。一旦某一生活、学习、工作阶段结束，发生在这一阶段的冲突也会随之调解或者转移。长期冲突是指在相当长的时间内不可避免的冲突，这类冲突有着深刻的社会政治、经济原因，如坚持四项基本原则同资产阶级自由化的矛盾与冲突将长期存在。调解长期冲突，要创造一定的社会政治、经济条件，维护社会稳定。

第四，依据冲突的原因，分为直接冲突与转移冲突。直接冲突是冲突双方因矛盾激化而产生的面对面的冲突。这种冲突的主要原因由冲突双方引起，冲突的后果由冲突双方承担。直接冲突的双方一般都有明显的矛盾积累过程，冲突只不过是矛盾激化的表现。转移冲突是冲突中的一方将矛盾转嫁到他人身上而引发的冲突，冲突双方并没有矛盾积累过程，冲突的主要原因不由冲突双方引起，而是在另外的冲突和场合之中。因此，转移冲突看起来是莫名其妙的，但实质上是矛盾的转移，在分析这种冲突的原因与责任时，应当在挑起冲突的一方中寻找。

第五，依据冲突的内容，分为政治性冲突和非政治性冲突。生活中大量的冲突是非政治性冲突，如经济冲突、文化冲突、道德冲突、情感冲突等。政治性冲突是以国家的政治制度和大政方针为焦点的冲突，如四项基本原则与资产阶级自由化的对立就是政治性冲突。非政治性冲突和政治性冲突是相互联系并可以相互转化的。非政治性冲突的发展、失控，可以导致政治性冲突；政治性冲突的出现，可以激化非政治性冲突。政治性冲突比非政治性冲突对社会的影响更深刻、更重要。

2. 思想与行为冲突产生的条件

如果我们撇开各种类型冲突的内容和形式，仅就冲突产生的一般条件进行分析，就不难发现导致冲突最主要、最直接的条件是矛盾积累和偶发事件。矛盾积累是冲突产生的根本条件。人们相互之间大大小小的矛盾总是经常而大量存在的，旧的矛盾解决了，新的矛盾又产生；有的矛盾表面上好像解决了，但实际上却潜伏下来；有的矛盾不仅没有解决，而且有发展或激化的趋势。当着矛盾积累到一定程度的时候，已经为冲突的发生提供了土壤、气氛和条件，这时如有某种事件引发，冲突就会变成现实。例如，个人与个人之间的冲突不是无缘无故发生的，开始，相互之间可能只是隔阂与不满，如果这种一般性矛盾不断积累而不能化解，就会逐步发展到蔑视、敌意、嘲讽的激化状态。这种状态只要有某种事情引发，就会出现争吵、斗殴的冲突，甚至导致故意伤害他人的侵犯行为。因此，冲突的产生是已有矛盾不断积累、加剧、激化的结果。

矛盾积累虽然是冲突产生的根本条件，但只有矛盾积累，冲突不一定发生。冲突的现实产生，必然是伴随着偶发事件对矛盾的积累引发，从而使矛盾激化。所谓偶发事件，是指人们没有足够的准备，已有的经验和正常的规则又不足以应付的事件。偶发事件尽管种类繁多，但基本特点是事起突然，发展迅速，出乎意外。当这种偶发事件同已经积累的矛盾相联系并对积累的矛盾产生强烈激化作用时，偶发事件就成为冲突的导火线和诱因，冲突就不可避免。这种情况，和手榴弹爆炸的道理相似，矛盾积累好比炸药，偶发事件好比导火索，只有炸药和导火索同时发挥作用，手榴弹才会爆炸。冲突也一样，当矛盾积累到一定程度，偶发事件就会引起冲突。因此，偶发事件是冲突产生的必要条件或直接原因。

必须明确，冲突产生的主要原因是矛盾积累，偶发事件只不过是矛盾积累的引爆点。因为生活中大大小小的偶然事件经常发生，令人防不胜防，而又并不是所有的偶发事件都会引起冲突。同时，偶发事件只要处置得当，完全可以避免冲突的发生。所以，冲突调解的立足点首先在于积极调解矛盾，防止矛盾激化。

上面分析冲突产生的主要条件，是从冲突是否可能发生的角度来讲的。至于冲突产生的密度（即多少）和程度（即强弱），还与其他条件相关。如环境条件，包括生活环境、社会风气、人际关系等因素，直接影响冲突的密度和程度。优美、宜人的生活环境，可以调节人们的心境，陶冶人们的情操。居住条件的改善，安全感的增强，生活水平的提高，是形成安定、和谐生活气氛的起码条件。社会风气是一定时期社会政治经济状况的反映，社会稳定、政治清明、经济繁荣、法制健全及道德舆论的正确导向，就会形成政通人和的景象，营造立足本职、积极奉献、相互帮助、同甘共苦的良好风尚，从而大大减少不满与对立情绪。人际关系是人们在社会生活中建立起来的人与人之间的关系，具有人际协调、沟通的功能。人际关系协调，人际沟通正常，就可以消除很多误解与偏见，增强人们之间的相互理解，也就能够化解某些冲突。相反，人与人之间关系紧张，就会使某些不该发生的冲突也在所难免。日常生活中的冲突以人际关系冲突居多，足见人际关系条件的重要性。另外，人的个性特点对冲突发生的密度和程度也有一定的影响。对于一些觉悟较高、素质较好的人来说，在社会生活、为人处世中就会更多地顾全大局，与人为善，即使置身于某些不可避免的冲突如口角、争执等，也较多地表现出讲道理、有理智，求大同、存小异，尽可能地忍耐谦让，防止事态扩大和冲突激化。但是，生活中有的人采取相反的态度，则不利于冲突的调解，甚至会引起更大的冲突。总之，冲突产生的原因是复杂的，它是许多条件交错作用的结果，必须具体问题具体分析。

（二）思想与行为冲突调解的具体实施

冲突调解是有待深入研究的一个应急方法，根据实际情况，实施冲突调解可分为调解矛盾和处理冲突两个方面。

1. 调解矛盾，防止激化

要真正有效地调解冲突，必须根据冲突产生的条件，积极调解矛盾，防止矛盾激化。

一是要瞄准矛盾焦点，及时疏导分流。不管是个人还是群体之间，当冲突尚未发生之前，总是会比较集中地围绕着某一问题积累矛盾，成为双方关注、争执、互不相让的焦点。政治方面的某个观点或某一事件，切身利益方面的某一具体项目，如房子、工资、职称等，道德方面的某一行为倾向，情感方面的某一隔阂等等，都有可能成为双方注视的热点和争执的焦点。如果双方继续在某个焦点上积聚矛盾，发展到一定程度，就会围绕这一焦点形成冲突。如果针对矛盾焦点，导向得力，分流及时，能够迅速超前调解，可能避免冲突。因此，及时、准确地摸清人们共同关注和议论的问题，采取疏导方法，积极组织分流，以防矛盾焦点、热点升温，对于冲突的调解具有重要作用。疏导分流的方式要具体问题具体对待，如实际问题的解决，思想问题的疏导，情感问题的化解，政治问题的引导，都需要采取不同的方式，其中最基本的还是劝导、疏通和转移等方式。

二是要针对大众心理，化解对立情绪。大众心理，就是社会民众的心理。这种心理往往比较集中地对人们普遍关心的问题做出反应，并通过人们的情绪相互传递和感染。当社会存在着不安定的因素时，这些因素就会渗入一些人的思想情绪中去，这种不安定思想情绪的发展和积累，便成为发生冲突的土壤和气氛。大众心理有一个特点，就是情绪色彩浓厚，相互感染快。特别是当一部分人的需要得不到满足，利益受到影响，声誉遭到损害时，这一特点便更加明显。如果不及时加以引导和理顺，情绪对立就会引出事端。因此，要防止冲突发生，必须从理顺人们的情绪入手。第一是调整利益关系。在人们的日常生活冲突中，利益冲突的比重较大。而人们的利益关系往往是按照一定的群体类型而分布的，各个群体的利益既不可能完全一致，也不允许差距过大，矛盾总是客观存在的。例如，在一个单位中的利益矛盾可能有干部与职工的利益矛盾，男职工与女职工的利益矛盾，年长者与年轻者的利益矛盾，以及各班组之间或科室之间的利益矛盾等。这些矛盾，有时缓和一些，有时激烈一些，我们根据有关政策，遵循按劳分配和平等互利的原则，不断调整利益关系，防止出现分配不公。这样，即使有些矛盾，也不至于酿成危害较大的冲突。第二是改善生活环境。人们的生活环境，包括自然环境、物质生活环境和文化生活环境。如果这些环境条件可以得到保证，就可以为思想政治教育创造良好的条件。因此，要经常观察和分析生活环境的变化，及时改变不利条件，不断优化文化环境，稳定生活秩序，尽可能消除引发冲突的客观因素。第三是增进人际沟通。很多情况表明，日常生活中发生的许多冲突，很大程度上是由于缺乏良好的人际沟通引起的。特别是在当代社会条件下，人们自主性增强，自由性加大，分散活动增多，缺乏必要的交流与沟通，相互之间不了解、不理解就会导致误解、隔阂或偏见，如果得不到化解，就会引起冲突。因此，改善人际交往，协调人际关系，增进人际沟通，有利于调解冲突。第四是疏通宣泄渠道，及时晓之以理，导之以行。矛盾不断积累和激化的一个重要原因，可能与人们的情绪、意见和要求缺乏宣泄的渠道有关。经验表明，“有‘小广播’，是因为‘大广播’不发达。只要民主生活充分，当面揭了疮疤，让人家‘小广播’，他还会说没时间，要休息了”①。要通过疏通宣泄渠道，让人们的意见、问题有地方发表、交流、争论，及时进行引导，使矛盾得到消化，使群体或单位更富有调解矛盾、增强活力的弹性。

三是要强化积极因素，抑制消极因素。人们的思想总是这样或那样地受社会环境的影响。社会环境的因素十分广泛，但就其对人们思想影响的性质和方向看，可分为积极因素和消极因素两大类。当人们较多地受到积极因素影响时，就会出现良好的精神状态与和谐的人际关系，冲突就会大大减少；反之，当消极因素占主导地位，或一个单位不正之风盛行，消极情绪弥漫，人心浮动，纪律涣散，就容易出现各种各样的矛盾，也容易产生冲突。应当看到，积极因素和消极因素在任何一个社会，任何一个时期都是并存的，我们只能优化，而不能纯化。这就要求：第一，经常引进社会上的积极因素，通过思想政治教育强化积极因素的影响，减少人们接受社会影响的盲目性，增强接受社会正面教育的自觉性；第

① 毛泽东著作选读（下册）[M]. 北京：人民出版社，1986：702.

二，针对社会上刚刚产生、尚未对人们产生影响的消极因素，应抓紧教育，抢先“打预防针”，增强人们的免疫力，使人们少受社会消极因素的影响；第三，针对拨弄是非、挑起冲突的情况，要讲明是非，澄清事实，团结群众。

总之，通过矛盾的调解，目的是为了防止矛盾的激化，最大限度地消除和减少冲突发生的土壤和条件。对于已经发生、不可避免的冲突，则应寻求有效的方法，妥善地予以处理。

2. *寻求有效方法，妥善处理冲突*

如果一个地方出现冲突，惊慌失措、撒手不管或急躁简单都是不可取的，而必须根据冲突的不同性质、不同程度予以妥善处理。实际工作中经常采取的方法主要有以下几种：

一是“热处理”方式。所谓“热处理”，就是面对冲突，果断处置，迅速控制事态，最大限度地减少冲突导致的影响和破坏。其基本原则是旗帜鲜明地表明立场和态度，提倡什么，反对什么，泾渭分明，毫不含糊。例如，对某些违背四项基本原则或损害社会秩序的冲突，应坚决反对，立即制止。如果态度暧昧，优柔寡断，就会导致不堪设想的后果。又如，对于因报复、虐待、违法乱纪等情况引起的冲突，必须迅速处理，一味调解非但不解决问题，反而造成当事人更大的痛苦，使冲突不断加剧。

“热处理”方式的特点是是非清楚，果断迅速，适用于那些性质比较恶劣、危害比较严重的冲突，对于这类冲突所做的“热处理”，有时难免带来某些副作用，这些可以事后采取措施，逐步补救。

二是“冷处理”方式。“冷处理”是相对“热处理”而言的，就是在情况不明、是非不清而又矛盾激化在即时，先暂时“冷却”，“降温”调解，避免事态扩大，然后通过细致的工作和有效的策略，妥善解决冲突。“冷处理”一般适用于因感情不和、情绪对立、相互纠缠以及道德关系等情况引起的冲突。这类冲突情绪化的因素大，是非不是很清楚，只能等冲突双方冷静下来之后才可能得到妥善处理。如果操之过急，处理不当，可能更加激化对立情绪，甚至会发生意想不到的事情。“冷处理”的具体方式是：第一，侧面引导，避免正面交锋。处理这类冲突时，操作上要冷静，切忌匆忙下结论，随便乱允诺，应先从侧面了解情况，然后加以正确引导。第二，权威调停，控制事态发展。为了避免事态扩大，防止出现意想不到的严重后果，不妨推出受人们敬重的权威人士出面做工作。如在情况复杂、意见纷争时，为避免出现不必要的损失，可请权威人士出面调解，发挥权威人士对局面的影响力和控制力。第三，妥协让步，缓和偏激情绪。面对愈益激化的局面，在不违背重大原则的前提下，做出某种妥协和让步，尽量满足当事人提出的合理要求，或限期解决问题，或指出有效的解决途径，使大的潜在的危险化解为小的震动。第四，亲友出面，增强处理效果。当冲突中的人们面临的实际问题和心理压力没有得到解决时，任何善意的劝阻、耐心的说服有时往往作用不大。为了控制事态，应当约请当事人的亲友出面，利用血缘关系、莫逆之交、师生往来、亲友恋人等人际关系条件，发挥其对冲突主体行为的指令性和情感性的约束作用，使扩大的事态及时得到控制。

"热处理"和"冷处理"是两种常用的方法，因事态的具体情况不同而采取不同的方法。在实际工作中，需要"热处理"而做了"冷处理"，或需要"冷处理"而做了"热处理"，都会对冲突的调解造成不利的后果。不过，需要指出的是，现实生活中的冲突是复杂的，这两种方法的界限也不是绝对的。事实上，"热处理"中有"冷处理"，"冷处理"中有"热处理"，这种方法上的交替使用往往经常出现，这是我们应该注意的。

三是隔离方式。所谓隔离，就是将与冲突有关的人员、消息，特别是冲突主体"隔离"起来，然后慢慢做工作，用以逐步调解矛盾的方法。这种方法是在卷入冲突的人员可能增加、冲突主体情绪偏激、不健康的舆论可能蔓延等情况下采用。具体做法是：

首先，控制消息，防止人心浮动。冲突发生时，各种议论、传闻都会出现，容易造成人们心理上的波动。例如，局部出现的不安定事件，某人与领导的冲突及夫妻矛盾等，如果弄得人所皆知，议论纷纷，不仅影响正常的秩序，而且可能波及与冲突有关人员卷入其中，扩大冲突范围，不利于冲突的解决。正确的做法是将冲突的消息限于一定的范围，做好与冲突相关人员的工作，防止冲突扩大。其次，迅速补救，尽力恢复常态。对于因某些突发事件所引起的冲突，在其萌芽阶段，应立即予以补救，至少不至于使事态恶化。再次，多方配合，牵制冲突主体。对一般性的冲突，如夫妻冲突等，应将其一方暂时隔离起来，这对缓和情绪很有帮助。对于某些较大规模的社会冲突，将其中真正起作用的关键人物牵制和制约了，冲突局面的控制也就变得比较容易。然后，可针对冲突主体的特点，进一步做工作，起到"隔离"作用，从而减少和削弱其在冲突中的影响。

四是转移方式。所谓转移，就是在冲突中，通过各种有效的措施，促使冲突参与者的注意力、情绪及活动内容实现转移，从而使冲突予以调解。其具体做法，一是转移注意力。冲突在即特别是冲突期间，人们的注意力往往高度集中在与冲突有关的问题上，不断地聚集就会造成不断地升温，对此，应将人们注意的视线转移，以分散其注意力。二是转移情绪。冲突中人们容易情绪化，即情绪化的思想和情绪化的行动，进而表现为偏激与冲动。这时，可通过调整情绪结构或采取以情胜情的方式，努力将冲突参与者的情绪由偏激转移到理智上来，以增强其对自己行为的责任感。三是转移活动内容、转移注意力。转移情绪，很大程度上都得借助转移活动内容去实现，如转移话题，避开相互间的语言刺激；转移场所，改变环境和条件抑制冲突的强度；转移活动内容，引开冲突双方的注意力等等。

五是调解和限制。所谓调解，就是向冲突双方或当事各方晓以大义，陈述利害，在双方或各方达成谅解或忍让的基础上，化干戈为玉帛，或促使双方暂时偃旗息鼓，不扩大事态。调解一般用于非原则性冲突，调解的后果是没有输方也没有赢方，或者说，双方有输有赢，双方都不会完全满意但也不会一无所获。调解可以由第三者，如领导、权威、律师等人承担，也可以由冲突的某一方主动进行。调解的主要手段是劝告、说服，有时也可以对冲突双方进行必要的警告，让冲突双方认识冲突的危害与后果而自动妥协。所谓限制，是根据一定的规章和要求，制约、削弱冲突一方或各方的活动与力量，调解或消除冲突。如果调解侧重于说服的话，限制则有一定的强制性，如限制容易引起冲突的活动范围与规模，进行必要的纪律约束，采取一定的检查、监督手段等，从而使冲突一方或各方让步和收敛，达到调解和消除冲突的目的。

第六章　思想政治教育的隐性方式

实施思想政治教育，开展思想政治工作，除了运用直接的、基本的、一般的、特殊的教育方法之外，还可以运用潜移默化的、间接的、辅助性的教育方法。这样的教育方法，就是隐性教育方法。隐性教育是适应时代发展和现代主体而迅速发展的一种教育方法，是新时期思想政治教育方法研究的重要课题，是思想政治教育方法的创新点，也是实施思想政治教育的不可或缺的方法。

一、隐性思想政治教育的内涵与特点

隐性思想政治教育，是指一定的教育主体有目的、有计划地利用隐性思想政治教育资源，采用比较含蓄、隐蔽的形式，运用文化、制度、管理、隐性课程等潜移默化地进行教育，使教育对象在有意无意间受到触动、震动、感动，提高思想道德素质的教育方式。隐性思想政治教育是相对于显性思想政治教育而言的。显性思想政治教育是通过直接的、有计划、有步骤的显性方式，来达到思想政治教育目的，在教育过程中教育者与教育对象关系明确，有明确的教育目的、教育计划，教育比较规范。显性思想政治教育和隐性思想政治教育是“鸟之双翼”，两者共同构成思想政治教育统一体。

区别于显性思想政治教育直接而鲜明的特征，隐性思想政治教育是间接而隐蔽的，具体包括以下特点：

第一，教育方式的潜隐性。相较于思想政治教育显性教育方法的正规和强硬，隐性教育方法首先具有潜隐性的特征。一是隐蔽教育者的教育意图，二是隐藏教育者的教育任务和要求，三是在教育活动中隐匿教育者，即思想政治教育隐性教育方法具有教育内容、教育要求、教育主体的隐含性。这种隐含性消隐了思想政治教育者和教育对象在角色上的显性对立，促使二者进行交往和沟通，“同时，这种隐含性使隐性教育法的实现必须依托于一定的形式”①，这在某种程度上决定了思想政治教育隐性教育方法在方式手段上要摒弃强硬的特点。

第二，教育对象的悦感性。苏联教育家苏霍姆林斯基曾说：“教育者的教育意图越隐蔽，就越能为教育的对象所接受，就越能转化成教育对象自己的内心要求。②”在思想政治教育隐性教育方法的运用中，教育对象就是在潜移默化和不知不觉中接受教育影响的。“思想政治教育隐性教育方法是把带强制性的教育目的巧妙地隐藏在”非教育“的其他活动（如职业活动、文化活动、日常生活活动）之中”③，并且通过创设和利用有教育意义的情景氛围，淡化教育目的的强制性、外来性，教育对象因此往往不能察觉思想政治教育的目的，而容易在潜移默化中接受思想政治教育要求和教育内容。在此基础上，教育对象接受思想政治教育的过程是一种充满“悦”感的过程。这种悦感来自教育者施教的趣味性、幽默性，来自教育对象受教的自主性、愉悦性，还来自隐性教育载体，特别是优秀的文化作品和有益的实践活动所彰显的艺术性和感染力。

第三，教育效果的持久性。思想政治教育隐性教育方法的效果具有“慢热”的特点，一方面，它不会像思想政治教育显性教育方法那样具有立竿见影的效果；另一方面，它的教育影响力一旦发挥便具有较强的持久性和坚韧性，不易随时间的推移而弱化。比如，针对相同的教育要求和教育内容，一部教育影片往往比一场时事政治报告更加具有持久绵长的教育影响力，这会成为教育对象自我教育的资源，渗透内心，发挥长久的教育效应。此外，“思想政治教育隐性教育方法‘非正规’的教育方式形成了弥散性的教育功能，弥散是指不受时空的限制，全方位地发挥教育作用”④。在社会的大课堂里，时时处处都能实施隐性教育，而隐性教育也能将教育影响力广泛地散布至社会的每个角落。

二、隐性思想政治教育的功能

隐性思想政治教育的功能是指隐性思想政治教育能够对教育对象个体或者社会所产生的积极的作用和影响。思想政治教育隐性教育方法的独有属性决定了它

① 骆郁廷主编. 思想政治教育原理与方法［M］. 北京：高等教育出版社，2010：161.

② ［苏］苏霍姆林斯基. 给教师的一百个建议［M］. 杜殿坤，译. 北京：教育科学出版社，1984：208.

③ 董娅主编. 当代思想政治教育方法发展新论［M］. 北京：中国社会科学出版社，2012：168.

④ 董娅主编. 当代思想政治教育方法发展新论［M］. 北京：中国社会科学出版社，2012：170.

的独特功能。

第一，全面覆盖教育对象的生活空间。思想政治教育隐性教育方法借助和利用教育对象生活空间中本身存在的生活因素和环境因素对教育对象施加教育影响，将教育触角延伸到教育对象生活的各个方面，从而突破时空限制，有效地填补思想政治教育显性教育方法无法覆盖的时空。思想政治教育隐性教育方法的广泛覆盖性为教育对象在宏观上营造了无处不在、无时不有的教育环境和教育氛围，这样的教育环境“缩小广大教育对象的需要与思想政治教育内容的差距，使其能在知晓的基础上，全面感知和体验教育内容的合理性和价值性，并自觉内化为自己的价值观和信念，再外化为自觉的行为”①。

第二，实现教育与自我教育的统一。教育对象接受的自主性，“是指受教育者对所授教育信息的自主反应、自主择取、自主整合、自主内化和外化，它集中体现教育对象的主体性”②。在以教育对象为主体的思想政治教育隐性教育方法的实施过程中，教育者退居服务地位，思想教育内容和要求变为教育对象本身具有的主体需要，教育对象能自主将教育内容和要求内化为自身的思想品德、外化为实践行为。具体而言，思想政治教育隐性教育方法的自我教育功能，“是个体在自我认识的基础上，根据社会要求和道德规范进行自我引导、自我比较、自我强化、自我否定、自我监督等心理过程实现的”③。从这个意义上讲，思想政治教育隐性教育方法的实施是教育者隐性施教和教育对象自主受教的有机统一的过程。

第三，补充强化显性教育方法的效果。思想政治教育显性教育方法以其独有的直接影响功能、鲜明导向功能、快速反应功能以及政治动员的造势功能在思想政治教育中发挥着重要的作用。但在教育对象的生活空间不断拓宽、教育者迫切需要提高思想政治教育实效的今天，思想政治教育显性教育方法因其覆盖范围的有限、教育诉求强制色彩突出以及发展创新空间不足等局限性而无法独当一面。所以，在牢固确立思想政治教育显性教育方法的主导地位和主体作用的同时，我们需加强对思想政治教育隐性教育方法的研究和运用，以补充和强化思想政治教育显性教育方法的效能。一方面，思想政治教育隐性教育方法以其覆盖范围的广阔性和影响力度的深远性补充了显性教育方法覆盖面有限的缺陷，以其形式的

① 董娅主编. 当代思想政治教育方法发展新论［M］. 北京：中国社会科学出版社，2012：12.

② 罗洪铁，董娅主编. 思想政治教育原理与方法［M］. 北京：人民出版社，2005：449.

③ 杨芷英. 思想政治教育心理机制研究［M］. 北京：红旗出版社，2005：324.

“非正规性”、运用的灵活性和载体的多样性渗入显性教育方法难以覆盖的时空领域。另一方面，隐性教育方法以“润物细无声”“滴水穿石”的特点和功效影响着教育对象的道德意识、思想观念和行为习惯，强化了显性教育方法的直接影响功能和鲜明导向功能，促进显性教育目标的实现。

三、隐性思想政治教育的具体方法

日常生活环境中蕴藏着大量的隐性思想政治教育资源，教育者应因地制宜，充分利用周围资源，通过这些资源使隐性思想政治教育获得更好的教育效果。

（一）文化形态的寓教于境

1. 文化载体的类型

文化是指人类在社会实践过程中所获得的物质、精神的生产能力和创造的物质、精神财富的总和。狭义的文化概念，是指精神生产能力和精神产品，包括语言、科学、知识、文学、艺术及一切意识形态在内的精神产品。文化既是一定时代一定社会的产物，又是一个连续不断的发展过程。文化既是人们的创造财富，又是人们享用的成果，文化与人的实践活动密不可分，因而，文化具备了作为思想政治教育载体的内在特质。同时，文化遍及社会生活的各个领域，文化的普遍性特征也为群众性思想政治教育载体提供了条件。

所谓思想政治教育文化载体，是指充分利用各种文化氛围与产品进行思想政治教育，以提高人们的思想道德素质。文化载体服务于思想政治教育，是指开发、利用、挖掘文化载体的思想、道德因素。思想政治教育寓于文化载体之中，就是思想政治教育的内容渗透到文化中，通过文化感染人、教育人，使人们在不知不觉中受到教育。

文化载体是对各种文化活动和文化建设的一个抽象的概括，其具体形式则是多种多样的，既包括文学艺术、新闻出版、广播电视、卫生体育、图书馆、博物馆、科技馆、体育馆等文化事业，又包括社区文化、村镇文化、企业文化、校园文化、军营文化、家庭文化等。这里的每一类还有更具体的形式，如通过文艺这一载体对人们进行教育，就包括引导人们阅读文学作品，欣赏绘画、书法、雕塑、音乐、舞蹈，观看电影、电视剧、戏剧等多种形式；校园文化可进一步划分为校园精神文化、校园物质文化、校园管理文化、校园群体文化等等。文化载体的这种多样性为开展丰富多彩的思想政治教育提供了条件，思想政治教育应该借助多种多样的文化载体，对不同层次的教育对象开展形式多样的思想政治教育，以提高思想政治教育的针对性和实效性。

将文化产品、文化活动、文化建设作为思想政治教育的载体，是一个双向互动过程，一方面是要挖掘、激活文化产品、文化活动、文化建设中蕴藏着的教育因素，另一方面要有意识地将某些教育内容渗透到文化载体之中，强化文化的思想政治教育功能。文化载体对人的影响往往具有全面性，即既包括价值观念、思想观点、道德规范等方面的影响，又包括文化知识、科学素养、专业技能等方面的影响，还包括对人的思维方式、审美意识的培养等。思想政治教育应该将教育的内容与文化活动和文化建设的具体内容紧密结合起来，使其对人的素质提高产生积极影响。

2. 寓教于境的主要方式

文化载体通过营造思想政治教育的情景、氛围，采取寓教于境的方式去实现思想政治教育目的。思想政治教育的内容，在不知不觉、润物无声中，潜移默化影响教育对象的思想和行为，这是文化载体区别于思想政治教育其他载体的一个重要特征。寓教于境的主要方式有如下几种：

第一，团体文化方式。团体赖以运行的组织文化，是决定团体凝聚力与动力的关键要素，是充分发挥团体潜力，提高组织的绩效水平的载体。团体文化是团体成员共同创造与享用的文化资源，具有凝结关系、协调配合、推进合作的功能。团体成员希望也要求相互之间帮助和支持，以提高团体的士气与竞争力。团体文化是团体在长期实践活动中形成的，是团体成员恪守共同价值取向、行为准则的综合体现。优秀的团体文化，强调团体的价值共识与成员的和谐相处，注重个体、团体、社会与国家的辩证关系，增强团体的凝聚力和发展动力。

团体文化包括物质文化、制度文化和精神文化三个层面。团体精神是团体文化的灵魂，是团体文化最本质、最深刻的体现。通过团体文化建设、培育团体精神，可以使团体各个层次、各个成员形成共同的价值观念和思想道德观念，增强团体成员的归属感、认同感，进而用团体目标激励人心，用团体业绩鼓舞人心，用良好氛围稳定人心，从而为团体的发展提供强大的精神动力。团体文化建设，主要包括团体价值、团体目标、团体精神、团体道德、团体规范等内容的丰富与发展。团体精神文化建设就是团体思想政治教育的渠道与方式，只不过运用了团体文化载体，使思想政治教育寓教于文、寓教于境，不断满足成员提高思想道德、科学文化水平和参与文体活动等多方面的需要。

第二，社区文化方式。社区文化方式是指在社区范围内以文化活动为载体，营造具有娱乐性、教育性、知识性、趣味性的文化氛围，以提高社区居民思想道德素质和文化素质的活动。社区文化是社会文化的基础，其建设者和服务对象都是社区居民，在性质上具有社会性与开放性。每个社区都有自己独特的历史沿革，自然与人文景观，民俗风情，文化传统，人口结构，经济状况。社区文化建设首先需要研究本社区的人口特点和历史传统，结合时代特点与社会发展，确立社区多数居民能够接受的文化理念。按照既要体现现代性，又要坚持本土化的原则，通过广泛宣传、开展各种文化活动、发挥个体文化特长、组织社区成员参与等方式，丰富和发展社区文化。社区文化建设，既要注重物质文化、制度文化建设，更要注重社区政治文明、社区公共道德、社区文明风尚建设，提倡责任、义务和权利的平衡。一个缺乏政治文明、公共道德、文明风尚的社区文化，既不可能有稳定和谐的社会关系，更不可能走向现代文明。

第三，教育情景创设方式。教育情景创设是指思想政治教育系统在进行过程中的文化氛围设计与创造。所谓情景，就是氛围、环境。思想政治教育情景就是思想政治教育的人文环境。思想政治教育情景，是一种文化的、精神的、心理的氛围和人际互动，具有相互感化、相互促进的“场效应”作用，它是教育者与教育对象共同创造的“教育场”。思想政治教育过程中情景的创设，是通过文化载体联系教育者与教育对象，并使之多向互动，形成相互沟通与交流、相互尊重与理解、相互激励与提高的教育环境。在思想政治教育的过程中，通过情景的创设，使思想政治教育由单一主体的教育模式转变为开放沟通模式；由单纯的思想政治教育模式转变为参与互动模式。

思想政治教育情景创设，一是要把握情趣情景创设。情趣情景是直接与人的兴趣和爱好相联系的情景。这种情景创设一般采用“游戏”方式，即把思想政治教育内容通过游戏并利用游戏传达给教育对象，使教育对象在具有竞争性、愉悦性的活动中不知不觉受到教育。二是对话情景创设。思想政治教育一般是通过对话进行的，营造一种平等、民主、双向互动的对话情景，有利于思想政治教育的开展。思想政治教育的对话能否进行，进行后是否能深入下去并富有效果，取决于对话双方是否相互尊重、相互理解，地位是否平等，氛围是否民主，关系是否和谐。开展讨论、争论、协商、交流等形式都是对话情景创设的有效方式。三是认知情景创设。苏联思想政治教育学者维果斯基认为：在儿童智力活动中，对于所要解决的问题和原有能力之间可能存在差异，通过教学，儿童在教师帮助下可以消除这种差异，这个差异就是“最邻近发展区”。换句话说，最邻近发展区是指为儿童独立解决问题时的实际发展水平（第一个发展水平）和教师指导下解决问题时的潜在发展水平（第二个发展水平）之间的距离。儿童的第一个发展水平与第二个发展水平之间的状态是由教学决定的，即教学可以发现最邻近发展区并创造条件促进认知发展。同样，思想政治教育不应消极适应教育对象认知发展的已有水平，而应把教育对象的认知水平提高到新的高度。认知情景创设，就是要创造刺激感觉的外部条件，激发认知兴趣，强化认知动力，促进认知的丰富与发展。认知情景创设的关键，是把分散、静态的个体聚集为互动、动态的群体。

（二）活动形态的寓教于行

1. 活动载体的作用与类型

人类的任何活动都是围绕着一定的目的而开展的，作为思想政治教育活动也不例外，同样具有明确的目的性。正如恩格斯所言：“在社会历史领域内进行活动的，全是具有意识的、经过思虑或凭激情行动的、追求某种目的的人；任何事情的发生都不是没有自觉的意图，没有预期的目的的。”① 马克思在指出人类劳动和蜘蛛、蜜蜂等动物活动的区别时，又一次强调：“劳动过程结束时得到的结果，在这个过程开始时就已经在劳动者表象中存在着，即已经观念地存在着。他不仅使自然物发生形式变化，同时他还在自然物中实现自己的目的，这个目的是他所知道的，是作为规律决定着他的活动的方式和方法的，他必须使他的意志服从这个目的。”② 活动作为思想政治教育的载体，区别其他载体的一个最独到的特征就是活动本身。活动是思想政治教育理论付诸实践的过程，是教育对象践行价值观念、政治观点、道德规范的过程。人们在参与思想政治教育活动的同时，对活动中承载的思想政治教育信息加以吸收和实践。

以活动为载体时，教育者与教育对象是多向交流、相互作用的过程；教育的目的总是在教育者发挥主导作用和教育对象发挥能动作用相辅相成的过程中实现的。以活动为载体，可以使教育对象在社会实践中获得自我反思、自我评价、自我学习的机会，从而提高自我认识、自我监督、自我激励、自我控制、自我调节的能力。在思想政治教育过程中，同时存在着教育者的教育和教育对象的自我教育两种活动，只有将这两种活动协调统一，才能取得教育的良好效果。把思想政治教育的内容有机地融入活动中，人们在实践活动中受到感染，在不知不觉中接受教育的同时也会自我鉴别、比较、判断、取舍，从而提高认识，使自己的思想符合社会发展的要求。

活动载体的类型。思想政治教育活动载体的类型很多，我们常用的有本职工

---

① 马克思恩格斯选集（第4卷）[M]. 北京：人民出版社，1972：243.

② 马克思恩格斯全集（第23卷）[M]. 北京：人民出版社，1972：202.

作、竞赛活动、文化活动、社会活动、休闲活动等等。

一是本职工作。本职工作就是立足自己的工作岗位，体现岗位特色，培养敬业精神，在履行自己职责的同时，使自己受到教育。每一个部门、每一个单位履行好了自己的本职工作，实际上也就是为人民群众做了好事、办了实事。如果连本职工作都完成不了，那就有问题了。做好本职工作，与办实事、做好事并不矛盾。无论是行政部门，还是业务单位，都要在做好本职工作过程中，即在改造客观世界的过程中，不断改造主观世界，提高认识能力与水平。

二是竞赛活动。竞赛活动是思想政治教育的重要载体，在单位生产、技术、经营和管理等领域之中进行竞赛活动，都具有思想政治教育的作用。竞赛活动的特征体现在竞赛组织管理以及竞赛活动的奖励等方面。竞赛活动是一个机制性活动，活动中诸因素组合成为一个有机的统一体，同时也形成了思想政治教育的特征。竞赛活动由人、生产资料（生产工具设备和劳动对象）、目标、考核与评价这四大因素构成，而人是主要因素，占主导地位。竞赛活动的显著特征是通过人们广泛的活动，使人们的主观能动性、积极性和创造性得到充分发挥。竞赛活动的竞争性，调动了人们的主观能动性，促使人们去自我实现、自我教育和共同提高。

三是文化活动。文化活动是社会主义精神文明建设的重要组成部分。进行文化活动的过程，也是一个教育的过程。近年来，随着我国人民物质生活水平的提高，人们对于文化生活的要求不仅更加迫切而且水平也在不断提高。要使人民群众在工作之余得到有益于身心健康的文化娱乐，以利于消除疲劳，陶冶性情，焕发精神，就要广泛开展各种文化活动，让人们在参加文化活动的过程中实现自我娱乐、自我教育。随着人们主体意识的不断提高，文化活动中人们表现个性、展示才华的欲望和主动参与意识也会越来越强烈。国外的艺术家称“让观众参加演出，是当代艺术的一大进步”。在文化活动中，设法提高观赏者积极参与的程度，可以使观赏者获得更大的精神享受。

四是社会活动。社会活动就是指人们参加的社会公益活动。它是指不以取得报酬为目的、提供自己的劳动和技术、为增进社会福利而从事的活动，包括义务清扫街道等公共场所、宣传交通安全常识、到养老院孤儿院献爱心、照料非亲属孤寡老人残疾人、为灾区组织募捐或捐赠、到灾区救护、无偿献血、保护环境、免费提供各种咨询等等活动。社会活动的普遍性和深入程度体现着一个社会精神文明和社会风尚的状况。人类社会就是人们在多种多样的关系中，相互依存、相互帮助的社会，人总是生活在一定的地区或社会，每一个有自立能力的人，都有义务参加一些社会公益活动，做一些社会贡献，在社会活动中受到教育。

五是休闲活动。休闲活动在人的生存和发展中具有重要的作用。现代教育理论认为，文化学习，不但有组织、有计划地传授知识、技能、行为习惯的正规学习和正规课程，同时也存在着通过非正式方式和途径，通过生活环境中的习俗、风尚、文化氛围、人际交往自发活动等进行潜在的、隐喻性的隐性教育。休闲和劳动是人格平衡发展的两翼，缺一不可，休闲活动的自由支配是人格和谐、平衡发展所必需的。休闲活动是正规教育有效和必要的补充，是与终身学习相辅相成的，人们可以享用一生，受益无穷。人的自我发展、自我肯定、探究创造、追求意义与自由等本质被充分肯定，教育不仅要传授知识，更重要的是促成作为"人"的本质的完善，关注个性的张扬、人格的发展，引导人们在对自由的追寻中不断超越自己。教育者要深入休闲活动，构建和谐的人际关系。不仅要提高人们的休闲活动技能，同时也要提高休闲活动的品位。

2. 寓教于行的主要方式

"寓教于行"源于"行动学习法"，由英国管理思想家雷格·瑞文斯 1940 年提出，20 世纪 80 年代被引入管理教育。有效利用各种活动载体开展思想政治教育，可以化无形为有形，变抽象为具体，化虚为实，增强思想政治教育的效果。寓教于行，就是强调通过活动载体，即通过行动、通过实践、通过活动进行思想政治教育，达到教育目标。活动的方式是多种多样的，这里讲几种主要活动方式。

一是生产活动方式。马克思指出："生产劳动和教育的早期结合是改造现代社会的最强有力的手段之一。"① 他特别指出教育与生产劳动相结合的必要性："把有报酬的生产劳动、智育、体育和综合技术教育结合起来，就会把工人阶级提高到比贵族和资产阶级高得多的水平。"② 马克思认为生产劳动就是造就全面发展的人的唯一方法，他说："生产劳动同智育和体育相结合，它不仅是提高社会生产的一种方法，而且是造就全面发展的人的唯一方法。"③ 列宁主张："把教学工作同儿童的生产劳动紧密结合起来。"④ 邓小平强调："为了培养社会主义建设需要的合格人才，我们必须认真研究在新的条件下，如何更好地贯彻教育与生产劳动相结合的方针。"因而，生产活动方式，是教育人、培养人、锻炼人最重

---

① 马克思恩格斯全集（第 19 卷）[M]. 北京：人民出版社，1963：35.
② 马克思恩格斯全集（第 16 卷）[M]. 北京：人民出版社，1964：218.
③ 马克思恩格斯全集（第 23 卷）[M]. 北京：人民出版社，1985：530.
④ 列宁论教育 [M]. 北京：人民教育出版社，1979：150.

要的方式。

二是实践活动方式。马克思主义认为，实践活动是人们获得正确思想观念的最重要、最基本的途径，因而实践活动，也是一种认识活动与教育活动。在实践活动中，不仅能够有效培养人们自主、自律、自强的精神和能力，增强社会适应性，提高思想政治素质，而且能够帮助人们了解社会、了解国情，激发热爱祖国、报效祖国的献身精神，还能引导人们在实践活动中，通过锻炼而树立正确的学习态度、工作态度和生活态度。

马克思认为："环境的改变和人的活动或自我改变的一致，只能被看作是并合理地理解为革命的实践。""社会生活在本质上是实践的。"① 实践活动具有双重功能，即人们在改造客观世界的过程中，同时也改造自己的主观世界。实践是人们"根据一定的思想、理论、计划、方案以从事于高度客观现实"② 的活动，"思想高度是主观的东西，做或行动是主观见之于客观的东西，都是人类特殊的能动性"③。这就是说，实践是在一定思想指导下的、主观见之于客观的改造世界的活动。所以，在新的历史条件下，"我们必须全面贯彻党的教育方针，坚持教育为社会主义现代化建设服务、为人民服务，坚持教育与社会实践相结合，以提高国民素质为根本宗旨，以培养学生的创新精神和实践能力为重点，努力造就有理想、有道德、有文化、有纪律的，德育、智育、体育、美育等全面发展的社会主义事业建设者和接班人"④。

三是志愿服务活动方式。志愿服务是人们当前参与社会实践的重要形式之一。志愿服务是指利用自己的时间、技能、资源和善心为社区、社会提供非营利、非功利性援助的行为，是指志愿者参与的社会性公益服务，是一种非政府系统的组织行为和服务行动。在志愿服务过程中，志愿者以自己的行动接受了社会的评价与检验，并获得了自我价值的认同与升华。

志愿服务涵盖的范围十分广泛，包括保护环境、改善福利、促进建设、加强教育、保障卫生等都可以作为志愿者为他人或社会服务的内容。志愿者是乐意无偿贡献自己的知识、技能、时间、精力与资源的人。志愿服务的重点在于帮助有困难、有需要的人，其主要特点有两个：自愿和无偿。自愿就是指参与服务的人是自主的，不是受到指令或强迫的，参与或不参与完全由自己决定。

---

① 马克思恩格斯选集（第 1 卷）[M]. 北京：人民出版社，1995：55—56.

② 毛泽东著作选读（上册）[M]. 北京：人民出版社，1986：135.

③ 毛泽东著作选读（上册）[M]. 北京：人民出版社，1986：228.

④ 江泽民文选（第 2 卷）[M]. 北京：人民出版社，2006：332.

（三）传媒形态的寓教于情

现代传媒的信息对人们的思想观念、生活方式、心理状态有广泛影响，充分认识、深入研究现代传媒在思想政治教育中的重要作用，有效利用各种传媒载体，是做好思想政治教育的重要环节，也是思想政治教育面临的新课题。

1. 现代传媒载体的类型

第一，现代印刷载体。现代印刷载体主要是指以数字代码方式承载、出版、复制、发行图文声像等信息的传播媒体。现代印刷载体与传统印刷载体相比，前者主要运用磁、光、电介质，后者主要运用纸张。现代印刷载体的种类繁多，有电子图书（electronic book）、电子期刊（electronic journal）、电子报纸（electronic newspaper）、数据库、光盘型音像制品、软件出版物等。思想政治教育现代印刷载体，是指借助信息集成度高、表现力强的现代电子出版物传播思想政治教育内容和信息，其类型有思想政治教育电子报纸、思想政治教育电子书籍、思想政治教育电子期刊等。思想政治教育的信息资料是思想政治教育的重要凭证，也是国家的文化财产，它是老一辈思想政治工作者的实际教育工作的见证，有珍稀典籍、文献资料、革命文物等，记述着我国的革命文化、文明进程，是思想政治教育的宝贵资源。利用数字图像技术、计算机技术和网络技术、OCR 光学识别技术等，将思想政治教育资料存入光盘，借以实现思想政治教育传统印刷载体向现代传媒载体转换，可以有效提高思想政治教育资料运用与保存效度。

第二，电子载体。电子载体主要是指运用电子技术设备来制作、传递文化信息的传播载体，主要包括广播、电视、电影、录像、录音和幻灯等。现代电子载体是指利用数字图像压缩技术、数字通信技术、超大规模集成电路技术、计算机技术以及卫星技术等对广播影视节目进行编播、制作、存储和传输的电子载体形式。现代电子载体主要有：网络电视、手机电视、手机广播、移动电视、DMB（DAB）数字广播、宽频电视和数字卫星电视等。电子载体正在高速度发展并影响人们的思想、工作与生活。思想政治教育电子载体，就是利用数字电视、数字广播、卫星电视等现代电子传媒及其技术，进行高效率、高质量、全方位思想政治教育内容传输，以增强和提高思想政治教育的影响范围与力度。思想政治教育现代电子传媒的广泛应用，不但会使思想政治教育的信息传输超越时空的限制，还将实现思想政治教育的个性化、专业化发展，实现新技术条件下思想政治教育现代化的发展要求。

第三，网络载体。网络载体是指计算机网络。计算机网络综合了几乎所有的现代信息处理技术、计算机技术、通信技术的研究成果，已成为人们获取信息的最便捷的方式和手段。各个领域纷纷引进网络拓展自己的发展空间，思想政治教育也不例外。思想政治教育网络载体，就是借助计算机网络这一先进的电子信息交换系统，进行思想政治教育信息交换和思想交流的传媒形式。思想政治教育网络载体按所提供信息的专业程度可划分为：思想政治教育专业网络载体和思想政治教育非专业网络载体。思想政治教育非专业网络载体形式很多，比如各类新闻网站、资讯网站等，它们具有一定程度的思想政治教育功能。思想政治教育专业网络载体，如思想政治教育网站，不但可以向教育对象与思想政治教育工作者提供专门的思想政治教育信息，而且思想政治教育工作者还能及时、有针对性地对教育对象的反馈信息进行分析、处理，从而达到有效解决问题的目的。

2. 寓教于情的主要方式

寓教于情强调的是思想政治教育通过人文情感的渗透方式，合情合理，达到以情感人、以情育人的目的。人文情感是一种至真至诚的情感，表现为民族认同感、国家责任感、社会义务感、集体归属感和对他人的道义感等方面。在现代社会条件下，市场经济竞争、社会全方位开放和科学技术快速发展，交互作用于人的发展，影响人的发展因素从单一转化为综合，即人们的思想观念同时受到经济利益、多元文化和技术动因的影响。在经济、文化、科技竞争的强大压力下，思想政治教育必须强化人文精神，注重人文关怀，创造人文环境，推进寓教于情。唯有如此，才能为经济、文化、科技竞争把握正确方向，提供充分活力与动力，促进人们全面发展。否则，经济、文化、科技竞争或者缺失合理导向，或者缺乏人文动力。

第一，人文精神培养与人文环境创造。人文精神就是对人的关注，对人的价值的肯定。无论是印刷载体、电子载体，还是网络载体，都必须从人出发，最后回到人，去实现人的全面发展。人文精神把人本身存在的价值和意义作为认识和实践的最高准则与目的，追求对人的特性的开掘与弘扬。人文精神是每个人生存与发展的需要，人文精神的追求与丰富只能靠自己自觉、独立实现。虽然思想政治教育可以影响、引导人对人文精神的价值认识，丰富人的人文精神，但认识和丰富的过程，仍然是教育对象不断学习、不断理解、不断体会、不断追求的精神劳动过程，没有这样一个过程，就不可能形成、享用属于自己的精神财富。

在思想政治教育中贯穿人文精神培育，必须确立以人为本的思想。坚持以人为本，是思想政治教育的出发点和落脚点。人文精神实质上就是以人为本的精神，就是要以人为中心，实现人的全面发展，发掘人的潜能，调动人的积极性。

以人为本的思想政治教育必须从人出发，尊重人的尊严与权利，承认人的价值并努力实现人的价值。思想政治教育只有创造浓郁的人文环境，让人们经受熏陶感染、潜移默化，才能逐步形成人文情感、人文精神。

第二，人文关怀的体现与渗透。人文关怀是基于人文精神的一种向真、向善、向美情感。人文关怀充分体现了对人性的尊重，对人的主体性的肯定，对人的全面发展的重视。在思想政治教育过程中，渗透人文关怀、体现人文关怀，是增强思想政治教育亲和力、感召力，提高思想政治教育实效的关键。随着竞争性、网络化、信息化的快速发展，人们面临的社会压力增大，一些人的思想困惑增多。思想政治教育只有增强人文关怀，在思想上进行正确引导，及时解疑释惑，才能使人们在面对压力与困难时，得到真正的帮助，获得应对压力、解决困惑的方向与动力。因此，在新的历史条件下，思想政治教育只有渗透人文关怀、体现人文关怀，使思想政治教育贴近实际、贴近群众、贴近生活，才能使思想政治教育增强亲和力，富有感染力，提高实效性。因此，坚持以人为本，把人文关怀渗透和体现在思想政治教育过程中，真心做到尊重人、理解人、关心人、帮助人，是新形势下思想政治教育的现实需要，也是增强思想政治教育针对性和实效性的有效途径。

（四）管理形态的寓教于管

管理是一种广泛存在于人类社会之中的基本活动，也是具有教育功能的方式。思想政治教育管理载体，就是将思想政治教育的内容和信息渗透到管理活动中，渗透到人们的具体工作之中，以管理为载体开展思想政治教育。

1. 管理载体的类型

将管理作为思想政治教育的载体，是由管理的特征、管理与思想政治教育的内在联系决定的。应用管理载体，就是在思想政治教育过程中，充分发挥管理的作用，使思想政治教育与管理相配合，以达到提高人们思想道德素质、规范人们行为、调动人们生产、工作、学习积极性的目的。管理载体是新时期思想政治教育的基本载体之一。

管理活动的普遍性为思想政治教育利用其作为载体提供了条件。管理是人类社会最古老、最普遍的活动。只要有组织存在，有人的群体活动，就有管理存在。思想政治教育与管理虽然分属不同领域，两者之间存在诸多区别，但两者的内在联系也是非常紧密的。就其对人的引导与规范而言，思想政治教育是无形的管理，管理是有形的思想政治教育，两者都体现以人为本的精神实质。管理就是依据法律、规章、纪律对人与人之间的关系进行调适、对人的行为进行规范的过程。法律、规章、纪律虽然构成了不同层面的管理制度，但这些制度，是在一定的指导理论、政治原则、思想观念、价值体系基础上制订的。我国各个领域、各个单位，无论是宏观层面还是微观层面的管理制度，都要以马克思主义理论和中国特色社会主义理论体系为指导，坚持社会主义政治原则，蕴涵社会主义核心价值体系，这就决定了管理具有思想政治教育功能。在思想政治教育过程中最常见的管理类型有：组织管理、制度管理、生活管理。

第一，组织管理。组织管理是把组织本身作为对象，从组织要素的变化把握管理的规律性，实现组织运行合理性。组织管理是任何一个组织都要实施的管理，亨利·法约尔认为："管理是所有组织（不论是家庭、企业或政府）都有的一种活动。"① 长期以来，中国共产党始终坚持"党要管党"，按照从严治党的方针，高度重视和加强自身建设和管理，在实践和理论上对党的组织管理进行了有效探索，形成了一套独具特色的管理模式。在新的历史时期，组织管理必须贯彻人本管理的管理理念和管理方式，在制定管理制度时，一定要保障制度制定过程的透明、客观；考核程序和标准的公开、公正；善于尊重人、团结人、发挥人的作用。在未来的组织管理体系中，要更多地通过情感管理、民主管理、自主管理、人才管理以及文化管理的人性化管理，把人的潜能进一步激发出来，不断促进人的全面发展。

第二，制度管理。制度管理是指根据制定的规章和制度所进行的程序化管理。该管理强调的是以监督和制约为基础，以承担责任与任务为中心，以规范化、程序化为运行方式。哈佛大学所提出的管理理念，体现制度管理的特点："让校规看守哈佛，比用其他东西看守哈佛更安全有效。"一所学校的管理无论是思想引领，还是文化立校，都必须有基本的制度保证，否则学校就会如一盘散沙。任何单位想保持高效的运转，都必须以坚实的制度管理和管理制度为基础。制度管理对人的约束是刚性的，即单位中的任何人在制度面前一律平等，必须服从制度。制度管理以其规范性、有序性和程序性，保证单位运转，规范人员行为，形成文化传统，养成良好习惯，这就是管理所体现的思想政治教育作用。

第三，生活管理。生活管理也可以说是一种生活的指导，就是从生活的各个环节入手进行规范化管理，在管理的过程中进行调节、配合的方式。生活管理直接决定着人们良好品质的形成、学习工作任务的完成和教育环境的优化。生活管

① ［法］亨利·法约尔. 工业管理与一般管理［M］. 周安华，等，译. 中国社会科学出版社，1980：10.

理有利于指导人们在生活中感受到生活的变化，坚持生活的合理取向与遵循生活的正确规范；在生活中掌握辩证的思维方式，培养自主能力，克服片面、主观的思想方法；学会调节控制自己的感情和情绪，养成健康的生活情趣和艰苦奋斗的精神；善于正确对待生活中遇到的各种挫折和困难，建立良好的人际关系，并努力正确认识自我，发挥自身优势，力争多做贡献，提高生活质量。

2. 运用管理载体的要求

不管是何种类型的管理，都要实行人本管理，这是对所有管理的共同要求。所谓人本管理，就是以人为中心、以人为目的的管理，而不是见物不见人，或把人作为工具、手段的管理。我国是社会主义国家，人民是国家的主人，是社会财富的创造者，是社会活动的主体，是一切资源中最重要的资源。不管是思想政治教育还是管理工作，都是为了人民，都要依靠人民。教育与管理的任务，就是要最大限度地调动人们的积极性，释放其潜藏的能量，让人们以极大的热情和创造力投身于事业之中，在创造物质与精神财富的过程中，实现全面发展。

人本管理，就是要在整个教育与管理过程中，充分尊重群众的人格、价值和合理利益，为他们提供展示才干的机会，促进他们实现自我价值。思想政治教育在处理人与人之间的关系时，温暖胜于严寒，宽容比惩戒更有效。要体恤群众的疾苦，相信群众都有向上、向善的愿望。实施人本管理，就要满足群众的合理需求，对群众政治上鼓励、工作上支持、生活上关心；实施人本管理，就要充分尊重和信任人民群众，尊重群众的人格和权利，发挥他们的才能和特长；实施人本管理，就要发挥教育与管理者的榜样示范作用，严于律己、率先垂范，以自己的实际行动影响和带动群众；实施人本管理，就要立足实际，整合个人与集体的发展目标，采取合作互助、公平竞争的方式，让每个人的人生都精彩。

总之，实施人本管理，就是把“人本”写入制度，纳入规章，以保护人的自尊、激励人的情感和彰显人的价值为出发点，使制度成为发挥群众工作积极性的规范，而不是扼制群众创造性的框架。同时，教育与管理者要善于运用人性化的操作策略，关注人的内心世界与情感需求，尽可能取得群众的理解，多一点透明度和人情味。另外，实现人本管理，还要建立相应的教育与管理机制，诸如动力激发机制、纪律约束机制、制度保证机制、相互监督机制等。只有这样，才能合理运用文化的“柔性”与制度管理的“刚性”作用，做到刚柔相济，张弛有度。

3. 寓教于管的主要方式

思想政治教育寓教于管的主要方式如下：

第一，结合、渗透方式。把思想政治教育与实际工作结合起来，在实际工作中渗透思想政治教育，管理载体是最好的选择。人们的工作和日常生活总是处于一定的管理之中，管理能给思想政治教育提供广泛的渗透机会，使思想政治教育更深入、更贴近人们的思想实际，有利于提高思想政治教育的实效性。人们的思想问题离不开具体的工作与生活，与人们的切身利益密切相关，如单位领导处事不公、奖金发放不合理、反腐倡廉不得力、合理化建议不采纳，就会影响人们的思想和情绪。反之，制度健全、纪律严明、公平公正、秩序良好的管理，就能使人情绪稳定、心悦诚服。对于管理过程中的思想问题，思想政治教育必须面对和解决；同时，管理也要解决人们的思想问题，只有合理解决思想问题才能提高管理效率。管理载体相对于其他载体的优势，就是管理活动的广泛性和实践性，可以促进思想政治教育与实际工作的结合，通过管理载体增强思想政治教育的渗透。在管理活动中，管理者不断与对象直接接触，及时交流、沟通，掌握对象的工作情况和思想动态。在各种实际工作中，管理者可以引导、影响对象的情感倾向、思想认识，起到潜移默化的作用。在不知不觉中，管理者就改善、跟踪和考察了对象的思想道德状态，这既是人本管理的要求，也是思想政治教育提高有效性的途径。

第二，规范、养成方式。管理不仅有明确的政策、法规、条例、制度遵循，而且可以综合运用教育手段、经济手段、行政手段，对人们能做什么、不能做什么以及该做什么不该做什么进行明确判定，并能以各种奖罚措施保证贯彻落实，因而与思想政治教育相比，有更强的规范性与约束性。对错误的价值倾向和行为习惯，仅仅说服教育，往往不一定奏效，这也正是有些地方思想政治教育成效不佳的原因。借助管理载体，把思想政治教育的要求通过管理的规范，向教育对象提出要求，即使教育对象思想上不接受，但管理的明确要求教育对象往往不敢违背，从而使得教育对象在一次次服从中得到反复“操练”，可逐渐养成良好习惯，达到教育目的。因而，教育与管理总是相互结合、相互补充的，在教育中，“要善于疏导，注意发扬民主，尊重人、理解人、关心人，采取吸引群众广泛参与的方法、群众自己教育自己的方法、平等讨论的方法、批评和自我批评的方法”。同时，“要注意区分层次，针对不同特点，把先进性的要求同广泛性的要求结合起来，把思想教育同行为规范的培养结合起来”①。教育与管理的结合，实际上是教育与管理目标、规范的一致，任何目标与规范都具有明显的价值取向，这种目标与价值取向就是教育对象的思想指示器和行为的导向仪。

① 江泽民. 论党的建设［M］. 北京：中央文献出版社，2001：133.

第三，比较、激励方式。管理的过程是一个比较、协调的过程，这种比较包括管理者之间、被管理者之间、管理者与被管理者之间的联系与交流，其目的是为了达成共识，协调关系、相互配合，共同实现管理目标。管理的这种比较、协调，与思想政治教育所要遵循的民主原则、理论联系实际的原则，以及所采用的以理服人、情感熏陶方法是相通的。不管是管理者还是教育者，都要及时地告诉人们正确的观念、现行的政策、明确的规定，了解对象的看法、建议、意见，这些都需要通过比较才能做到。

激励是通过物质的、精神的鼓励，以增强管理对象的行为动力，调动其积极性和进取精神，使对象的思想、行为更符合管理者、教育者的目标。思想政治教育也要通过激励达到思想的转化与提高的目的。激励在性质上分正向与负向激励。正面激励包括表扬、鼓励与奖励，是正强化过程；负面激励则是批评与惩罚。这些激励措施作用于教育对象后，不仅对激励对象，而且对其他人，都会在思想与行为上产生促进作用。激励在具体方式上很多，比如目标激励、榜样激励、情感激励、奖惩激励等，其中奖惩激励又分为以满足人的精神需要为特征的精神激励和以满足人的物质需要为特征的物质激励。

第七章　网络思想政治教育方法

随着社会的进步和科技的发展，互联网已经成为人们工作生活的必要工具和重要手段，网络也成为人们获取信息的重要渠道，深刻地影响着人们的思想和生活，也对人们特别是青少年的世界观、人生观、价值观产生了重大影响。网络思想政治教育方法就是运用网络手段，实现思想政治教育目标的重要方式。习近平总书记指出："要运用新媒体新技术使工作活起来，推动思想政治工作传统优势同信息技术高度融合，增强时代感和吸引力。"① 这里强调的就是掌握网络思想政治教育方法的重要性。

一、新时代网络思想政治教育的新要求

（一）新时代网络思想政治教育的新境遇

新时代是人们向往美好精神生活的时代，也是互联网重组人们精神生活的时代。网络思想政治教育是满足人们网络空间中精神生活需要的重要方式，立足新时代，网络思想政治教育出现了新矛盾即网络空间中人们日益增长的美好精神生活需要与网络思想政治教育不充分不系统不灵活的信息供给之间的矛盾。网络思想政治教育的新矛盾在具体实践中主要表现为以下几个方面。

1. 人们精神需要的多样性与思想文化供给的单一性

在网络空间中人的需要的多样性进一步增强，网络空间中大量且多元的数字化信息极大地刺激了人们精神需求的发展，面对精神需要的多样性，当前网络思想政治教育提供的信息供给无论从供给数量还是质量上都与人们的多样化需求存在差距。

2. 人们精神需要的自主性与思想文化供给的主导性

人们在网络空间追求强调行为与精神的自由自为，但当前网络思想政治教育

① 习近平谈治国理政（第2卷）[M]. 北京：外文出版社，2017：378.

的信息供给往往带有鲜明的主导性与任务性，容易呈现出一种“训话”姿态，因此新时代网络思想政治教育面临着如何在充分尊重人们精神需要自主性的前提下，在隐性教育中强化主流意识形态的难题。

3. 人们精神需要的流变性与思想文化供给的相对稳定性

时代在不断地发生着变化，社会环境的变化不断刺激着人的精神需要欲望，人的心智成熟程度也会随着年龄阅历的增长而发生改变，相比于“因时而变”的精神需要，作为网络思想政治教育信息供给主要内容的主流文化的主要内容则呈现出相对稳定的状态，这就导致了网络思想政治教育信息供给在流变的网民的精神需要面前呈现被动应变的局面。

4. 人的精神需要的发展性与思想文化供给的滞后性

随着个体的不断发展，人们对精神文化产品的质量期待也随之提升，而当前思想文化产品的创新乏力难以满足新时代人们对精神文化生活的高要求，从而在一定程度上削弱了网络思想政治教育的效力，出现精神需要的发展与信息供给滞后性的矛盾。

（二）基于新境遇的新时代网络思想政治教育新要求

开展新时代网络思想政治教育实践活动必须着力解决好网络空间中人们精神需要的多样性、自主性、流变性、发展性与网络思想政治教育的单一性、主导性、稳定性、滞后性的思想文化供给之间的矛盾。因此，对新时代网络思想政治教育工作提出了新要求。

1. 深化对象研究

信息接收对象对供给的信息是否喜欢、是否受益、是否满意是衡量信息是否有效的根本标准，对象的获得感就是信息供给的生命力所在，把握人们的精神需要是满足人们精神需要的前提，新时代对网络思想政治教育对象的研究要做到宏观与微观把握相结合，通过大数据等新兴量化研究手段把握全体对象的普遍精神需要的同时深入微观层面精准把握每个个体的个性化精神需要，实现信息供给侧的全面升级。

2. 加强理论探索

构建和谐有序的精神生活信息生态是一个复杂的系统工程，只有通过系统的理论探索，重视理论研究的基础性和前瞻性，才能深刻理解和回应人们的精神需要，加强理论探索在新时代主要有两方面的要求：其一是强化基础理论研究，把网络思想政治教育中人的精神生活问题、人的网络实践问题、人的信息行为问题等作为基础性的重大课题，加大理论攻关的投入，在基础理论研究层面能够有所突破，为网络思想政治教育工作实践的展开提供有力的指导；其二是强化理论研究的前瞻性，在新时代科技将越来越多地把人从物质生产劳动中解放出来，精神生活在人们的生活方式中的地位日益重要，网络思想政治教育的理论研究应该积极主动地把握这一重要变化，强化研究的前瞻性，优化理论指导实践的实际效果。

3. 优化内容供给

网络思想政治教育供给的有效信息能否在海量的信息中把握人们的精神需要，被人们所接收并内化于心外化于行是检验内容建设是否有效的重要依据，因此内容建设是新时代网络思想政治教育工作的关键。面对新时代人们日益增长的精神需要，要优化内容供给，要让主流意识形态的信息能够有广泛的适应性，针对不同的接收对象能够有不同的内容设计，提高内容的包容性，可以同时满足不同对象的需要，贴近不同对象的生活和话语，并且网络思想政治教育的信息要善于借助不同的文化载体进行传播，渗透到多元文化中，实现多元文化的协同育人功能。

4. 注重形式创新

互联网时代人们的感官觉醒，感性需求迅速崛起，形式的重要性在信息供给中日益凸显，新时代网络思想政治教育在形势上要着力提升信息表达的灵活性和互动性，一方面要善于借助科技的力量丰富思想政治教育的表现方式、表达手法和艺术表现力，激发思想文化活力，优化接收对象的感知体验。另一方面，要着力提高信息供给过程的互动性，调动人们获取精神资源的主动性，在交谈互动中让受众自觉主动地接受主流思想文化的熏陶。

二、网络思想政治教育方法及其特点

20 世纪 90 年代中期，互联网在我国刚刚兴起，一方面，青年大学生受到互联网负面影响，成为社会关注的焦点和热点。另一方面，思想政治教育者由于对互联网知识和技术了解不多，认识不深，上网经验不足，对学生在网上心理、思想和行为缺乏有效的干预手段和方法，思想政治教育一时处于被动局面，面对互联网所带来的新情况与新问题，思想政治教育实际上已经卷入网络社会崛起所引致的风险社会洪流之中，正视网络思想政治教育的研究与拓展，建构一种新的理论关怀成为迫切要求。

（一）网络思想政治教育的内涵

世纪之交，人们在总结反思之前针对互联网上危害性较大的网络信息传播现象以及网络言论时所采取的“防、堵、管”等防御性应对措施的基础上提出了“网络工具论”①，思想政治教育理论工作者开始主动走进网络开展思想政治教育工作，从工具性的角度对网络思想政治教育概念进行界定，提出“网络思想政治教育是指一定阶级、集团、社会群体用一定的思想观念、政治观点、道德规范，通过现代传媒计算机网络对其受众施加有目的、有计划、有组织的影响，使他们形成符合一定社会、一定阶级所需要的思想品德的社会实践活动”②。

随着生产力和生产方式的不断变革，数字化的虚拟实践变革了人类的认识方式、生活方式，人们对网络的特点与功能的认识也在不断深化，认为网络已经超越了作为人们获取信息和互相交流的载体性工具的地位，成为人们交往、实践、创造的一种新方式，它改变了人类人际交往的活动方式、重构了现代人类的生产关系和日常生活活动方式，于是提出了“网络社会论”③。作为一种新型社会形态，网络成为人的主体的生存方式，由此，网络思想政治教育进入一个新的阶段，认为网络思想政治教育是“抓住网络本质，针对网络影响，利用网络有目的、有计划、有组织地对网民施加思想观念、政治观点、道德规范和信息素养教育方面的影响，使他们形成符合一定社会发展所需要的思想政治品德和信息素养的虚拟实践活动”④。

综合网络思想政治教育发展的基本历程，主要是从两个方面来界定网络思想政治教育，一种是从网络工具性的角度进行界定，另一种则是从社会性的角度进行界定，将网络视为人的一种生存方式。从广义而言网络思想政治教育是指在互联网和信息技术迅速发展的时空领域，推进思想政治教育运行的虚拟实践活动⑤，广义的网络思想政治教育不仅指网上思想政治教育，还指网下针对网络影响开展的思想政治教育、现实思想政治教育主体对网络社会能动的反作用，作为动力机制的网络隐性地形成网络影响下的现实思想政治教育功能，并推动其发挥，以此提升网民的现实素养。从狭义而言，网络思想政治教育是指基于网络虚拟时空，

① 张再兴等．网络思想政治教育研究［M］．北京：经济科学出版社，2009：8.
② 曾令辉等．网络思想政治教育概论［M］．南宁：广西民族出版社，2002：29.
③ 曾令辉．虚拟社会人的发展研究［M］．北京：人民出版社，2009：25.
④ 韦吉锋．网络思想政治教育研究［M］．北京：新华出版社，2005：143.
⑤ 张耀灿，郑永廷．现代思想政治教育学［M］．北京：人民出版社，2006：98.

遵循网络的特点以及人们在虚拟社会中的思想、行为形成与发展规律，有目的、有意识、能动地对网络受众进行有效的影响，使之形成适应虚拟社会和现实社会所需要的思想、行为的一种多向互动的交往活动。

网络思想政治教育是信息时代的产物，网络性是其普遍意义，网络思想政治教育的特征突出表现在以下几个方面。

1. 教育目标的政治方向性

与传统的思想政治教育一样，网络思想政治教育的目标、有鲜明的政治方向性，旗帜鲜明讲政治，培养有理想、有道德、有文化、有纪律的社会主义建设者和接班人。

2. 教育客体的平等性与互动性

在传统的教育过程中，教育对象被动地选择接受教育，在教育过程中容易导致主客体的不平等性，网络思想政治教育特有的网络环境强化了教育主体与客体的社会平等性，主客体之间的互动交流更具便捷性，使思想政治教育的教育模式由传统的知识灌输向双向交流互动教育转变。

3. 教育过程的开放性

开放性与虚拟性是网络固有属性，这就决定了网络思想政治教育过程具有开放性，教育者与教育对象不再受到时空限制、身份影响，共同开发先进的教育理念，合力构筑良性的网络环境。

（二）网络思想政治教育方法的内涵及其体系结构

网络思想政治教育方法是网络化社会背景下现代思想政治教育发展的客观要求，也是思想政治教育载体发展的必然产物。网络思想政治教育方法是指根据网络虚拟社会以及人们在网络虚拟社会中的思想行为特点和规律，为了实现网络思想政治教育目标、传播网络思想政治教育内容、完成网络思想政治教育任务所采用的方式、办法或手段的总和。网络思想政治教育方法是在网络思想政治教育实践中逐步形成和发展起来的，是为网络思想政治教育的目的和任务服务的，它是由人们在网络虚拟社会思想行为形成发展规律和网络思想政治教育的规律决定的。网络思想政治教育方法不是指某一个或某几个方法，而是一个方法体系，主要包括网络思想政治教育原则方法、具体方法、操作方法等。

在网络思想政治教育方法体系中具有规定其他方法的方向、准则和要求的功能的是网络思想政治教育原则方法，它是网络思想政治教育的根本理念、指导原则，在网络思想政治教育中起指导作用，具有特殊地位和作用。网络思想政治教育具体方法包括网络信息收集方法、网络舆情分析方法、网络思想政治教育决策方法等网络思想政治教育认识方法，以及网络思想政治教育的基本方法、综合方法、特殊方法等在内的工作实践方法。网络思想政治教育具体方法是网络思想政治教育原则方法在教育过程中的具体应用，在网络思想政治教育的具体环节上起主导作用。网络思想政治教育的操作方法是网络思想政治教育具体方法在虚拟实践中的实际应用，是面对不同条件、不同方位的问题的特殊方法形态，也是人们在网络思想政治教育具体方法的应用过程中对具体方法的程序化总结。

网络思想政治教育原则方法、具体方法和操作方法共同构成网络思想政治教育方法体系，它们有着各自的特点、适用范围和使用条件，属于不同层次，但是它们之间既相互联系，互相转化，又互相不可替代。低层次的方法必须合乎高层次方法的规定与要求才具有科学性，高层次的方法要转化为低层次方法才能得到实际运用，具有现实的可操作性。

（三）网络思想政治教育方法的特点

网络思想政治教育的原则方法、一般方法与操作方法，都是为完成一定的思想政治教育任务、实现一定目标服务的，因而都既要符合思想形成与发展的规律和思想政治教育的规律，具有科学性，又要符合社会与人的发展目标。网络技术是网络思想政治教育的支撑，网络属性就决定了网络思想政治教育方法的特征。网络所具有的交互性、丰富性、虚拟性、即时性等属性反映到网络思想政治教育方法上，使网络思想政治教育方法与传统的现实思想政治教育相比较，具有以下特点：

1. 技术性与虚拟性

网络思想政治教育的各种方法都有一定的技术含量，技术性是网络思想政治教育方法区别于传统方法的首要特征。传统媒介具有很大的局限性，不能为每个教育工作者所掌握，因此，传统思想政治教育方法的技术含量比较低，主要以单一的说教方式和书本教育，而网络思想政治教育方法是以计算机技术、网络技术、通讯技术以及多媒体技术、虚拟现实技术等为支撑，利用这些技术可以使思想政治教育信息的交换和传输自主快捷，彻底突破传统思想政治教育方法的局限，大大提高网络思想政治教育的效果。虚拟性是网络思想政治教育的基本特点，在网络虚拟空间中，教育者与教育对象都是以虚拟化符号的方式存在，因此，作为中介的网络思想政治教育方法也必定是以虚拟化的方式存在。

2. 互动性与便捷性

互动性是指网络思想政治教育主体间互相提供和接受信息，并即刻对对方的信息做出反应。互动性是网络思想政治教育方法中最鲜明的特征。传统思想政治教育媒介只具有单向交流性，教育对象只能被动地接受“灌输”，无法及时进行反馈，所以难以取得良好的教育效果。而网络媒介是一种多层面，多向度的复合媒介，能够实现点对点、点对面、面对点、面对面的交流互动，具有很强的互动性，有助于教育者及时得到教育对象的反馈信息，极大提高了教育对象的主体性，使教育对象从“灌输”教育中解放出来。便捷性是指网络思想政治教育方法具有方便快捷的特性。便捷性是网络思想政治教育方法的又一重要特征，互联网的迅速发展和信息技术的进步，使网络思想政治教育可以很方便地进行，人们可以随时从任何一个信息终端迅速了解和获取各方面的信息，通过互联网，可以将文字、声音、图像、视频等各种形态的思想政治教育信息，以光速传递从而实现思想政治教育信息的即时传递。网络思想政治教育者与教育对象可以自由地交换信息，沟通思想。

3. 适用性与综合性

适用性是网络思想政治教育方法的主要特点，主要表现在：首先，网络思想政治教育要与教育者的能力与素养相一致，对于不同的网络思想政治教育者来说，因个体能力、素质与经验上的差异，运用同一种方法开展教育活动，会产生不同的教育效果；其次，网络思想政治教育方法必须具有适应网络受众特点与需要的要求，适应不同网络受众以及同一受众在不同环境和条件下的思想和行为的不同要求；再次，网络思想政治教育方法应适用于完成教育任务、实现教育目的，完成任务与实现目的需要一定的方法手段，任何网络思想政治教育方法的选择，都应以相应的网络思想政治教育任务、目的为依据。网络思想政治教育方法还要适用于网络思想政治教育的理论内容、网络环境内容以及反映在网络中的现实内容，因为方法是内容的形式，内容决定方法的选用。

综合性是网络思想政治教育方法的另一主要特点，主要表现在：其一，网络思想政治教育载体的综合性，决定网络思想政治教育方法的综合性，互联网融合了报纸、广播、电视等大众媒体各自的优势和特点，是经过充分综合化了的新型媒体，因此，网络思想政治教育方法要适应网络载体综合化的要求；其二，网络思想政治教育内容的丰富性、多样性决定了网络思想政治教育方法的综合性，互联网上有着丰富的思想政治教育素材和内容，但这些素材往往以碎片化的方式在虚拟空间存在，需要将思想政治教育素材与内容用集聚方式加以整合、优化，这样才能满足网络受众综合性的需要；其三，影响网络思想政治教育对象的思想和行为因素的多样性、复杂性，决定网络思想政治教育方法的综合性。总而言之，网络思想政治教育方法的综合性，强调的是方法的系统运作，多向互动，整体协调，形成方法的运用体系。

三、网络思想政治教育的具体方式

互联网技术和思想政治教育传统优势的深度融合是思想政治教育发展的必然趋势。如何在互联网条件下采取科学有效的方式，不断提高思想政治教育的实效性，是当前和今后思想政治教育面临的一大课题。

（一）网络信息引擎方式

网络信息引擎方式是指运用网络信息引擎工具，有意识地搜索有关网络思想政治教育信息，实施网络思想政治教育活动，从而达到实现网络思想政治教育目的的一种方式。现实思想政治教育过程中，教育对象不需要去寻求思想政治教育信息，思想政治教育的信息往往是通过语言、文字等载体或者直觉等方法，将信息传递给教育对象。网络思想政治教育需要网络受众自主体验，认同信息，因为网络思想政治教育信息在海量的信息中与其他信息混杂在一起，这就需要运用到网络信息引擎方式去主动寻求。信息检索方式是网络信息引擎方式在网络思想政治教育中常用的方式，是网络受众采用的关键词、词组或者自然语言检索信息的方式。搜索引擎按照网络受众提出的检索要求代替网络受众在信息数据库中进行检索，网络受众通过搜索引擎提供的检索结果自主地进行价值判断和选择。利用搜索引擎方法进行信息检索，省时省力，简单方便，检索速度快、范围广，能及时获取最新教育内容，提高网络思想政治教育的时效性。

（二）网络疏导方式

网络疏导方式是指网络思想政治教育者在网络虚拟空间，有计划、有目的地针对网络受众群体在网络上呈现的各种思想、道德、心理等问题，所采取的一种有效疏通和引导方式。网络疏导方式必须坚持以人为本，坚持疏导与引导相结合、个别疏导与群体疏导相结合。网络疏导的方式可以大体分为两类：

一是依据网络载体的特点，网络疏导方式可分为即时性疏导方式、咨询式疏导方式、渗透式疏导方式和参与式疏导方式，即时性疏导方式就是基于网络既有即时性互动平台的功能，以讨论、交流方式对网络受众思想、心理、道德等方面的问题，实施疏通引导的一种教育方式。咨询式疏导方式，是基于网络具有连续性互动的特点，网络受众提出问题，教育者针对问题进行讨论、解疑释惑的一种教育方式。渗透式疏导方式，是指网络思想政治教育主体有目的、有意识地通过综合类的网站，就网络受众共同关注的问题主动参与网络有关专题论坛活动，发表自己意见和观点，实现对网络受众疏通和引导的方式。

二是依据网络舆情性质，可以将网络疏导方式分为因势疏导、造势疏导、转向疏导等具体方式。因势疏导方式是指教育者根据网络思想政治教育的目的和要求，顺着网络舆情发展态势或趋势有目的地对网络受众进行疏导和引导，进一步强化网络受众对网络舆情信息的接受、认同，从而实现网络思想政治教育目的的一种方式。造势疏导方式，是指针对在网络空间尚未形成但有可能形成的主流网络舆情，教育者运用网络舆情引导的方法和技巧，积极主动地营造网络舆情氛围，吸引更多的网络受众参与到网络讨论中，使之逐步形成主流网络舆情，并顺着网络舆情的发展态势有目的地对网络受众进行疏通和引导的一种方式。转向疏导方式，是指教育者根据网络思想政治教育的目的和要求，针对网络舆情发展趋势不利于网络思想政治教育目的的实现，甚至同网络思想政治教育的目的相违背的情况，对网络舆情进行调控、弱化，使网络舆情重新朝着有利于网络思想政治教育方向发展的一种疏通和引导方式。

（三）网络咨询辅导方式

网络咨询辅导方式是指教育者根据一定社会经济、政治、文化和社会发展的要求以及网络受众思想道德水平现实状况和发展的需要，在网络虚拟空间，对网络受众所提出的有关心理、思想、行为等问题所采取的一种商讨、服务、指导等方式的总和。网络咨询辅导可分为网络咨询方式和网络辅导方式。网络咨询方式是指教育者在网络领域为了解网络受众有关心理、思想、行为等方面的问题、困惑所采取的询问、商讨等方式的总和。网络辅导方式是指教育主体者根据网络受众思想品德的现实水平，运用思想政治教育方法以及传播学、信息学、心理学、教育学等相关知识，在网络领域与网络受众进行有针对性的互动、交流，帮助分析问题、传授经验、指导解决问题，从而促使网络受众的心理、思想和行为问题得到有效解决的方式。网络咨询方式是网络辅导方式的前提和基础，教育者只有了解网络受众的需求及实际问题，才能更好地、更有针对性地采取有效的辅导方式。网络辅导方式是网络咨询方式的延伸和发展，辅导的目的在于使咨询者的问题得到及时、有效的解决，达到网络思想政治教育的目标。网络咨询方式与网络辅导方式往往是相辅相成、互相交织融合在一起的，是一个教育过程的两种方式，网络咨询辅导方式的运用总是要通过虚拟空间的交流平台有步骤地推进。

（四）网络自我教育方式

网络自我教育方式是网络主体性原则运用的具体表现形式和要求。网络思想政治教育的主体性原则，要求把教育和自我教育结合起来，发挥网络受众的主体意识，促进网络受众自主地选择信息、运用信息和吸收信息，激发自我教育的需要，培养自我教育的能力，将选择网络思想政治教育信息内容转化为自我发展的需要，从而实现由他教转向自我教育。网络自我教育的实质是网络受众自我选择的认同，也就是对网络思想政治教育内容选择的认同。网络自我教育有两个层次，一是个体自我教育，即在网络领域通过自主选择、认同相关教育信息的过程。二是网络群体间的自我教育，即在网络领域网络群体之间开展互帮互助、互教互学的过程。网络思想政治教育的目的就是促进网络受众开展网络自我教育，因为教育者将教育内容传播出去便隐退在教育内容之后，网上的教育者与教育对象之间的关系，转变为教育内容与教育对象之间的关系，教育对象是否选择教育内容，取决于教育对象接受教育的自觉性，取决于教育对象自我教育的态度和水平。因而，网络思想政治教育是现代社会条件下的一种新型自我教育模式，网络自我教育是网络思想政治教育的最高境界。

同时具有主体性与自律性是开展网络自我教育的必然要求。首先，网络使每一个进入网络的人都有可能成为自己的主人，因为虚拟性、开放性、隐蔽性是网络所固有的属性，但是在自我选择信息和传播信息的过程中，需要确定主体地位，即确立在信息选择、创造和传播过程中的独立性、自主性、能动性和创造性。网络主体只有具备主体性，才有可能根据自身适应和发展的需要，自主地选择网络思想政治教育的内容，进行自我教育；其次，网络受众在网络信息活动中要具有自律性，在网络领域中，由于网络所固有的隐蔽性和符号化，以及网络主体活动的自主性，加上网络领域的信息良莠不齐，选择什么、不选择什么，以及选择信息的支配权和决定权完全在于网络受众自身。因此，要有效地实施网络自我教育，网络受众的自律性是关键。网络受众在网络信息活动中自律性的形成是在网络信息活动中依靠教育、引导和指导而形成和发展起来的，而不是自发的，一是网络空间的意识形态的斗争和文化冲突要求网络思想政治教育者起引导作用，培养网络受众明辨是非能力，使其增强自律性；二是网络空间信息海量和良莠不齐性要求网络思想政治教育者起指导作用，培养网络受众的信息选择能力；三是网络受众，特别是青年学生的不成熟性，需要网络思想政治教育培养其抵制网络各种诱惑的能力。因此，只有在网络信息活动中具有主体性和自律性，才能有效地实施网络自我教育。

（五）虚拟实践体验方式

虚拟实践体验方式，又称虚拟实践教育法，是指网络思想政治教育者运用网络技术和网络思想政治教育信息资源，有目的有计划地组织引导网络受众参加各种形式的虚拟实践活动，培养网络受众良好的品德和虚拟行为习惯的方式。

虚拟实践体验的方式是多种多样的，一是组织网络受众参与网络思想政治教育主题网站开设的专题论坛活动，旨在运用和检验相关理论和政策学习、运用的情况，深化网络受众的政治思想认识；二是组织网络受众参与网络门户网站各种社会新闻事件和社会热点问题的讨论，提高网络受众明辨是非的能力和政治参与的能力；三是组织网络受众参与虚拟社区的各种虚拟生活和虚拟交往，提高虚拟生存能力和交往能力，培养良好网络道德品质；四是组织网络受众参与红色主题网站建设、维护以及内容更新等活动，增强网络受众关注思想政治的自觉性和主动性；五是组织参与虚拟社区的各种虚拟公益活动，提高网络文明行为和思想情操；六是组织网络受众参加各种虚拟组织（如虚拟农场、牧场等）虚拟性的生产劳动活动，提高虚拟实践能力。

四、网络舆情的掌握与引导

网络安全和信息化是事关国家安全和国家发展、事关广大人民群众工作生活的重大战略问题。如何在信息时代全面掌握网络舆情、提升网络舆论引导的有效性，不仅是加强意识形态工作的重要任务，也是思想政治教育面临的极其重要的任务。

（一）网络舆情的形成及特点

“舆情”一词是我国特有的表述，网络舆情是指网络受众在互联网领域通过网络语言和其他方式，围绕社会公共事务性的热点或普遍关注的议题所表达的情绪、态度和意见的集合。网络舆情是网络受众对现实生活中存在问题和现象在网络空间的一种群体性社会反映，是网络言论和行为交互作用的产物。网络舆情依据不同标准可以划分为不同的类型：按其内容可以分为政治性网络舆情、经济型性网络舆情和社会性网络舆情；按其诉求的目的可以分为利益诉求网络舆情和社会公共事务网络舆情；按其性质可以分为正向网络舆情和负向网络舆情、主流思想舆情和非主流网络舆情；按网络舆情形成的时效可以分为突发型网络舆情和储存型网络舆情，等等。

1. 网络舆情的形成条件

一般来说，网络舆情的形成需要在网络虚拟空间经历议题形成、舆论发展、舆论爆发和舆论衰落等四个阶段，同时还要满足主客观条件。

第一，网络舆情形成的客观条件。首先，网络舆情形成的社会环境发生了重大变化，使社会出现热点、焦点、敏感议题，这是网络舆情形成的前提条件，一般来说，只是那些反映社会现实中的热点、焦点、敏感的议题才可能引发广大网络受众关注，吸引广大网络受众参与表达意愿和意见，形成网络舆论，议题的敏感性和活跃性很大程度上决定了网络舆情的议题，议题内容实质是指向现实生活中的现象和问题，网络只是为广大网络受众对议题的表达提供了更加畅通和自由的交流空间。其次，网络舆情形成的载体发生了转变，网络虚拟空间的自由互动和即时传播是网络舆情形成的重要条件，网络舆情载体是公众对社会公共事件各种信息进行了解和参与讨论的平台，在传统社会，对社会公共事件的社会舆论主要通过人与人之间的口头表达，以及报纸、新闻、书籍等传统媒介来传播，传播的特点具有缓慢性和不易扩散性，而网络为网络受众充分表达现实社会生活的现象和问题提供了足够的自由交互和传播的场所，网络意见表达的匿名性能够引发更多的网络受众愿意将个人对特定议题比较真实的意见和想法表达出来，更容易导致网络舆情的形成，网上的开放性，技术的低门槛，容易成为网络受众发表意见和评论的平台，网络上所呈现议题相关的意见和建议，往往具有即时性和主观性，方便网络受众及时地了解网上言论的现状和趋向，并参与在线讨论与论辩。

第二，网络舆情形成的主观条件。网络舆情主体的交流方式呈现出交错性和共鸣性的特点，众多网民参与议题讨论、辩论是网络舆情形成的主要条件。网络舆情是广大网络受众个人态度和意见在网络空间领域中公开表达和讨论后，形成相对稳定的态度和意见的总和。一般来说，网络舆情的形成是一个从由来、酝酿、逐渐发展壮大、达到顶峰、消退的复杂过程，在这个过程中始终离不开网络受众之间的交互作用。网络舆情最初总是从某一个或一类网站、论坛上的网络受众在一定促发因素的影响下，对某一特定的议题所表达的意见开始，并围绕某一特定的议题展开讨论、争论，拓展其特定的内涵与外延，形成这一特定议题的舆论，然后，不断深入挖掘与这议题的信息资料形成反馈互动，巩固和推动舆论的发展，引起许多网站的网络受众对某一特定议题高度关注，参与表达态度和意见的人数急剧增加，最终形成网络舆情。

2. 网络舆情的特点

网络舆情除了具有现实社会舆情共有的基本属性外，还具有其自身的特点，主要表现在：

第一，直接性与客观性。网络的开放性，为网络受众在互联网上发表言论，表达意见，参与社会事务，提供了便利条件。网络受众通过多种方式在虚拟空间自由和匿名地发表言论，表达自己真实的观点，反映自己的真实情绪。因而，网络舆情能够比较直接地、客观地反映现实生活中某些现象和问题的实质，比较真实地体现不同群体的价值诉求和心理状态。

第二，即时性与突发性。网络舆情往往是因为一个社会性热点、焦点或敏感性事件等的发生得不到及时有效的疏导，在网络上以即时性和突发性的方法形成的。一方面，当一个事件发生时，网民可以立即在网络中进行意见表达，网民个体意见可以迅速地汇聚起来形成公共意见；另一方面，多维网络传播渠道可以迅速形成网上互动，以及网上与网下互动，导致网络舆情的突发。

第三，丰富性与多样性。网络舆情的议题很广泛，社会方方面面的问题都可能成为网络议题，议题的确定既有必然性，也有偶然性，一定的社会条件、状况与突出矛盾，是议题产生的基础，任何人都有选择议题、话题的自由，则是议题形成的偶然条件。从网络舆情主体的范围来看，网络受众分布于不同社会、不同领域、不同职业范围；从网络舆情的议题内容来看，可以涉及政治、经济、文化、军事、外交以及社会生活的方方面面；从网络舆情形成引发因素看，网络受众可以随时在网络上提出各种问题并以各种方式引发。网络舆情既有积极健康的言论和情绪表达，也有消极、错误的言论以及情绪表达，各种文化类型、思想意识、价值观念、生活准则、道德规范都有可能成为网络舆情形成的导火索。

第四，互动性与反馈性。在网络上，网络受众一般表现出强烈的参与意识。在对议题发表言论、表达意见、进行评论的过程中，网络受众之间往往容易形成即时性在线互动交流，赞成方的观点和反对方的观点互相探讨、争论、交汇、碰撞，甚至出现意见交锋。这种在网络受众之间的互动性，使各种观点和意见能够快速地表达与反馈，推进网络舆情发展。

第五，情绪化与偏差性。由于人在网络虚拟空间是以身体缺场、符号在场的方法存在，因而容易导致一些网络受众在网上言论的表达缺乏理性，感性化和情绪化倾向明显，有的人甚至把网络作为发泄情绪的场所。在现实生活中遇到挫折，对社会问题认识片面等，都有可能在网络上借题发挥，进行宣泄，甚至散布攻击性言论。在一定程度上说，由于一些人的情绪化言论或者舆论，形成具有煽动性和破坏性的网络舆情。

（二）网络舆情的掌握方式

习近平总书记指出："做好网上舆论工作是一项长期任务，要创新改进网上宣传，运用网络传播规律，弘扬主旋律，激发正能量，大力培育和践行社会主义核心价值观，把握好网上舆论引导的时、度、效，使网络空间清朗起来。"① 因此，采取适当的方式充分掌握舆情信息，客观地指导舆论的发展，具有十分重要的意义。

1. 网络舆情前期把握方式

网络舆情前期把握方式，就是通过对网络舆情初始信息进行分析、预测的一种方式。运用这种方式，要认真收集和分析能够反映群众看法和意见的社会热点议题、焦点新闻、突发事件和疑点问题，把握信息传播的走向，明确需要关注的网站，跟踪关键网络信息，对于不利于社会安定团结和思想发展的不良思潮和消极情绪，要及时引导，并制定有效预防扩大影响的对策。

2. 网络舆情信息收集方式

直接收集、网络媒体和特定渠道收集是网络舆情收集的主要方式。直接收集方式是网络思想政治教育者通过对网络论坛或新闻跟帖以及其他网络方式，直接从网络受众中获取舆情信息的方式，这样获得的网络舆情信息能直接反映一些网络受众的意愿，具有时效性。教育者也可以在网上公开征求意见，寻求解决问题的办法。网络媒体收集方式是运用网络这一特殊的媒介和网络技术，对海量的网络信息进行归纳、整理和分析，以便准确寻找到网络舆情信息。这样收集的舆情信息具有概括性，为网络思想政治教育把握舆论发展去向提供依据，特定渠道收集方式一般通过专业的调查机构、组织进行，并由学术研究机构进行分析，这样获取的网络舆情信息数量大，内容全面，具有目的性，并能收集到一些其他渠道难以得到、不易反映的社会情况和群众意见，可以为网络舆情调控、引导提供有效保证。采用这种方式获得的舆情价值远远大于其他方式获得的舆情。②

3. 网络舆情分析方式

网络舆情分析方式过程是网络舆情掌握过程中最为复杂的过程。首先，要对收集到的网络舆情信息进行梳理，按照信息主题进行分类，细化热点、焦点问题；同时还要对潜在可能会形成舆情的信息进行识别，并且进行持续动态跟踪，

① 习近平谈治国理政（第1卷）［M］. 北京：外文出版社，2014：198.

② 张兆辉，郭子建. 舆情信息工作理论与实务［M］. 吉林：辽宁大学出版社，2006：46.

对舆情发展趋势进行预测，以便采用适当的方式进行调控。对已经形成网络舆情的负面信息、热点话题发布预警，探究根源，认清实质，采取对策。

4. 网络舆情处置方式

网络思想政治教育者必须对网络中各种网络信息源进行梳理与跟踪，认真区分主流信息和非主流信息，预测网络舆情的发展苗头和趋势，对可以进行引导的信息，使用舆情引导方法进行调控，使之向积极正确的方向发展。对可能形成恶性大规模群体性事件的网络舆情应进行紧急处置，给予及时干预。

网络舆情的掌握过程必须坚持唯物辩证法关于联系、发展和矛盾的思想，运用系统科学方法，全面、动态地把握网络舆论的动向与趋势，适时制定引导、调控与处理对策，保证网络舆论的正确发展。为此，网络思想政治教育者，既要掌握网络技术，又要善于把握网络舆情的形成、发展与变化趋势，还要通晓社情民意，具有较高的分析、鉴别能力与引导能力。

（三）网络舆情的引导方法

1. 调控策略

网络舆情调控策略主要是指对网络舆情形成、发展、爆发和衰落的各个环节，有计划有目的地实施监测、分析、调整和控制等所采取的方略。按照舆情发生的过程以及调控的时空，可以分网下事前调控、网上调控、网下事后调控三种调控策略。

第一，网下事前调控策略。网下事前调控策略，即防止网络舆情议题、言论进入网络的一种事前预防机制。实际上，网络舆情所表达的情绪、态度、观点，根源于现实社会中的现象和问题。这些现实社会中的现象和问题在进入网络之前，其影响或范围是有限的，比较容易控制和规制。因此，要建立网下社会舆情监控和预防体系，加强对现实社会舆情信息的收集和预测，尽量对有可能形成舆情的现象和问题，通过现实社会中各种有效途径加以引导和解决，让有关人员的诉求和不满情感能够得到及时释放，防止不良言论、信息进入网络。因此，网下事前调控策略，就是要立足于网下解决问题。

第二，网上调控策略。网上调控策略主要包括：一是及时删除有可能形成不良网络舆情的信息，特别是要及时删除针对敏感问题的煽动性、挑拨性错误信息；二是密切跟踪有关热点、焦点问题信息的转载、传播、扩散，及时把握网络舆情走向；三是主动引导、调控信息，加强对偏激信息的矫正，注重对聚集言论的分析，强化主流信息的引导力度，使之形成积极向上的网络舆情，对错误网络舆情进行调控，要充分发挥具有影响力“意见领袖”的作用，引导网络舆论。这里所说的“意见领袖”也可以称之为“舆论领袖”，是在网络领域具有舆论、言论、信息影响力的网民。这样的网民，或是专家学者，或是各种明星，或是名人与社会公众人物。“大众传播学认为，大众传播中的信息和舆论并不是直接‘流’向一般受众，而是要经过‘意见领袖’这个中间环节，即经历‘大众传播—意见领袖——一般受众’的过程。”[①] 这些“意见领袖”除了他们的知识、地位、名誉、人际交往能力等个人条件外，在网络领域的活动往往较多，影响也较大，因而他们在网络中的言论与行为，容易引起普通受众的关注，具有引领作用。事实上，每个网络论坛都有较为稳定的网民参与，网民表达能力强、分析问题深刻、有独特见解与影响他人的能力，就会成为引导、控制整个论坛舆论方向的‘意见领袖’。当网络上交汇大量的虚假信息和各种言论，网民难以做出判断与选择时，一些网民往往认同“意见领袖”的信息。因此，“鼓励和培养一批政治可靠、知识丰富、数量充足并熟悉网络语言特点和规律的网上评论员来充当网络的‘意见领袖’，是引导网络舆论方向的有效途径”。

第三，网下事后调控策略。网下事后调控策略即当网络舆情中蕴含的行为倾向已经转化成为现实行动时所采取的调整和控制方式。在网络不断扩展、普及的条件下，人们的学习、工作、生活往往是网下网上联动的方式，通过网络对全局的发展动向、思潮的起伏激荡比较关注和了解，对网络舆情一些网民也感兴趣，特别是负向或偏激的网络舆情，往往在一些网民中传播比较快，如果得不到有效的引导与调控，可能会引起网下行为倾向。因此，对网络舆情即将或已经转化为现实行为时，一定要采取有针对性的网下调控策略，及时监控网络舆情转化为网下行动的时间、地点、方式、规模以及进程信息，采取有效的调控措施，做好善后工作，避免形成新的不良网下舆情。

2. 转化办法

第一，情感感化与信息认同的办法。它是以一定的认知为基础，网络受众形成不同的态度、观点、思想。因此，要转化一些网络受众的偏激情绪与思想，需要从情感入手，即接近、亲近网络受众，尽量寻求共识点，增强情感认同，打开思想转化的通道，变消极情绪为积极态度，引导其接受正确的观点和信息。

第二，双面说理与促进内化的办法。要转变一些网络受众的偏激、片面态度、思想和行为，关键在于网络受众要接受并内化正确的信息内容，放弃原有的

---

① 徐建军. 大学生网络思想政治教育理论与实践［M］. 北京：人民出版社，2010：194.

态度、思想和行为，这要在双面说理上下功夫。所谓双面说理，就是从正面、反面两个方面说理，将正反两方面意见同时呈现。传播学研究表明，双面说理与单面说理相比，具有更大的免疫力，即人们对反面说理的传播具有较强的抵御能力，因而态度的改变更持久。按照美国心理学家卡尔·霍夫兰的实验结果，双面或单面说理的效果，虽无优劣之分，但与受试对象的文化程度有关，对受教育程度较高的知识群体，双面说理比较有效。因此，需要通过信息的传播，摆事实、讲道理，把正确的、错误的观点与做法都摆出来，让网络受众比较、鉴别、选择。要相信网络受众对绝大部分是通情达理的，是有分析辨别能力的，是愿意接受正确思想与信息的。促进内化就是引导网络受众面对复杂的言论与行为，进行分析、比较、思考，理智对待，克服偏激，选择正确，排斥错误，坚持积极、正确的网络舆论取向。马克思曾经指出："理论只要说服人，就能掌握群众；而理论只要彻底，就能说服人。"① 因此，要从根本上转化一些网络受众的偏激、片面态度、思想和行为，需要通过双面说理与促进内化的办法，运用思想政治教育辩证法强化教育说服力与影响力。

第三，行为规范与加强转化的办法。行为规范也可以称之为行为控制。按照控制论的说法，控制就是按照给定的条件和预定的目标，对一个过程或一系列实践施加影响的一种活动。② 由于思想转化并不是一蹴而就的过程，而是一个反复曲折的过程，因而除了要在情感上感化，在说理上加大力度外，还需要对一些网络受众可能出现的偏差行为进行约束。因为思想行为是相关的，思想指导行为，行为是思想的表现，改变思想可以改变行为，按正确规范约束行为也可以逐步改变思想，形成良好习惯。因而，行为规范对于制止错误行为的蔓延是有效方式。这种方式可以增强网络受众的思想转化力度，巩固网络舆情转化成果。

3. 网络舆情的引导方式

第一，网上引导方式。网上引导方式主要包括：一是因势引导方式，就是按照网络舆情发展的态势或趋势的方向进行引导，引导的目的是使网络舆情在现有的基础上，通过典型宣传、双面说理、网民论坛、信息评论等方式，扩大舆情议题相关信息量，增强网络受众对议题的了解程度，聚集和放大有利于网络舆情发展的意见和观点，引导网络舆情进一步向好向善发展。二是造势引导，就是有意识有目的地引导网络舆情形成的过程，也就是通过合理科学设置议题，有意识地安排专门人员介入议题的讨论、争论或动员活动，引导广大网络受众参与议题的

① 马克思恩格斯选集（第1卷）[M]. 北京：人民出版社，1995：9.

② 李金松. 系统论信息论控制论与教育改革 [M]. 武汉：湖北教育出版社，1989：106.

讨论和辩论，使之形成网络舆论，继而发展成一种积极向上的网络舆情。

第二，网下引导方式。网下引导方式就是当网络舆情中所蕴含的行为倾向已经转化为现实群体行动时而采取的引导方式。一般来说，网络舆情议题来源于现实社会中的现象和问题，网络舆情所表达的观点、意见和诉求都需要通过在网下现实社会中才能得到解决或实现。因此，一方面，根据网络舆情的状态，要尽快通过网络舆情捕获议题发生的时间、地点、路线、方式等相关信息，为网下引导提供信息基础；另一方面，通过网络监控，预测网络舆情议题发生的规模、程度等信息，为进一步加强网络舆情引导提供决策依据。

第八章　思想政治教育的评估方法

思想政治教育的评估是判断思想政治教育价值的重要方式，也是不断提升思想政治教育有效性的重要手段。掌握思想政治教育的评估方法，不仅可以直接评判思想政治教育的有效性，更因其对诸环节的改进反馈而在更高层面上促进思想政治教育有效性的螺旋式上升。

一、思想政治教育评估的意义和原则

（一）思想政治教育评估的意义

思想政治教育的评估，实质上是对思想政治教育过程和效果进行的价值判断。思想政治教育作为一种实践活动，它要服从和服务于党的中心工作，满足社会主义的经济、政治、文化、社会建设发展的需要，为培养有理想、有道德、有知识、有纪律的一代新人做贡献。思想政治教育评估，就是判断思想政治教育活动是否实现了应有的价值，以及价值实现的程度如何。科学准确的评估工作，对加强和改进思想政治教育具有重要意义。

一方面，是正确判断思想政治教育价值的重要手段。思想政治教育评估是对思想政治教育满足人和社会发展需要的个体价值和社会价值所进行的价值判断。教育有什么样的效果，有多大效果，有什么风险，如何规避风险，有什么成绩和经验，有什么失误和教训，这些利弊得失的问题，只有通过评估才能加以判定。教育的成绩与失误分不清，经验与教训辨不明，风险的性质和大小把不准，就无法判定教育的效果和价值。此外，思想政治教育评估不仅是要对思想政治教育的价值性质进行判断，使整个社会认识到思想政治教育工作的地位和作用，增强人们开展这项工作的主动性和自觉性。更重要的是，要对具体的思想政治教育活动的价值性质进行判断，以确定某一具体的思想政治教育活动是否符合思想政治教育的价值追求，其要素配置和活动过程是否满足思想政治教育的价值目标，是否产生了良好的社会效应和个体效果。

另一方面，是改进和完善思想政治教育的方法保障。评估是手段不是目的，运用评估方法对思想政治教育进行科学评判，最终是为了改进和完善思想政治教育工作。一方面可以帮助教育者准确把握思想政治教育工作的进展程度，认识思想政治教育和现存问题和已取得的实际成果；另一方面有助于启发教育者自觉探索“成果”背后的原因，帮助教育者认清思想政治教育的指导思想、内容、原则、途径、方式、方法等是否合理，以及合理的程度如何，进而根据评估的结果，引导教育者自觉研究思想政治教育的客观规律，探索思想政治教育的有效途径和科学方法，丰富思想政治教育的经验，调整自己的安排部署，制定切实可行的计划，增强思想政治教育的针对性，促进思想政治教育的科学化发展。并且，对于循环往复、周而复始的思想政治教育过程而言，评估环节不仅是前一个周期的终点，同时也与下一个周期的起点相衔接。前一个周期的目的是否达到，直接关系到下一个周期的开端，因此评估工作是推动思想政治教育深入发展的有效力量。

（二）思想政治教育评估的原则

思想政治教育评估的原则是对思想政治教育评估具有普遍意义的客观规律的认识，是思想政治教育评估活动客观进行的重要保证。思想政治教育检测评估的原则，在评估活动中既有指导功能，又对评估活动具有规范作用；既体现思想政治教育的目的要求，又遵循思想政治教育的发展规律。

第一，政治性原则。我国的思想政治教育工作有一个显著的特征，就是它是为我党的教育与宣传服务的，具有鲜明的党性和政治性。因此，思想政治教育学是一门政治性很强的学科。作为这门学科重要构成部分的思想政治教育评估，首先应当坚持政治性原则，即“思想政治教育要旗帜鲜明地坚持社会主义和共产主义方向，坚持党的基本路线，要与中国共产党的纲领与宗旨相一致”[①]。这一原则要求我们，在实际的教育评估过程中，坚持评估的内容与标准必须反映党的奋斗目标和各个时期的总任务，坚持始终以马列主义、毛泽东思想和中国特色社会主义理论体系作为评估的指导思想。坚持了政治性原则，思想政治教育评估就能保持正确的方向。

第二，客观性原则。客观性原则要求思想政治教育评估必须坚持从客观实际

---

① 张耀灿，陈万柏主编. 思想政治教育学原理［M］. 北京：高等教育出版社，2001：206.

出发，实事求是，排除主观臆断和情感因素，真实全面地反映思想政治教育的过程和效果，既不要任意拔高，也不要随意贬低。评估的客观程度决定了评估的质量和意义，影响着思想政治教育实施的有效性。可以说，能否科学有效地评估思想政治教育的效果和质量，很大程度上取决于评估的客观程度。思想政治教育评估要坚持客观性原则，就必须要对所实施的各种思想政治教育活动的效果、人们思想政治道德素质的发展水平等方面进行如实判定。这种判定如果是客观的、实事求是的，就能发扬理论联系实际的作风，推进其教育的发展。如果不符合实际，就会挫伤人们的积极性，阻碍其教育的进行。

第三，全面性原则。坚持全面性就是要求我们在进行思想政治教育评估的过程中，要做到全面和系统，把评估的整个过程作为一个整体、一个系统来对待。思想政治教育是一项系统工程，其效果是由多种因素综合而成的，例如教育者、教育对象、教育内容和方法、教育环境等等，这些因素共同决定着思想政治教育的效果。如果过分地强调某一因素，或是忽视遗漏了某一因素，评估的结果就可能失真。因此，在进行思想政治教育评估时，要正确把握思想政治教育效果的整体性和关联性，力戒片面评议、以偏概全。评估活动既要衡量人们思想道德方面的认知水平，还要注重对教育对象实际行为转化的评价。但我们也应当注意，全面性原则并非要求我们要把所有的要素都当成评估指标，而是要求评估者在评估过程中，要善于抓住各要素之间的内在联系。

二、思想政治教育评估的指标与程序

思想政治教育评估的指标和程序，规范着评估工作的整体内容和基本过程，对思想政治教育工作而言具有重要作用。

（一）思想政治教育评估的指标

思想政治教育的评估指标具有显著的导向作用，评估指标的重点往往是思想政治教育工作的中心。因此，确立思想政治教育评估指标并分配权重是一项科学性和实践性很强的工作。没有合理的评估指标，实际评估工作就容易产生主观随意性，甚至出现“公说公有理，婆说婆有理”的现象。因而，设置科学合理的评估指标，对提高思想政治教育评估水平具有重要意义。

1. 思想政治教育评估的指标体系

思想政治教育评估指标体系是思想政治教育各层次评估指标的集合，包括思想政治教育评估的最高标准和具体标准，具体标准又可以分为效能指标和素质指标。它是遵循一定的思想政治教育价值标准和目标转化而来的，是评估者进行评估时所依据的统一评估准则。

确立思想政治教育的评估指标，首先要科学回答“应该设立哪些指标及其权重、为什么要设立这些指标及其权重、怎样设立这些指标及其权重”的问题。思想政治教育的评估指标源于社会对思想政治教育的要求，源于思想政治教育的目标和任务。教育目标决定着评估指标内容，评估指标内容要反映教育目标的要求，具体而言，评估指标既要反映思想政治教育的方向和目标，又要衡量评价其具体言行。因此，评估指标可以分为最高标准和具体标准两个方面。最高标准是评判思想政治教育的根本依据，决定思想政治教育评估的价值取向，通常都是抽象的、原则的、概括的，还无法通过测试及分析直接对它进行评价、判断，还必须将这些具有原则性、概括性和抽象性的最高标准逐步分解为可以直接测量的具体标准。因此，最高标准规定具体标准的内容，而具体标准则是最高标准的具体体现，是具有可操作性、可测量性的指标。而关于什么是思想政治教育的最高标准，毛泽东曾经指出：“应该使每个同志明了，共产党人的一切言论行动，必须以合乎最广大人民群众的最大利益，为最广大人民群众所拥护为最高标准。”①思想政治教育也不例外，同样应当以此为最高标准。具体标准既是思想政治教育各项具体工作所要达到的基本要求，又是进行思想政治教育评估的基本尺度。因此，应以最高标准为导向，把思想政治教育的要求具体化，作为衡量评估对象在思想政治教育方面的业绩和水平的具体指标。

具体标准是最高标准在思想政治教育评估活动中的具体体现，由于思想政治教育的效果总是要通过教育的外在效能和人的思想政治素质的内在变化反映出来，因此我们可以把具体指标分解为效能指标和素质指标。

效能指标是从思想政治教育的效果和效率两个方面提出的指标，即包括效果指标和效率指标两个部分。效果指标是对思想政治教育效果的质量进行定性分析评估的尺度。一般往往将思想政治教育效果分为三种：一是有效性，即所起的作用是积极的、正面的；二是有害性，即所起的作用是消极的、负面的；三是无效性，即没有起到任何实际作用。毫无疑义，我们的任务，就在于努力增强思想政治教育的有效性，避免和克服有害性和无效性。效率指标是衡量思想政治教育在单位时间内、在一定投入下所应收到成效的尺度，是衡量思想政治教育所起作用程度的指标。实践表明，有些思想政治教育工作，虽然就其质的方面而言是好

① 毛泽东选集（第3卷）[M]. 北京：人民出版社，1991：1097.

的，但作用却不大；而有些思想政治教育工作，则能发挥巨大的、深远的积极效应。这就存在着量的差异。效果指标和效率指标分别从质和量两个方面对思想政治教育的效能进行分析评价，前者重其质，侧重思想政治教育作用的性质，即有效与否；后者重其量，侧重思想政治教育发挥作用的程度，它们是客观评价思想政治教育实际效果的两个不可或缺的重要指标。

思想政治教育的素质指标是从教育的评估对象承担各种职责或完成各项任务应具备条件的角度提出的标准，是衡量评估对象应具备的基本素质的尺度。素质是思想政治教育评估对象的基础，是长期起作用并能决定日后思想政治教育发展方向的因素。因此，素质指标在思想政治教育评估中不能忽视。思想政治教育检测评估的素质指标主要有：一是政治思想素质。包括具备中国特色社会主义的共同理想，拥护并坚持党的基本路线，具备忠于祖国、热爱人民、服从真理的基本政治品质，具备与社会主义市场经济相适应的法纪观念等。二是道德品质素质。包括具备良好的道德情操，健康的思想意识，崇尚社会公德和职业道德，拥有为人正直、处事公正、敬业爱岗、诚实守信等基本品质。三是思想作风素质。具有集体主义思想，能正确认识和处理国家、集体、个人三者的关系，具有实事求是的作风、民主的作风、自我批评的作风、艰苦奋斗的作风等。四是理论素质。包括对马克思主义特别是中国特色社会主义理论体系的认识水平，对党和国家的方针、政策的理解水平，以及内在的认知能力和思维水平等。这些素质指标，只是大致的概括。有些基本素质是所有的人都应具备的，但职业不同、岗位不同、承担的任务不同，对某些素质的要求又是不同的。在确定素质指标时，既要依据教育的目标，又要从评价对象的实际出发。

以上列举的效能评估指标和素质评估指标，只是思想政治教育评估指标的主要方面，并没有包括思想政治教育所涉及的全部内容。事实上，不同单位，不同时期，不同思想政治教育活动，所确定的教育的具体目标和要求，所运用的教育内容和方法，是各有侧重的。因此，我们在确定评估指标内容时，既要以思想政治教育的主要目标和主要内容为依据，又要从本单位的实际出发，使评估指标内容有所侧重，避免评估抓不住重点而面面俱到。

2. 思想政治教育评估指标体系的构建

第一，确定指标体系。首先，依据思想政治教育的目标要求和评估对象的实际，提出评估目标，为指标设计规定方向与范围。其次，将评估目标要求逐级分解，设计分级指标集合，直至末级指标。最后，将各项评估指标集合，形成初步的指标体系草案。评估指标体系作为一个整体，由若干项目组成，每个项目可以分解为若干子项目。在操作评估时，评估指标体系要进行必要的分解，以便达到可以检测的要求；但分解也不可太多太细，以免烦琐庞杂，影响评估结果。

第二，确定权重系数。权重系数是标明指标相对重要程度的参数，它体现了各项指标的相互关系。确定权重的依据是什么呢？在指标体系草案的设计咨询中，收集到的咨询专家对每一项指标的重要程度的参数就是权重确定的权威依据，设计人员在根据这些参数，分析统计，运用一定的方法确定权重。权重系数的确定，既要有重点，又要兼顾一般；既要根据教育目标的要求，保证重点，又要从实际出发进行协调。例如，在一定时期和一定条件下，对受评对象思想道德素质进行评估时，在一级指标中，分别确定其相应的权重系数为：思想素质0.3，政治素质0.3，道德素质0.2，心理素质0.1，智能素质0.1。如果条件发生变化，受评对象普遍对某项素质不大重视而成为教育面临的突出问题，确定权重系数时，可适当调整权重系数的分布，增加该项素质的权重系数，通过评估达到强化该项素质价值导向的目的。所以，权重系数的确定关系到思想政治教育的价值导向，一定要科学合理。

第三，设立指标等级。指标等级是对评估对象进行评估的衡量尺度，用以检测评估对象对指标要求达到的程度。评估指标等级的设立，可分为奇数制和偶数制两种。奇数制有三级制和五级制，五级制一般表示为：优、良、中、合格、不合格。偶数制有二级制和四级制，四级制通常表示为：优、良、合格、不合格。在设立和运用指标等级时，既要严格掌握标准，又要从实际出发。既不能因为要求太高太严而挫伤评估对象的积极性，也不可降低标准而使评估活动流于形式。

第四，检验评估方案。指标体系、权重系数、指标等级确定以后，有必要进行试评，对确定的方案进行检验。试评既可以在小范围内进行，也可以抽样进行。试评的目的主要是检验指标体系是否准确可靠；操作是否方便易行；结果是否符合实际。如果出现偏差，就要对方案进行适当调整。

（二）思想政治教育评估的基本程序

思想政治教育评估是一个有序的控制过程，一般可以分为评估准备、评估实施和评估结果的处理三个阶段。

1. 评估的准备阶段

思想政治教育评估的准备阶段是做思想政治教育评估的前期基础性工作。首先，组建思想政治教育评估组织体系与人员配置。这是评估工作的第一步，而这一步中的首要问题是构建思想政治教育评估领导决策机构与人员。在这一机构的领导下，思想政治教育评估组织体系才得以由上而下逐级建立。其次，确定思想政治教育评估目标，制定评估方案。思想政治教育评估是按照严格的科学程序进行的一种活动，实施思想政治教育评估必须事先设计出一套评估方案，用以规范评估者与评估客体的思想行为，指导和调控评估实施活动全过程。再次，设计评估指标体系与制定评估规则。设计评估指标体系与制定评估规则在前文中已经有详细的论述，在此不再赘述。最后，开展思想政治教育评估宣传。这是为了使参加评估工作的各方面人员以及评估所涉及的外界因素明确思想政治教育评估的意义和目的，从而积极配合评估工作的开展。

2. 评估的实施阶段

思想政治教育评估的实施阶段实质上是评估信息的搜集、整理和分析过程，它是整个评估过程的中心环节。这个阶段的工作主要是运用现代化的评估方法与技术，搜集和整理所需要的评估信息，并在确认这些信息的准确性和可靠性后，采取定性定量有机结合的方法对评估对象做出判断，形成评估结论。第一，要搜集思想政治教育评估信息、资料。思想政治教育评估信息的搜集是形成评估判断的基础工作，评估信息的全面性、客观性、准确性和真实性，决定着评估结论的正确性。在这一环节要求评估者依据评估的目标、任务，按照评估指标要素内涵，运用现代的科学方法和技术，深入实际、有目的、有计划获得有关评估客体的真实情况的活动。第二，整理评估信息、资料。评估者整理评估信息、资料的主要任务是按照评估指标的结构系统和评估指标体系的隶属关系，对评估信息、资料进行汇总、处理，填入相关的统计表格，使之具有集中性、针对性、形成定性定量分析及测量评估客体特征的客观依据。第三，根据评估资料信息进行具体指标打分。将评估指标表格、一切相关文件以及所有的评估信息寄发给所有评估专家，由评估专家进行打分，并按时返还评估指标表格。第四，统计各项指标得分结果。评估者将评估专家返还的评估指标得分进行分类、统计。填入相应的评估表格，做好评估软件执行的数据准备工作。第五，执行评估软件，进行具体评估。由评估者执行评估软件，得出评估结果。至此，思想政治教育评估操作阶段工作基本完成。

3. 评估结果处理阶段

为了充分发挥思想政治教育评估的功能，使之产生积极作用，就必须正确处理评估结果。这一阶段的工作主要有三项任务：首先，编写评估报告。由评估人员从评估方向、目标开始，对本次评估实施活动全过程，对评估本身包含的内容逐一进行总结性的检查、审核，修正本次评估实施活动中的缺点，为下一轮评估活动提供借鉴。其次，公布评估结果。思想政治教育评估的结果主要包括两个方面，一是关于评估对象的各种结论性意见，二是关于评估方案实施情况的总结性意见。通过公布结果，督促评估客体找出存在的问题，分析和诊断问题的“症结”，针对问题，找出解决问题的办法和改进工作的途径，制定周密的切实可行的改进方案。最后，文件归档，完成一次评估的循环。思想政治教育评估实施工作完毕后，评估者应把评估的方案、计划、总结、报告、数据以及各种文件、统计表格等材料及时编号，按档立卷，建立思想政治教育评估档案或电子档案，以便保存与长期检阅使用。

思想政治教育评估是一个动态循环的过程，这一次评估工作的完成，正是下一次评估工作的开始。只有不断循环进行的思想政治教育评估才能检验它的功能是否有效发挥，也才能真正推进思想政治教育评估理论与实践的不断发展。

三、思想政治教育评估的类型和方法

（一）思想政治教育评估的类型

思想政治教育评估方式，由于评估对象、状态、内容、作用等评估指向的差异，可以分为各种不同的类型。研究和掌握这些类型及其适用情况，对于科学合理地选择评估方法，提升评估工作的效度和信度，具有重要价值。

第一，依据评估对象的不同，分为宏观评估和微观评估。宏观评估是以一个国家、一个地区或一个单位为对象，对其思想政治教育工作做出整体评价和估量。微观评估是以某一个体、某一特定范围或某一特定教育活动为对象，评估其接受思想政治教育的程度及其所产生的影响，也就是对思想政治教育的个体、具体效应做出评价和估量。宏观评估可以获得关于思想政治教育效果的整体性、概括性的认识；微观评估可以获得思想政治教育某一方面效果的形象、具体认识。

第二，依据评估状态的不同，分为动态评估和静态评估。思想政治教育的动态评估，是对思想政治教育的发展过程和教育对象思想发展变化状况进行的评价，判断思想政治教育和教育对象思想发展的动向和趋势。思想政治教育的静态评估，就是以其相对静止状态为依据，测评评估对象在某一时刻的现实表现和已达到的水平，以此对不同的人、不同的单位、不同类型的思想政治教育活动做出客观评价。在实践中，动态评估和静态评估应紧密结合运用，既要评估思想政治教育的发展过程和教育对象思想变化的状况，又要评估思想政治教育在某一时期的现实效果和教育对象的认识水平。

第三，依据评估内容的不同，分为综合评估和单项评估。综合评估是对思想政治教育系统的各个方面所做的全面评价与估量，包括对教育对象、环境和其他业务、管理系统的综合效应，常常用于全面了解和评价一个单位思想政治教育的情况。单项评估只对思想政治教育的某个方面、某个指标或某个环节进行评价，往往用于重点了解或剖析某个人、某件事。单项评估是综合评估的基础，综合评估是单项评估的集中。单项评估的准确性，离不开综合评估的全面性；综合评估的全面性，也离不开单项评估的准确性，因而两者要结合起来运用。

第四，依据评估作用的不同，分为分析性评估和总结性评估。评估的作用大致可以分为两个方面，一是剖析失误的根源，一是总结成功的经验。分析性评估重在发挥评估活动查找问题、分析原因、吸取教训的作用，一般是在思想政治教育的后进单位所采取的方法，其运作方式偏重微观剖析。总结性评估重在发挥评估肯定成绩、探索规律、总结经验方面的作用，评估的目的是为了推广思想政治教育先进单位的经验，其运作方式偏重宏观归纳。

第五，依据评估性质的不同，分为常规评估与风险评估。常规评估是对思想政治教育的过程和效果进行的常规性的分析与评价，它是评估活动的主要方面。风险评估则是思想政治教育活动的一种特殊评估，主要是对思想政治教育内部、外部潜在或业已存在的风险进行分析、确认和估量。在现代社会快速多变的发展进程中，思想政治教育的价值形态往往存在着许多不确定性成分，思想政治教育要有效驾驭风险、规避风险，最大限度地提高教育实效，就必须重视风险评估。常规评估是风险评估的前提和基础，能使风险评估明确重点、有的放矢；而风险评估则是常规评估的重要补充，能为常规评估提供更全面的判断参照。因而在评估过程中，应将思想政治教育的常规评估和风险评估结合起来进行。

（二）思想政治教育评估的主要方法

思想政治教育评估的主要方法是在评估过程中，评估者在评估思想政治教育各个环节时均可采取的一般意义上的做法。思想政治教育的评估方法多种多样，在实践中要依据评估目的和评估对象的不同特点，选用不同的方法。

1. 比较评估法

比较评估法是通过对事物的相关要素进行分析比较，以判断事物的演变趋势以及变化情况。运用比较评估方法来评价思想政治教育，就是在思想政治教育的主体和客体之间，教育过程、目标、内容、形式和效果之间，进行比较分析，并确认和判定特定教育的质量和效果。比较评估法包括横向比较评估和纵向比较评估两个方面。横向比较评估是将具有可比性的多个评估对象放在一起进行相互比较鉴别，看其相对水平的高低和效果的差异。横向比较评估是一种相对评估，其具体操作方式是：在评估对象的集合体中，选取一个或若干对象作为参照，然后把各个评估对象和所选参照体进行比较，分出高低、好次等级，并按照一定的程序将其排成先后顺序。这样可以从横断面上衡量各评估对象思想政治教育的状况，得出符合实际的结论。纵向比较评估是将思想政治教育的评估对象放在自身的发展过程中，进行过程性的比较，看其是进步了还是退步了，效果是增强了还是削弱了，以此作为对一个单位思想政治教育纵向发展的判断。一般而言，实施纵向比较需要对同一评估对象在多个不同时间点上进行调查，收集资料，然后通过对前后几次调查所得资料的统计分析来分析各种教育因素的前后差异，以期更加有效地确定思想政治教育效果，检测思想政治教育过程的不足之处。

2. 数量化评估法

数量化评估法，是用模糊数学法和数量表述法对思想政治教育绩效进行评估的方法，可以克服传统的定性方法的缺点。其最常用的是“累积分数法”，也就是将思想政治教育工作分成若干项目，确定每个项目的最高分数，然后借助一定的评价手段对各个项目进行评分，将各项目分数加起来得出总分，并用这个总分做出判断评估。第一，模糊数学法。由于思想政治教育的许多概念其外延是不分明的，具有亦此亦彼的特性，属于模糊事物，因此，我们可以引入隶属度的概念，应用模糊数学方法进行评价。在思想政治教育评估指标体系中，根据各指标在总体中的重要程度来确定权数，按照各单项指标的实现程度和权数，计算思想政治教育的综合实现程度。权数是计算和反映各单项指标在总体中的重要程度的度量关系。第二，数量表述法。根据思想政治教育的基本特征，我们对每一特征用一些可量化的指标来描述，然后筛选出部分有代表性的指标作为统计监测指标。需要说明的是，由于思想政治教育的各种特征不是截然分开的，各个特征相互联系、相互依存，所以在统计指标对特征的描述方面往往具有互通性，但为了不致重复，一个描述指标只归在一个类下。值得注意的是，这种数量表述法并非适合所有评价项目，因此使用时要慎重。但从现实的思想政治教育工作的实践情况来看，在对道德行为和纪律行为进行评价时，使用数量表述的方法还是较为有效的。

3. 目标管理法

目标管理法是对事物进行评估的最常见的方法。运用目标管理法就是确定思想政治教育所要达到的目标，然后对照这些目标来评价高校思想政治教育效果的方法。一经确定的目标，既是教育工作者和客观存在教育者努力的方向，又是对教育效果进行考核评价的依据。一方面，要确立目标。思想政治教育目标的确立，是以党的教育方针所规定的总的培养目标为根据的，根据这一总目标，把党和国家对教育对象的基本要求加以具体化，把这一目标分成若干个子目标，并且确定达到每一具体目标的指标，以这个具体化的目标体系对高校的思想政治教育效果进行评估，得出高校思想政治教育效果的评价结论。另一方面，要进行绩效评价。目标管理法是效果评价的一般性原则与方法。运用目标管理法，使思想政治教育效果变成可以用数量化方法进行衡量与评价的“硬任务”“硬指标”。因此，目标管理法应与其他方法如模糊教学方法等配合使用，具体绩效的评价还要借助于更为具体的数学统计方法来实现，这种定性与定量相结合便利了对思想政治教育效果的评价。

4. 网络评估法

思想政治教育网络评估法，是以计算机网络为平台，以思想政治教育信息的获取、交流、反馈、评价为手段，对思想政治教育的现状、效果及其发展趋势进行检测和判断的方法。网络评估既可用于进行思想政治教育风险的预测评估，也可用于进行教育运行状况及其教育效果的绩效评估，还可用于进行思想政治素质优劣状况的检测评估。相较于传统评估方法而言，网络评估法具有“评估主体多元化、评估平台虚拟化、评估方式自由化、评估过程信息化、评估技术智能化、评估活动社会化”[①] 的六大特点。传统评估方法受到时空的限制，只能在固定的时间和地点，由特定的人员开展，评估效率较低，且受人为因素的影响较大。而网络评估借助现代信息技术，很大程度上弥补了传统评估的上述不足。信息高速公路的建设可使其评估手段、方式方法更加灵活多样，网络的快速信息传输功能、高效的信息检索功能以及资源共享功能，使评估工作的每一环节都变得更高效、更民主、更精确。

网络评估的具体操作，一般可按如下六个步骤进行：第一，建构网络评估系统。网络评估系统是开展网络思想政治教育检测评估的工作平台，由评估组织者主体网站、评估技术支撑网站、评估组织管理网页、评估专家操作网页、评估对象参与网页、网民自发参与网页等构成的一个有机整体。评估组织者可在该系统内随时对评估专家、评估对象和自发参与评估活动者的身份进行验证。第二，搜集与整理评估数据。由评估组织者、评估专家和评估对象共同进行，评估组织者

---

① 刘新庚，曹关平，刘邦捷. 思想政治教育网络评估方法论［J］. 思想政治教育研究，2010（8）：33-34.

通过组织管理网页提供评价指令数据，评估专家通过抽样、调研等手段采集评估数据，评估对象通过参与网页提交自评数据。对评估数据的统计、整理等工作，则由网络评估系统按设计程序自动完成。第三，制定网络评估指标体系。即评估组织者与评估专家根据思想政治教育的目的要求与受评对象的实际情况，研究设定网络评估指标，并将所需评价的各种评估指标集合组成网络评估指标体系。第四，确定网络评估权重系数。评估专家根据思想政治教育的目的与受评对象的实际情况，全面分析各相关评价因素，集体研究确立各评价因素的权重。第五，讨论与评价。网络评估不同于其他评估的一个重要特点，是系统为评估者和评估对象提供讨论交流平台，评估者可利用该平台就评估问题进行相互之间的切磋与讨论。必要时，评估者还要与评估对象就评估问题进行即时沟通。在讨论交流的基础上，测评专家、评估对象和参评网民分别在各自的网页上进行测评，给出测评意见。第六，进行归一化处理，做出评估结论。即按照评估方案，运用矩阵方法、分等加权法等，将各相关受评因素的测评意见进行归一化处理。一般处理程序，首先是将评估专家的评价意见、评估对象的自我评价意见、网民参评的评价意见分别转化为评价数组，然后将其与评估权重数组一起输入信息数据处理库，再由网络信息数据处理库中按照相应方法设计的软件进行数学运算处理，得出归一化的评估数据，最终由评估专家依据这些数据做出评估结论。①

① 刘新庚，曹关平，刘邦捷．思想政治教育网络评估的方法特点与操作程序探讨［J］．思想教育研究，2011（11）：35-36.

第九章　思想政治教育方法的运用

思想政治教育方法是工具，必须具体运用到思想政治教育实践中去。思想政治教育方法的具体运用，必须遵循一系列的原则，必须从思想政治教育的实际出发灵活运用，而且在具体运用中需要掌握一定的艺术。与此同时，思想政治教育者能否有效掌握和恰当运用思想政治教育方法，在一定意义上决定了思想政治教育能否达到预定目标，能否取得预期效果。

一、思想政治教育方法的运用原则

原则是人们对客观事物认识的能动反映。它来源于人们的实践活动，反过来指导着人们的认识实践。思想政治教育方法的原则，是人们在思想政治教育实践的过程中所应遵循的一般规律的反映，是人们在长期思想政治教育工作的过程中经验和理性认识的结晶。正确解决思想政治教育中的各种问题和矛盾，有赖于思想政治教育者正确地掌握和运用思想政治教育原则。思想政治教育方法运用的一般原则主要有：实事求是原则，平等待人原则，因材施教原则，循序渐进原则，积极引导原则和和谐优化原则。这些原则贯彻体现在所有思想政治教育活动和方法中，在思想政治教育方法论体系中起着规范和导向作用，对思想政治教育活动和运用思想政治教育的方法有指导意义。掌握这些方法运用原则，将使我们的思想政治教育工作更加具有针对性、准确性和实效性。

（一）实事求是原则

实事求是是党的思想路线，也是新时期思想政治教育必须坚持的根本观点。实事求是从总体上给人们提供了认识问题、分析问题和解决问题的正确观点和方法，是我们应用思想政治教育方法必须坚持的原则。在思想政治教育中坚持实事求是的原则，最根本的就是在马克思主义理论的指导下，坚持理论和实际相结合，按照思想政治教育的规律办事，按照教育对象的实际情况采取不同的教育方法，加强思想政治教育的针对性。

1. *思想政治教育者采用的方法要符合历史发展方向*

进行思想政治教育，首先应该搞清楚时代的发展和历史条件的变化。邓小平同志指出："从革命战争时期到社会主义建设时期，这是一个很大的变化。虽然我们政治工作的根本任务没有变，我们的优良传统也还是那一些，但是时间不同了，条件不同了，对象不同了，因此解决问题的方法也不同。"① 改革开放以来，我国经济体制深刻变革，社会结构深刻变动，利益格局深刻调整，思想观念深刻变化，这些变化既给思想政治教育带来发展机遇，也使思想政治教育面临新课题，社会大环境对教育对象思想的影响更加显著，社会的经济、政治、文化环境，社会风气、社会思潮、社会心理因素，都以潜移默化的方式影响着人们思想观念的变化。这些变化对思想政治教育提出了新的、更高的要求，需要我们清楚地了解思想政治教育环境所发生的变化，正视那些影响人们思想活动的重大理论问题和实际问题，把握新形势下人们的思想状况及其变化的特点和规律性，才能为我们新时期的思想政治教育提供一个切合实际的基础。

2. *思想政治教育者采用的方法要符合思想政治教育对象的思想状态*

在经济全球化和互联网的快速发展中，人们接受信息、休闲娱乐的手段和方式都发生了很大的变化，人们的利益需求更加多元、丰富，人们的自我意识、个性彰显越来越明显，精神生活越来越成为人们社会生活中不可或缺的内容。这些变化使传统的思想政治教育方法不适应的问题越来越突出，加强和改进思想政治教育，就要求教育者采用的方法必须坚持实事求是原则，要符合教育对象的思想状态，要从不同层次、不同范围、不同类型的教育对象的实际出发，找到一个恰当的接受教育的"起点"；要结合思想政治教育的目标和要求，提出一个教育对象经过努力后能够达到的"制高点"；通过因人施教、深入细致的工作，最后达到一个不同层次的教育对象共同的"落脚点"。坚持实事求是原则还要求我们在方法运用上更多地采用平等对话，启发、示范，以情感人、以理服人等更容易为教育对象接受的、体现人文关怀的教育方法，才能使思想政治教育更好地为教育对象认同接受。不断研究教育对象的思想状态，采取适应新情况的教育方法，是实事求是原则所要求的。

3. *要把实事求是原则贯彻到思想政治教育全过程和一切方法中*

思想政治教育中，一些教育者习惯于从完成任务的角度进行教育，把"照本

① 邓小平文选（第2卷）[M]. 北京：人民出版社，1994：114.

宣科”“我讲你听”的“填鸭式”灌输作为思想政治教育唯一的施教方式，严重影响了思想政治教育的实际效果。坚持实事求是原则，就是要求教育者在思想政治教育的过程中，无论是获取和分析思想信息，还是进行思想政治教育的决策；无论是具体实施思想政治教育，选择思想政治教育方法，还是对思想政治教育方法实施的效果进行反馈评估，都要把“实事求是”作为工作的出发点和思想政治教育方法选择的依据。反对在方法运用上的形式主义、走过场。

思想政治工作与其他工作一样，是不断向前发展的。它既有历史继承性的一面，又有改革、与时俱进的一面。思想政治教育方法坚持实事求是原则，是思想政治教育方法与时俱进要求的体现。与时俱进是一个以时代特征为基础的动态概念，其真谛是昭示和要求人们不断发现和研究新情况、新问题，避免因为认识跟不上事物的发展变化而产生的偏差，使我们始终在科学理论的指引下，进行卓有成效的社会实践。随着时代的发展，国际国内形势发生了深刻的变化，导致人们思想活动的独立性、选择性、多变性和差异性不断增强，要求我们在思想政治教育中用更加深邃的历史眼光和更加宽广的世界视野认真研究社会发展每一个阶段的特点、情况、问题和教育对象的思想状况，以“求”为中介，从“实事”到“是”，不断以创新的精神和科学的态度去解决新问题，形成新认识和方法，增强思想政治教育的说服力和有效性。

（二）平等待人原则

思想政治教育归根到底是做人的工作，人既是思想政治教育的中心、出发点和基础，也是目的、归宿和根本，因此“以人为本”是思想政治教育的重要理念，是我们在思想政治教育方法中必须坚守的基本要求。“以人为本”在思想政治教育方法中具体体现为平等待人的原则要求。

1. 尊重人的人格

尊重人格，就是坚持所有人在人格上都是平等的。人格乃是人立足于社会的资格。现实生活中每个人都有不同的个性，都有自己的生活、思想情感表达方式，每个人的独一无二性、独特性都应该受到应有的尊重。思想政治教育中，教育者可以根据教育对象的需要，采取不同的教育方法，但是都必须在尊重教育对象人格的前提下，以自然平等的态度来引导教育对象的思想。邓小平就曾经指出，对待工作对象，“我们同志的态度要谦和，要诚恳，要尊重其人格，尊重其意见；不要锋芒毕露，自以为是政治家”①。他在总结我党思想政治工作的优良传统时指出：“我们的经验是，越是困难的时候，越要关心群众。只要你关心群众，同群众打成一片，不仅不搞特殊化，而且同群众一块吃苦，任何问题都容易解决，任何困难都能够克服。”②

2. 尊重人的主体性

主体性是人在改造客观世界的对象性活动中所展现出来的特性，主体性的基本内涵主要是指人的能动性、自主性、创造性。思想政治教育主体是指在思想政治教育过程中的具有主动行为的人。我国的改革开放促进了人的主体意识的觉醒，社会主义市场经济发展和经济全球化的推进，为人的主体性作用发挥提供了更加广阔的空间。这些变化反映到教育中，就是仅仅把教育者看作教育主体的观念被承认教育对象在教育活动中的主体地位的观念所代替。在思想政治教育中，教育者与教育对象不再是简单的灌输与接受、说服与被说服的关系，而是相互启发、相互影响的平等主体关系。在思想政治教育工作系统中，思想政治教育者是主体，然而它的主体使命为社会所支配，它的主体活动处于客体审视和自我检查反省之中，这就使它同时具有客体的属性。思想政治教育对象是有思想、有激情、活生生的人。随着社会的进步和教育对象受教育程度的提高，人们尤其是大学生的平等、民主意识日益增强，对自身的需要、能力、价值的认识不断深化，他们渴望按照自己的意愿自主选择、自我发展，更加注重自己的观察、体验、比较、思考，不满足于被动地接受，反感教育者居高临下的做法，而愿意在比较自由、民主、平等的气氛中，在互相尊重、平等互动的基础上进行思考、选择。教育对象的主体性特征，要求思想政治教育必须改变旧的思维模式和教育方法，在尊重教育对象主体性的基础上进行思想政治教育，在方法的选择上要尽可能地选择使教育对象的主动性、积极性能够充分发挥的教育方法，使教育对象在主体作用发挥的实践活动中不断提高自己的思想觉悟和认识能力。

3. 尊重人的选择性

思想政治教育目的的实现，离不开教育对象将社会的思想道德要求转化为自己的个体意识，作为自己的价值准则和行为依据。而这个转化能否实现，受制于教育对象的选择性。因为人的思想的形成与发展既要受客观外界因素如社会环境、校园环境和物质条件的影响，又要受主观内部因素如原有思想和心理发展状况的制约。这就使得人们形成或接受某一思想的过程，不是消极的、被动的，而

① 邓小平文选（第 1 卷）[M]. 北京：人民出版社，1994：17.

② 邓小平文选（第 2 卷）[M]. 北京：人民出版社，1994：228.

是一个主动选择和建构的过程，人们对教育内容的认知，是经过判断、选择过后的一种接受。人们的判断选择，不仅受教育内容的影响，接受者的情感、情绪等心理因素也在人们的选择中发挥重要作用。在思想政治教育中，教育者对教育对象平等人格的认同和尊重，会引发教育对象接受信息的积极情感，使教育对象在情感相容的基础上，更乐于认同、接受思想政治教育的内容。

（三）因材施教原则

因材施教是指教育者要从教育对象的实际情况、个别差异出发，有的放矢地进行有差别的教育教学，使每个教育对象都能扬长避短，获得最佳发展。这是一个鼓励先进、照顾多数、防止超越人们的思想水平，使思想政治工作更切合人们思想实际的现实原则。马克思主义认为，事物的矛盾不仅具有普遍性，而且具有特殊性，即矛盾不仅普遍存在于客观事物中，而且不同事物的矛盾又是具体的、特殊的。矛盾的特殊性决定了不同的矛盾有不同的解决形式，因材施教正是具体问题具体分析，根据事情的不同情况采取不同措施这一唯物辩证的矛盾观在教育中的体现。作为教育过程中矛盾特殊性的教育对象的个体差异，必然要求教育者在教育方法应用中坚持因材施教的原则。

1. 全面地认识教育对象

因材施教中的“材”，主要指教育对象的个性差异，因材施教首先需要教育者去认识“材”，明了“材”，进而根据“材”的不同施以不同的教育内容，施行不同的教育方法，因此，明了教育对象成为因材施教的前提。面对不同思想状况的教育对象，教育者只有清楚地了解教育对象的思想状况、性格特征、面临的现实问题，才能根据不同教育对象的具体情况，采取不同的教育方法有针对性地进行教育。因材施教原则本质上优先考虑到了教育对象的个体差异和本质特征，是针对每个教育对象的特点进行有针对性的教育，以利于思想政治教育能够开启不同人的心扉，达到思想政治教育提高人们思想政治素质、促进人的全面发展的教育目的。但因材施教绝不是把教育对象分成“三六九等”，如果教育者将因材施教原则理解为不同教育对象之间的等级差别，不仅会对教育对象造成心理上的负面影响，也有悖于教育公平以及平等待人的原则。真正意义上的因材施教是一种个体化的教育方案，它以尊重每个个体的差异为前提。

2. 因“材”而定教育内容

因材施教的原则要发挥作用，必须在思想政治教育的内容中充分体现。思想政治教育有着丰富的内容，包括政治教育、思想道德教育、法制观念教育，以及帮助人们正确认识现实生活中遇到的问题，引导人们正确解决实际问题的教育。虽然，这些方面的内容是教育者在思想政治教育中都不可忽视和偏颇的，但是由于教育对象思想状况、认识水平、可接受程度上差异的客观存在，因而在教育内容上就需要根据教育对象的实际情况因材施教，有所区别和侧重。思想政治教育要坚持人才培养的社会主义方向，这是不可动摇的，同时又要考虑到教育对象的个别差异性，必须根据教育对象的不同情况，提出不同程度的要求，把教育的先进性要求和广泛性要求结合起来，使思想政治教育的内容更加切合教育对象的思想实际。

3. 因“材”选用教育方法

因材施教要求我们依据教育对象的不同特点、不同需要和诉求，选用不同的思想政治教育方法。如，对文化素质不高，对中国化的马克思主义理论、党和政府方针政策、社会的思想道德规范要求了解不多的群体，就需要采取讲授讲解教育法阐述思想政治道理，或者是将抽象的说理变成活生生的典型人物或事件，以更具体化、更形象化、更具有感染力和说服力的典型教育法来引起人们思想情感的共鸣，教育人们提高思想认识；对那些文化素质较高、理性思维水平有了一定发展，自我意识、独立意识较强的大学生群体，自我教育方法、实践教育方法、理论教育中的民主对话方式，则更有利于思想政治教育取得好的效果。

（四）循序渐进原则

循序渐进是指在学习过程中按照学科知识的逻辑顺序、认识能力的发展顺序和认识过程的变化顺序，有系统、有步骤地进行。因为客观事物的存在和发展具有渐进性和有序性，这决定了人们对客观事物的认识，是一个从简单到复杂、从直观到抽象、从现象到本质的循“序”过程，循序渐进也就成为人们认识事物、解决问题必须遵循的原则。在思想政治教育方法应用中坚持循序渐进的原则，是由思想政治教育工作的特殊性决定的。人的思想政治品德是一个由心理、思想和行为三个子系统及其多种要素按照一定方式形成的三维立体结构。这个结构的形成和发展是在社会实践的基础上，在客观外界条件的决定性影响与在这种影响下形成的主观内部因素的调节交互作用过程中形成的，环境因素、认知因素、情感因素、意志因素等都在人的品德形成中发挥作用。这个形成过程决定了改造人的思想品德是一个复杂的渐进过程，思想政治教育方法也必须根据思想品德有序渐进形成的特点进行选择。因而，循序渐进原则既符合思想政治教育方法本身的内在逻辑，又符合教育对象思想品德发展规律，是思想政治教育方法必须坚持的又一原则。

1. 循序渐进地提高教育目标和要求

思想政治教育的方法选择与教育的目标要求相联系。思想政治教育不仅有自己的明确目标，而且这种目标也必然具有相应的层次性。思想政治教育的目标既要根据党在不同历史时期的奋斗目标和当代中国社会发展的要求来确定，又要从促进人的全面发展，提升人的思想素质、政治素质、道德素质和行为水平的需要来确定。党在不同时期的奋斗目标和人的思想道德水平的层次性，决定了不同时期、针对不同教育对象的思想政治教育目标的不同。虽然不同层次教育目标反映了每一个人或某一固定群体在思想政治教育上的不同要求，但是，思想政治教育的目标从根本上来看，是根据社会的要求与人的发展要求确定的，具有一定的超越性。因此，在思想政治教育过程中，教育的目标和要求必须要循序渐进地提高，在广泛性的基础上逐步提高教育要求，促进教育对象不断向着更高目标迈进。

2. 循序渐进地应用思想政治教育方法

方法的选择与运用是为实现目标服务的。教育目标和教育对象思想觉悟的不同层次要求采取不同的思想政治教育方法。同时还必须看到，一定的教育方法本身也是有着内在结构的，方法的采用也必须按照其内在结构循序渐进地推进。例如，理论教育、实践教育和批评与自我批评，是思想教育的基本方法。在教育实践中，这三个方法虽然各有作用和优长，但是作为思想政治教育的基本方法，它们之间有着内在关联性。理论教育法帮助人们确定正确的指导思想；实践教育法通过组织、引导人们积极参加社会实践，不断提高人们的思想觉悟认识能力；批评和自我批评可以使人们在改造客观世界和主观世界的过程中，不断总结经验教训，调节自己的思想和行为。这三种方法各有不同却相互关联，理论教育要联系实际，实践教育要以正确理论为指导，批评与自我批评既要有正确的理论指导思想，又要以实践为基础。这种内在关联性，决定了进行思想政治教育要从整体作用的角度有序地将这三种基本方法综合运用，才能发挥促进人们成长进步、争取成功的整体作用。

二、思想政治教育方法的综合运用

思想政治教育方法的综合运用就是以马克思主义的唯物辩证法关于全面的观点、联系的观点和发展的观点为指导，运用系统论的方法，在把握各种单个教育方法各自特点及共同的趋向的基础上，通过有机融合，形成共同目标，实施统一性方法，使教育者同时或先后运用各种方法进行综合运用的措施和手段。

（一）综合教育的理论依据

思想政治教育方法，它是来源于人的实践生活，是人们从实践中运用而提炼出的不同方法组成的各个系统。但这些不同的方法并非杂乱无章、毫无联系的孤立地存在且孤立地运用的。它们之间是相互联系和发展变化；它们不仅在横向空间上表现出联系性，而且在时间上表现出发展性，即随着社会的进步，理论内容、时代内容、环境内容发展了，教育客体变化了，适应于新的教育内容、教育客体、教育环境的教育法，也要随之变化发展，从而形成了思想政治教育方法纵向发展的趋向。从横向上看，虽然不同的教育内容，教育对象，教育环境，要求有不同的教育方法，但根据唯物辩证法关于事物普遍联系的原理，它们之间既具有不同的特点和各自的个性又相互区别、相互依存和相互联系而且有统一性，因而由这一原理所决定的方法也应该相互联结，而不应该彼此割裂。并且思想政治的教育过程是一个动态的过程而非静态的。它是一个包括认识过程、情感过程、意志过程、理想信念过程等前后相联、紧密融合的整体。思想政治教育方法联系性的存在，迫使我们思想政治教育工作者必须要研究、发现和运用方法之间的联系，才能进行不同种思想政治教育方法的综合教育和综合运用，形成思想政治教育合力，达到事半功倍的效果。

（二）综合教育的基本特征

思想政治教育方法综合运用是一种从宏观上对具体的每一种思想政治教育方法重组、整合及创新，根据思想政治教育的需要重新选择和创新方法运用于实践，使具体思想政治教育方法功能最大化，价值体现最大化，最终思想政治教育效能最大化的过程。这种选择体现了思想政治教育具体方法之间的重组或并列、交替或协调、渗透或融合的结合。具有以下特点：

第一，系统优化。思想政治教育方法的综合运用是系统的动态的工作过程，体现了各种不同类型、不同功能、不同层次的方法之间的合作、协调和整合，最终使思想政治教育达到最佳效果。首先，要对整个系统进行优化组合，把思想政治教育方法的系统各个要素依据一定的规则和方法组成一个理论框架结构。其次，在思想政治教育方法组成的要素中，根据各要素的不同功能，按照实际需要组成一个新的整体结构，并有序地运动。最后，在思想政治教育实施的过程中，无论采用什么样的教育方法或者是几种教育方法并用，都要分层次、分阶段地进行。同时还需要注意教育方法在整个过程的科学性、实用性、针对性和系统性的内在结合，从而达到较好的教育效果，增强实效性。

第二，功能互补。思想政治教育的功能是指思想政治教育对家庭乃至整个社会所发生的极其独特的作用或影响。思想政治教育的特殊性，决定其功能具有多方面性、多层次性、长期性和发展性等特点，思想政治教育方法综合运用是引用和吸收思想政治教育功能中的积极因素，因势利导，结构重组，功能互补，从而达到一种新的整体合力，这种合力不是每一项功能的简单相加，而是大于单项功能相加起来的作用。

第三，动态平衡。由于思想政治教育方法面临的时代条件、形势、任务、对象、环境随着社会的发展而变化，因此，思想政治教育方法的综合运用要根据实际情况的变化而即时调整教育方法，尊重事物的发展规律，有序进行单项方法重组、优化。从而，使之系统化、科学化，达到整体功能的充分发挥，教育过程从不平衡到平衡，循序渐进，最终达到预期的教育目的。

（三）综合教育的主要方式

思想政治教育方法综合运用是通过优化组合具体思想政治教育方法，实践结果表明它是目前思想政治教育效果最好的教育方式。

1. 主次式综合教育和互补式综合教育

主次式综合方式与互补式综合方式是思想政治教育经常使用的综合方法。这两种综合方式，是按综合后单个方法在综合体系中所处的地位来划分的，它们并没有改变单个方法的性质和独立性，只是确定了综合体中单个方法之间的不同关系，即主次关系和并列关系。第一，主次式综合方式。在这种综合方式中，尽管单个方法各自保持自己的相对独立性，但它们在综合体中的地位是不同的，有的居于主导的地位，有的居于次要的、从属的地位，不能互相代替，只能依照主次式关系，相互制约，相互作用。主次式综合方式包括表扬与批评、教育与自我教育、精神鼓励与物质鼓励、思想教育与解决实际问题相结合等综合方法。第二，互补式综合方式。在这种综合方式中，各单个方法仍然保持各自的相对独立性，并且在地位上平等，难以分出主次，只能在教育过程中相互结合、相互补充，才能达到最佳效果。互补式综合方式包括说服教育与纪律约束相结合，学校教育、社会教育、家庭教育相结合，教育与管理相结合等。

2. 协调式综合教育和交替式综合教育

这两种综合方式，是按单个教育方法在综合方法中的关系来划分的。第一，协调式综合方式。这种综合方式中的各个单项教育，既不能各自为政，孤立进行，又不能互相推诿，不负责任，需要协调才能有效发挥作用。否则就会发生矛盾，互相牵制，互相抵消，妨碍整体效果。采取这种综合方式时，要进行必要的制约、调整，使之搭配好。例如学校的思想政治工作要求每个职能部门各负其责，齐抓共管，相互配合，这就是一种协调式综合方式。第二，交替式综合方式。这是在思想政治教育过程中同时或先后综合运用各种不同的教育方法，以达到最好的教育效果的方式。这种方式也可以称之为多角度、多侧面教育的结合。在进行教育的动态过程中，需要交替运用多种教育方法和手段，才能使教育丰富多彩。

3. *渗透式综合教育和交融式综合教育*

这两种综合方式，是按照综合后各个单项方法在综合体中的状态来划分的。无论是从综合方式的程度还是从综合方式所表现出来的作用来看，这两种综合方式都比前几种更高级和复杂。第一，渗透式综合方式。在这种综合方式中，各单项的本质未发生明显变化，但方法之间已相互渗透、相互包含。例如政治思想工作向业务工作、管理工作的渗透，学校德育与智育的结合，教书育人、管理育人、服务育人等，都属于渗透式综合方式。其中，思想教育与管理工作的联系与渗透，是思想政治教育最主要的综合方式之一。人们正确的世界观和人生观的形成，良好思想品德和行为习惯的养成，既要依靠长期的思想政治教育，也要遵循行之有效的管理。只有把教育与管理结合起来，使二者相互渗透，才能使思想政治教育的效果更好。第二，交融式综合方式。在这种综合方式中，各个单项教育方法通过相互吸引、相互渗透、相互结合，融为一体，发生了性质的变化，产生一种新的教育方式。如校园文化建设、企业文化建设、军营文化建设、社区文化建设等，是多种教育方法和手段所创造的一种新的教育方式，它具有高度的综合性和创新性。

总之，综合教育方法是思想政治教育方法的创新，是人们思想不断发展提高的需要，是综合利用、处理社会复杂因素的需要，也是现代社会发展的需要。随着现代科技的迅速发展和我国社会的全面进步，各项工作、各个学科领域都出现了社会化、综合化的趋势。为了适应现代社会的这一发展趋势，思想政治教育要向微观和宏观领域拓展，要向交叉领域渗透，要与现代科技手段结合，要实现单项教育的协调与综合，从而使思想政治教育更具有整体性、系统性和有效性。

三、思想政治教育方法的艺术运用

研究现代思想政治教育方法艺术的价值在于如何更好地运用和指导实践。方法艺术的内容包罗万象，形式丰富多样，其中语言艺术、激励艺术、批评艺术、疏导艺术、沟通艺术是最具有基础性和典型性的方法艺术。

（一）语言艺术运用

思想政治教育语言艺术，是指思想政治教育者在进行思想政治教育的过程中，能够使用准确、流畅、形象的语言，阐明道理，打动人心，使人产生强大力量的艺术。思想政治教育的语言艺术不同于一般报告，其特点主要表现为两个方面。一方面，思想政治教育是教育者组织教育活动，通过有目的、有计划、有组织的影响，把社会要求的政治观点、思想体系和道德规范，转化为教育对象的思想政治品德的过程，这就使得思想政治教育的语言艺术带有强烈且明显的理论教育意图。另一方面，现代思想政治教育是直接体现党和国家的政治要求、政治意图和完成政治任务的手段，是受政治意识形态直接制约的。因此，政治的制约就是思想政治教育语言需要遵循的政治准绳，即政治原则性。

语言艺术的高低，在某种程度上决定了思想政治教育的效果。高超的语言艺术有利于教育对象将思想政治教育的要求内化为自身的准则和行为。讲究思想政治教育的语言艺术，必须注意以下四个方面要求：

第一，增强语言表达的亲和力。思想政治教育语言贴近教育对象的实际生活，使用形象生动的生活事例来解释抽象、枯燥的思想政治教育内容，能增添语言的亲切感，使他们可以更好地理解和认同教育者传递的教育信息。运用符合教育对象生活习惯、思维习惯和语言习惯的语言，寻找与他们的共同语言，讲出他们喜欢的话，可以增强思想政治教育语言表达的亲和力。

第二，增强语言表达的吸引力。要区别不同对象的性别、年龄、职业、文化、家庭、思想状况等针对不同对象的不同思想问题，对症下药。这是思想政治教育语言艺术最重要、最基本的要求，也是语言艺术产生吸引力的根源。要能抓住“心结”，就要善于针对不同对象采用不同风格的语言，如批评人时，或语重心长的规劝，或一语中的的批评，或旁敲侧击的提醒，或猛击一掌的警戒，或借题发挥的隐喻类比等，只要运用得当，都能起到异曲同工、殊途同归的作用，使教育对象豁然开朗，幡然醒悟。

第三，增强语言表达的感染力。声情并茂的语言表达是语言具有感染力的基础。思想政治教育运用形象生动、色彩鲜明的字词句正确地表达出教育者的情感和态度，同时还能运用生动活泼的语言，合适的停连，亲切的语气，舒缓的节奏，激发起教育对象的真切感受，让教育对象能身临其境。这不仅可以充分表达思想政治教育者真诚的情感，而且还可以与教育对象建立情感交流的桥梁，从而使教育双方的内心世界得到交流，引起情感共鸣，增强教育教学的感染力。

第四，增强语言表达的感召力。思想政治教育的感召力，是教育者用人格魅力感染教育对象和用学科知识能力引导教育对象的能力。独具特色的人格魅力有利于增强思想政治教育教学的感召力。在教育对象眼中，教育者是“吐辞为经、举足为法”，其一言一行都会给教育对象以极大影响。语言相当于一面镜子，可以反映人的内在修养。语言艺术的运用对思想政治教育者提升人格魅力，树立个人信誉和声望，具有重要作用。一个人的学识水平、文化素质、道德修养可以通过他本身的语言表达来展示。如果教育者具有深厚的文化底蕴，一开口就能旁征博引，能讲出婉转动人的故事，能谈吐优雅、为人豁达，就能极大地增强思想政治教育的感召力。

（二）激励艺术运用

激励，又叫激发、鼓励，是通过各种形式的外部刺激，使人们产生一种奋发向上、士气高昂的进取精神。[①] 激励是思想政治教育的重要方法之一，它的根本目的就在于运用各种手段，充分调动人们的主观积极性和创造性，为社会主义现代化建设事业提供强大的精神动力。

激励艺术的运用方式是综合的，主要形式有目标激励、榜样激励、情感激励、竞争激励和荣誉激励等，无论哪种激励方式，都离不开语言的艺术运用。激励的语言可以是文字的，也可以是口头语言和肢体语言，把握好这些语言形式，对做好思想政治教育十分有益。书面文字语言的激励形式有奖状、喜报、墙报、光荣榜、宣传橱窗、宣传材料、讲评专栏等多种形式，可以对受激励者的行为、成果予以介绍、宣传、表彰。对教育者而言，最能体现其基本素质的就是口头形式的激励。口头形式的激励是用口语通过声音传播激励信息，肯定受激励者的成绩，促其再接再厉；批评受激励者的不当言行，避免造成大的偏差。这种激励方式直接、方便、易行、及时，收效比较快，所以用得比较普遍。也正因为它具有“言过即逝”的特点，对教育者的口头语言表达能力提出了更高的要求。

激励艺术的运用富有变化，但无论是哪种激励艺术，在运用程序上依然有章可循。为了掌握好激励艺术，需要了解其运用程序。

第一，精准识别教育对象的需求。需求的满足为人们的价值选择和行为选择

---

① 张耀灿，陈万柏．思想政治教育学原理［M］．北京：高等教育出版社，2001：76.

提供了原初动力。人们的需求是复杂多样的，每个人在不同时期、不同环境中都产生不同的需求，如何正确识别不同需求，有必要总结其中共同性的本质。马克思指出："任何个人都是各种需要的整体。"① 美国心理学家马斯洛在《激励与个性》一书中将人的内在需求分为生理性需求、安全性需求、归属与爱的需求、尊重需求、知的需求、美的需求、自我实现的需求这七个从低级向高级发展的层次。这些层次化的需求决定了人的行为选择，一方面，未满足的需要具有激励作用，而需要一旦满足，原有的刺激就不再具有激励作用；另一方面，需要是层次化的，这意味着需要是无止境的，过去的需要得到满足，新的需要又会萌发，成为推动人们新的行为选择的动力。

第二，不失时机地促进思想转化为行为。在思想政治教育工作中运用激励艺术，其落脚点是在行动上，也就是激励目标的实现上。因此，在精准掌握不同个体的不同需求之后，就要采取有效的激励措施，抓住时机推动教育对象积极行为的产生。在这一环节，要及时地创造外部条件，促进良好动机的行为转化。适时奖惩是激励艺术促进思想转化为行为的重要方式。适时运用奖惩激励，根据社会需要培植思想健康、道德高尚、积极进取的典型形象，并充分利用现代大众传媒广泛宣传，创造良好声势，能及时"引导"方向，真正起到"激励一个人，带动一大片"的积极作用。

第三，注重追踪激励。如前所述，构成教育对象行为动机的各类需要处于多个层次中，是一种从低至高渐渐产生与发展的过程，当这一层次的需要得到满足时，就会调整选择方向，转向更高层次的需要。因此，激励也是需要不断延续的。激励有目标指向，目标是个体力求达成的特定结果，合理目标的制定要根据人们的需求、能力、外部环境来科学制定。目标是其学习和工作的动力，目标的实现可以很大程度地满足其需要。因此，目标的制定要体现阶段性。当一个阶段的目标达成后，及时帮助对方建立起更高一级的目标，产生持续激励的效应。

（三）批评艺术运用

批评是对他人的缺点和错误提出意见，而批评艺术就是运用科学的批评方式，达到"良药不苦口而利于病""忠言不逆耳而利于行"，掌握好批评的"准度、程度、尺度、力度、宽度、温度"，使教育对象乐于接受批评的技巧和技法②。如果不讲究艺术方法，可能会使矛盾激化，增加工作难度。要使批评收到

① 马克思恩格斯文集（第1卷）[M]．北京：人民出版社 2009：236.

② 刘新庚．现代思想政治教育方法论 [M]．北京：人民出版社，2006：428.

良好效果就一定要在批评的过程中讲求艺术。

第一，明确批评的目的。思想政治教育的批评活动中，教育者的态度要端正，这是首要的问题。教育者一定要弄清楚什么叫批评，为什么要批评以及批评的目的是什么。教育者所进行的批评是针对教育对象的不良行为和思想的，是对教育对象的思想行为做出否定的评价，是用来克服和改正其错误的思想行为的一种有效方法。批评的目的是为了让教育对象认识错误，改正错误，是对其思想行为高度负责的一种表现。

第二，分析教育对象的具体情况。在明确批评的目的之后，教育者要对每个批评对象的具体情况加以分析。每个生命都是鲜活的。世界上没有完全相同的两片树叶，每个人都有自身的特质，这种特质表现在很多方面。首先，从气质角度来看，依据巴普洛夫的划分方法，人的气质主要分为胆汁质、多血质、黏液质和抑郁质四种类型。其次，从性格角度来看，瑞士心理学家及精神治疗专家卡尔·荣格将人类的性格分为外向型和内向型两种。外向型的人开朗、活泼、善于交际，而内向型的人孤僻、恬静、处事谨慎。最后，从年龄和性别角度来看，社会是由不同年龄、不同性别的人组成的群体，而年龄和性别的差异决定了人们各自的生活经历社会实践知识技术和生理心理等都有所不同。以上这些特质决定着在展开批评之前，要对教育对象的具体情况加以准确分析，为选择适宜的批评方法做好基础性工作。

第三，选择恰当的批评方法。既然批评做的是人的工作，就必须因人而异。企图用一把钥匙开百把锁，用统一的方法裁判活生生现实的做法，只能到处碰壁。例如，对于胆汁质气质的人，由于他们情绪外显，对于批评和挫折大多会采取攻击态度，所以宜采取间接式批评法。多血质气质的人比较随和，对于挫折大多会采取文饰的态度，因而在批评时要特别在逻辑和道理上多下功夫，采用直接式批评法往往比较适用。对于外向性格的人来说，由于他们懂得如何将遭受批评的不悦心理向外疏解，一般可以采取直接式批评，并且在受到批评之后通常不会留下后遗症，而只在头脑里留下教导的内容。内向的人自尊心较为敏感，在接受批评的时候难免会产生自卑感、虚弱感和无能感，因此教育者需要委婉一些，尽量采用间接式和参照式等批评法。

第四，选择恰当的时机和场合。一方面，要选择恰当的时机。对普遍性错误，应事先让教育对象有心理准备，或是事后做出适当的解释，不要在时间上急于求成。对于涉及面广、而教育对象又较为敏感的问题，应该深入调查，实事求是，进行冷处理。最好不要在教育对象情绪低落、过度疲劳、饥肠辘辘、抵触反抗的时候进行批评。另一方面，要选择恰当的场合。要从教育对象的实际情况出发，权衡各种因素，做到恰如其分。特殊错误行为要力戒在公共场合进行批评，否则会增加教育对象的心理负担，使他们失去克服困难的勇气和改正错误的信心。

第五，适时展开批评。首先，开展批评时的首要一步是先要表扬。批评前先对教育对象进行表扬是为了缓和气氛，使教育对象感受到思想政治教育者是善意的，是对自己的关心和爱护，从而消除心理障碍，愉快地接受批评。另外这能让教育对象意识到自己在批评者心目中的形象是正面的，会使一些本来就自觉自省的教育对象主动改正错误。其次，在做好了准备过程后，就可以正式进行批评了。由于教育对象和外部环境是在不断变化的，所以教育者必须灵活掌握批评的方式方法，根据实际情况随时应变。最后，要再次表扬这一环节的主要作用是缓和由于第二环节的批评给教育对象带来的心理冲突。教育者在进行这一环节的表扬时不要再提教育对象的错误之处，而且表扬的时间不能过长，以免喧宾夺主，使批评的效果减弱太多。更不能言过其实，当表扬变得华而不实，就会起到反作用。

第六，监督反馈，调整批评。思想政治教育中运用批评艺术，不仅仅是为了解决当前的问题，而是为了促进教育对象改正错误，真正形成正确的思想和行为。因此，批评过后的很长一段时间都是观察期，要仔细观察教育对象思想变化和行为活动的反馈信息，注重强化批评的效果，及时抑制批评的副作用，不断提高批评的艺术。

（四）疏导艺术运用

疏导艺术，是指思想政治教育者遵循人的思想活动规律，综合运用思想教育、政治教育、审美教育、环境熏陶等方式，来疏通人们的思想，净化、美化人的心灵，提高人的觉悟，引导人们奋发上进，积极工作，为实现党和国家的基本任务而奋斗的艺术。[①] 疏导艺术是疏导教育法的延伸，是正确处理人民内部矛盾时所采用的讨论的方法、批评的方法、说服教育法时所蕴含的综合方法艺术。在思想政治教育中运用疏导艺术，其实质就是运用一定的技巧来疏通教育对象的思想情绪，把人们的思想和认识引向正确、健康的轨道上来。

现代思想政治教育需要讲究疏导艺术。疏导教育是思想政治教育广泛采用的

---

① 张耀灿，陈万柏. 思想政治教育学［M］. 北京：高等教育出版社，2001：189.

方法，特别是在改革日趋深入的情况下，人们的利益诉求多元、自主意识凸显，必然导致人们的思想问题日益复杂。对于这些问题，不能单纯依靠堵和压的方法，也不可能完全依赖于法律手段来解决思想问题，因此，现代思想政治教育发展必须依靠疏导艺术。疏导艺术的运用程序主要可以展现为：

第一，疏通情绪。思想政治教育中所说的疏通，就是努力营造一种相对宽松、和谐的氛围，使人们在没有顾虑和负担的情况下，将内心的想法、意见与观点及时、完整、真实地表达出来。这实际上也是一个相互交流、相互理解和共同进步的过程。所谓引导，就是在疏通的基础上，对大家所表达出来的意见和观点进行整合，将其中正确和符合社会发展的部分加以肯定，并充分发挥其积极作用。而对不正确或是会对社会产生消极影响的思想，则进行坚决遏制，并加以控制与引导，以防止错误思想的蔓延，避免产生更为严重的后果。因此，疏通是前提，是运用疏导艺术的第一步。那么这一步中疏通的是什么呢？主要是情绪。因为现代思想政治教育坚持以情感人，只有以情感人，教育对象才会畅所欲言，才能为后来的引导环节做好情感链接。疏通情绪特别需要信任、共情和帮助，需要推心置腹地进行情感沟通和思想交流。

第二，阐明观点。疏导的关键是以理服人，这就需要旗帜鲜明地阐明教育者的观点。因为教育对象的思想问题，大多数属于认识问题，无论是对他们进行激励还是帮助改正错误，都必须使他们从内心深处明晰道理，心服口服。在这一过程中，要尽量运用生动形象的语言去讲明道理，设身处地地帮助分析，使人容易受到感染，同时要深入浅出，内容要讲清，实质要讲透，尤其要注意透过现象看本质。并且，在这一过程中也要有耐心，循序渐进，耐心地听取大家发表自己的意见，这样不仅有利于了解大家的思想动态，也更有利于对症下药，有针对性地引导。

第三，正向引导。疏导艺术的前提是疏通，目的是引导，主要是正面引导。要在疏通情绪、辨明是非的基础上，巧妙地引导教育对象自觉意识到自己的错误，引起内心深处的反思，自觉矫正前进方向，重新振作精神，恢复积极向上的信心和行动，这才是疏导艺术的高明之处。此外，在这一环节，应当更有耐心。人们所暴露出来的思想问题，一般来说都不是偶然和随意的，而是经过了相当一段时期的酝酿才表现出来的，所以解决这类问题也不可能仅仅通过一次引导或谈话就可以完成，这就需要引导者在疏通引导时要有毅力、耐心，循序渐进地使其摒弃错误的思想，接受正确的认知，树立科学的价值观。

（五）沟通艺术运用

沟通艺术，就是在现代思想政治教育中，教育者为顺利实现与教育对象之间的思想信息交流而采用的方法技巧。思想政治教育的基本过程是沟通过程，沟通活动贯穿于思想政治教育的整个过程之中。沟通是需要讲究技巧的，良好的沟通能够使教育者正确把握教育对象的思想动态，缩短与教育对象之间的心理距离，消除教育对象的思想障碍。因而，在现代思想政治教育中，掌握沟通艺术是非常必要的。

沟通是艺术而非技术。教育者必须以心相应、以心体心、用心沟通，针对不同的人和事，要有不同的沟通之道。要灵活掌握和运用沟通技能，把沟通上升为艺术，积极创造良好的沟通环境，营造和谐的沟通氛围，以提高沟通效率，最终推动思想政治教育工作向前发展。在现代思想政治教育实践中，沟通艺术的运用大致要经过以下三个程序①：

第一，打破僵局，拉近心距。在思想政治教育过程中，教育者与教育对象之间的关系是一种特殊的人际关系，它的建立与发展，源于教育对象受教育的需要。在此关系中，教育者处于相对主动的地位，是教育活动的主体，教育者的行为对和谐关系的建立和发展起决定性的作用。在许多情况下，教育者主动找教育对象，教育者容易处于较高的地位，而教育对象则容易出现心理紧张或心理防御。如果教育者不注意到这点，双方之间的交流就很难顺利进行。因此，在与教育对象沟通时，要注意以温和友好的态度、体贴关切的方式，来缓和紧张气氛，取得对方的信任，从而建立起一种融洽的关系，使沟通有一个良好的开端。要能有效打破僵局，教育者还应该注意克服偏见。因为每个人都会存在这样那样的思维定式或个人喜好，在交流时要有意识地放弃偏见，这是打破僵局的最好选择。

第二，善于倾听，摸清症结。善于倾听是有效沟通的基础。“善于倾听”要求教育者一定要用体验的方式去听，用心去体验教育对象的真实想法，从而真正弄明白教育对象到底想说什么、想要什么，这是最为关键的倾听技能。善于倾听的人不仅能听清楚而且能听出说话者要表达的多个信息层次。具体来讲可以分为：听清楚、听懂、听出说话者的文化层次、听出他弦外之音的几个层次。无论何时，当你想要理解他人向你传递的信息时，你都需要听。而当你与一位反抗心理较强、情绪不稳定的教育对象进行沟通时，倾听就显得尤为重要了。因为倾听

① 刘剑. 大学生思想政治教育中“沟通艺术”的运用［J］. 教书育人，2007（1）：60-61.

的目的是为了去理解而不是为了去评价，通过倾听，容易使我们了解对方的心理症结，才能知道问题出在哪里，解决问题才对症下药。

第三，交流思想，实现共鸣。沟通的目的不仅仅是为了了解对方，重要的是为了影响对方。因此，思想政治教育者要善于与教育对象交流思想，实现思想上的共鸣，这就需要掌握好认同与交流的技巧。一是善于认同。认同即是理解对方的参照系统并寻找共同的参照系统重叠的部分。理解他人的参照系统是由他的经历和过去经验以及价值观、信仰、心目中的典范和思维方式所组成的，个性和工作作风也是参照系统的一部分。不同的事物对不同的人来说其重要性是不同的。我们对他人的参照系统了解得越多，与他们交流起来就越容易。认同要求以对方的立场来看待，有效沟通需要我们的参照系统更紧密地结合在一起，那样我们可以享有相同的或者至少是相似的思想和理念，然后再设法去认同，共同解决问题。二是善于积极交流。人们在主动与他人进行交流时，使对方恼火或抵触的原因，常常不是他们提出的问题，而是措辞。因为，教育对象的认知取决于他的背景、经历以及情绪等，有时也取决于他如何去吸收消化，而晦涩、生硬、粗俗的语言难以让人接受，只有温和而有力量的语言沟通才更具说服力。因而在沟通中，如果适当地运用一些方法，如赞赏、幽默的语言等，可起到润滑剂的作用，这对于创造一个良好的谈话氛围并对问题的解决是十分有益的。

第十章　思想政治教育方法的创新

实践无止境，理论创新也无止境。思想政治教育方法也应当随着实践的发展有所创新，有所创造。思想政治教育方法的创新，是指思想政治教育工作者根据教育对象的特征和思想政治教育的目标和任务等要素，在实践中不断总结经验，选择和创造更适合思想政治教育工作开展的新方法的过程。这既是批判地继承历史上思想政治教育方法的成果，继承党的思想政治教育的正确原则和方法的过程，又是在新的历史条件下不断改革和创新思想政治教育方法的过程。

一、创新的前提是继承传统方法

思想政治教育方法是在继承与创新的辩证统一中发展的。我们提倡创新思想政治教育方法并不是要放弃传统的、科学的教育方法，而是要求在继承传统方法的基础上，深入研究改革开放和发展社会主义市场经济条件下出现的新情况、新问题，探讨思想政治教育方法的新特点与新规律。因而，思想政治教育方法的创新就是要在继承和借鉴的基础上实现思想政治教育方法的发展。

（一）坚持在继承的基础上进行创新

社会发展和人的发展不断地改变着思想政治教育的环境条件，对思想政治教育及其方法提出创新发展的要求。但是，没有继承就谈不上创新。一切知识、文化和财富等都是在长期历史发展中积累起来的，积累中必然有创新，而创新必须继承前人的成果，这样才能少走弯路，不断达到新的境界。如果只是一味求新、求变，丢掉历史和传统，改革和发展就会缺乏必要的基础和前提。因此，思想政治教育方法的改革与发展只能在继承的基础上进行。

第一，思想政治教育方法是人类思想政治教育经验的积累与总结。思想政治教育方法可以超越生成的具体条件相对独立存在，在后来的思想政治教育中发挥作用。适应于一定社会历史条件和具体教育目标、教育内容的教育方法产生之后，并不是消极被动的，而是对另外的教育内容产生影响和作用。当教育方法适应教育内容的要求时，教育方法就能增强教育内容的感染力和说服力，成为促进思想政治教育活动的有效手段。当教育方法不适应教育内容要求时教育方法就会削弱、损害教育内容的感染力和说服力，成为阻碍甚至破坏思想政治教育的方式。因此，尽管教育目标、教育任务和教育内容发展了，有些教育方法也会过时，但一定会有一些教育方法，在新的历史条件下，经过改进、充实和完善，能同新的教育内容相结合，为新的教育任务服务。我们继承思想政治教育的传统方法，就是由教育方法的这一性质所决定的。一概否定、排斥传统方法，就会割断思想政治教育方法发展的历史，丧失思想政治教育改革创新的基础和前提。

第二，实践证明党的思想政治教育方法是正确的方法。党的思想政治教育方法，是以马克思主义为指导，在长期革命和建设实践中总结、概括并经过实践检验的教育方针、原则方法和一般方法。这些科学方法不仅在实践中为保证思想政治教育任务的完成和教育目标的实现发挥了巨大作用，而且从不同角度反映了思想形成、发展、变化的规律和思想政治教育的规律。因而，我们党的思想政治教育方法是一笔极其宝贵的精神财富，是必须要继承的。不继承这笔精神财富，我们的思想政治教育就不能与时俱进，我们党就会失去自己的政治优势。回顾党的历史，从长期的革命斗争到取得全国政权，再到社会主义建设的历程，由于我们党密切联系实际，通过有效的思想政治教育方法来教育全体党员、干部，使他们能够在各种严峻的社会环境中和极端困难的物质条件下，保持坚定的共产主义信念和旺盛的革命斗志，保证了党在各个历史时期带领全国人民战胜重重困难，取得一个又一个的胜利，从而把革命和社会主义建设事业不断推向前进。党的思想政治教育方法始终是党的事业得以胜利和发展的重要条件。因此，在建设中国特色社会主义的新的历史时期，继承我们党思想政治教育方法这份宝贵的财富，是有着重大的现实意义和深远的历史意义的。

第三，思想政治教育方法继承要注意防止和克服两种倾向。一种是借口历史条件的变化，借口思想政治教育内容和方法的变化，贬低、否定传统思想政治教育方法在新的历史条件下的意义和作用。列宁曾经严厉批评过俄国革命队伍中否定革命传统的错误倾向，指出“马克思高度重视革命的传统，严厉抨击对革命传统的叛卖和庸俗的态度，而同时要求革命家要善于思考，善于分析采用旧的斗争手段的条件，而不是简单地重复某些口号”①。另一种倾向是无视历史条件的变

① 列宁选集（第 1 卷）[M]. 北京：人民出版社，1995：750.

化，拒绝研究新情况，创造新方法。在新的历史条件下运用革命传统要选择必要的条件，不加分析地无条件地搬用不同时期的传统，必然会给思想政治教育造成损害。邓小平曾明确指出：“我们政治工作根本的任务、根本的内容没有变，我们的优良传统也还是那一些。但是，时间不同了，条件不同了，对象不同了，因此解决问题的方法也不同。”① 换言之，思想政治教育方法必须随着历史条件的变化而变化，既要继承和发扬过去党的思想政治教育的好传统，又要面对新形势，总结新经验，探索新方法，防止思想僵化导致思想政治教育方法的简单化和形式主义。总之要继承传统，就要克服两种错误倾向，使优良传统成为思想政治教育方法在新的历史条件下发展的宝贵资源，成为改革和创新的基础。

（二）在创新中赋予传统方法以新功能

思想政治教育方法在实践中的发展过程，是在继承传统和改革创新的辩证统一中实现的。从发展的角度来看，继承传统是改革创新的基础，是发展的前提条件。而改革创新是发展的关键和动力，是具有建设性意义的东西，是思想政治教育方法能否继续向前发展的决定性环节。

第一，创新是思想政治教育方法发展的重要途径。如果说思想政治工作是经济工作和其他各项工作的生命线，那么创新就是思想政治工作的生命线。思想政治工作并不是一种自己运行的系统，更不是其他工作都围绕思想政治工作来运行的系统。相反，思想政治工作要融入社会其他各项工作中去，并积极地适应其他工作的要求。当社会发生了重大的改变，当经济工作和其他各项工作都发生了和正发生着重大改变时，思想政治教育也必须适应这种改变，在创新中求生存、求发展。思想政治教育方法的发展，是同特定的历史条件分不开的。随着历史条件的变化，原来服务于特定历史任务的思想政治教育方法，有的有继续存在的价值，有些将会丧失存在的理由而被新的方法所代替。因此，创新既包含着对思想政治教育方法的肯定，也包含着对陈旧思想政治教育方法的否定。

第二，改革是对传统思想政治教育方法的扬弃。思想政治教育方法的改革创新，是我国改革开放和发展社会主义市场经济的客观要求。改革实质上是一场深刻的社会变革，正在引起经济基础和上层建筑的深刻变化，一切不适应社会主义生产力发展的生产方式、管理方式、生活方式、思维方式都在逐步发生改变，人们的思想观念、行为方式也在发生变化。同时，开放的扩大和社会主义市场经济

① 邓小平文选（第2卷）［M］. 北京：人民出版社，1994：119.

体制的建立，在极大地推动我国经济和社会发展的同时，也带来了一些新的问题：如何在以经济建设为中心的前提下，使物质文明和精神文明建设互相促进，协调发展，防止和克服“一手硬，一手软”；如何在深化改革和建立社会主义市场经济条件下，形成有利于社会主义现代化建设的共同理想、价值观念和道德规范，防止和遏制腐败思想和丑恶现象的滋长和蔓延；如何在扩大对外开放，迎接世界新科技革命的情况下，吸收外国优秀文明成果，弘扬祖国传统文化精华，防止和消除文化垃圾的传播，抵御敌对势力对我“西化”“分化”图谋。这些历史性课题要从理论与实践的结合上加以妥善解决，是全党和全国人民的重要任务。特别是思想政治教育者，更要加强研究，创造出切实可行的教育方法才能解决这些课题。思想政治教育方法的改革发展，是对过去行之有效的方法的合理扬弃，通过对这些方法加以形式和程序等方面的改造，使之具有对新环境的适应性和对新对象的针对性。也就是赋予传统方法以新的内容使之用于解决当下面临的现实问题，使传统思想政治教育方法在改革中焕发新的活力，发挥新的作用。

二、继承党的思想政治教育传统

继承党的思想政治教育优良传统，既包括继承思想政治教育的科学理论，也包括继承思想政治教育的正确方针、原则和方法。思想政治教育的方针和原则，是思想政治教育科学理论的具体化，它对思想政治教育的具体方法有直接指导作用。在新形势下，继承思想政治教育的方针和原则，对掌握和运用科学教育方法具有重要意义。

（一）坚持思想政治教育的正确方针

为了保证革命和建设的顺利进行，实现革命和建设的伟大目标，我们党长期坚持思想政治教育，并在实践中提出了思想政治教育要围绕党的中心工作，为实现党的基本路线服务的正确方针。毛泽东早在民主革命时期，就强调党的政治工作和宣传教育工作，都要为无产阶级领导的、人民大众的、反帝反封建的新民主主义的基本路线服务。正是因为思想政治教育卓有成效地服务于这条基本路线，才保证了新民主主义革命的胜利，才确立了它在党的事业中的重要地位和崇高威信。在新中国成立以后的过渡时期，党又提出思想政治工作要为实现党的过渡时期总路线服务的指导方针，全国上下都围绕巩固政权，进行社会主义改造这个中心开展教育活动，保证了社会主义改造基本完成。当我们党自八大确立了党的工作重心是进行经济建设以后，毛泽东指出：“思想工作和政治工作是完成经济工作和技术工作的保证，它们是为经济基础服务的。"① 毛泽东这里强调的为经济基础服务，实际上就是为经济建设和发展生产力服务。在新的历史时期，我们党根据我国社会的主要矛盾的变化，制定了“一个中心、两个基本点”的基本路线，思想政治工作在改革开放过程中，始终服从和服务于党的基本路线。党的思想政治工作的指导方针，反映了我们党对社会发展规律的深刻认识，指明了思想政治教育的根本方向和根本途径，因而我们一定要正确贯彻这一指导方针，按照这一指导方针来选择和确定思想政治教育方法。

（二）坚持理论与实践相结合

理论与实际相结合，是我们党在长期思想政治工作中总结出来，并一直指导我们党思想政治工作的正确原则。所谓理论和实际相结合，就是既要学习和掌握革命理论，又要从实际出发，实事求是。在各个不同的历史时期，在发挥理论指导作用和重视实践决定作用的时候，我们党总是强调要把理论与实践结合起来，提出了把马克思列宁主义的普遍真理同中国革命的具体实践相结合的原则。根据这一原则，思想政治教育一定要从实际出发，运用马克思主义的立场、观点和方法，分析和解决实际问题。针对党内所出现的理论脱离实际的倾向，我们党总是及时地加以克服和纠正。在红军时期，毛泽东曾尖锐地批评主观主义的思想作风，强调要用马克思主义的方法去做政治形势的分析和阶级势力的估量，要注意实际情况的调查和研究。针对当时红军和党内出现的教条主义倾向，毛泽东写了《反对本本主义》的文章，提出我们的斗争需要马克思主义，但必须同我国的实际情况相结合，一定要纠正脱离实际情况的本本主义。在抗日战争时期，我们党通过延安整风，一方面进行了一次广泛的马克思主义的学习、教育运动，另一方面，通过整顿，端正了对马克思主义的态度，肃清了主观主义、教条主义的影响，树立了从实际出发，实事求是，理论与实际相结合的马克思主义的学风。

（三）坚持言传与身教相结合

在长期的思想政治教育过程中，我们党一向把言教与身教紧密结合在起。通过言教，运用马克思主义真理的力量说服群众，团结群众；通过身教，以自身的模范行为和人格力量来感化群众，带动群众。正是这种紧密的结合，才使得思想政治教育具有强大的战斗力和生命力，才保证取得了各个历史时期的一个又一个

① 毛泽东文集（第7卷）[M]. 北京：人民出版社，1999：351.

胜利。革命战争年代的思想政治教育之所以有威力，很重要的原因就在于政工人员的以身作则。连队政治指导员“不论在执行自己的职务上和个人行动上，均须做全体军人的模范，并且要在言论和事实上来表现”①。新中国成立后，以毛泽东、周恩来为代表的中国共产党人率先垂范的高度自律精神在全党和全国人民中产生了深远影响，“成为我党我军优良传统和作风的化身”②。建立在良好党群干群关系基础上的党的崇高威信“是60年代初期我们党能经受严重困难考验的最重要的原因之一”③。在改革开放和建立社会主义市场经济条件下，“党的思想政治工作能否做好，很大程度上还取决于我们党的自身建设和各级领导干部的言行表现”④。党中央清醒地认识到各级“领导干部，特别是高级干部以身作则非常重要。群众对干部总是要听其言、观其行的”⑤。“要求群众做到的自己首先做到，要求群众不做的自己坚决不做，以实际行动为群众做出表率”⑥，把真理的力量和人格的力量统一起来，使思想政治教育更具信服力和感召力。党的十八大以来，以习近平同志为核心的党中央以上率下，以身作则，坚定理想信念，坚守政治品格，以“关键少数”示范带动“绝大多数”，展现服务人民的良好形象，大大增强了全党和全国人民的凝聚力和向心力。

（四）坚持解决思想问题与解决实际问题相结合

坚持解决思想问题与解决实际问题相结合，就是在提高群众思想认识的同时，又注意解决群众的物质利益问题；既重视精神鼓励，又重视物质鼓励，这是我党思想政治工作的优良传统，也是做好思想政治教育的正确原则。早在第一次国内革命战争时期，党在领导工人运动和农民运动时，就注意把对工农的思想政治教育同改善工农的经济生活和打土豪分田地结合起来。在第二次国内革命战争时期，毛泽东把关心群众生活作为思想政治教育的重要任务，要求“真心实意地为群众谋利益，解决群众的生产和生活的问题，盐的问题，米的问题，房子的问题，衣的问题，生小孩子的问题，解决群众的一切问题”⑦。在抗日战争和解放

---

① 邓小平文选（第2卷）[M]. 北京：人民出版社，1994：125.

② 邓小平文选（第2卷）[M]. 北京：人民出版社，1994：125.

③ 薄一波. 若干重大决策与事件的回顾（下）[M]. 北京：中共党史出版社，2008：906.

④ 江泽民文选（第3卷）[M]. 北京：人民出版社，2006：98.

⑤ 邓小平文选（第2卷）[M]. 北京：人民出版社，1994：124.

⑥ 十五大以来重要文献选编（中）[M]. 北京：中央文献出版社，2011：204-205.

⑦ 毛泽东选集（第1卷）[M]. 北京：人民出版社，1991：138-139.

战争过程中，毛泽东强调在做政治动员工作时，“一切空话都是无用的，必须给人民以看得见的物质福利”①。要求党的领导和党的工作，一定要给群众以物质利益。我们党之所以有解决思想问题与解决实际问题相结合的传统，根本原因是党的思想政治教育既是以历史唯物主义为指导的，又是以群众为基础的。党的思想政治教育的作用，就在于能够用马克思主义理论武装群众，提高政治觉悟和思想水平，引导群众为谋求自己的利益而努力。所以，坚持解决思想问题与解决实际问题相结合，坚持精神鼓励与物质鼓励相统一，也是新形势下思想政治教育必须坚持的正确原则。

（五）坚持依靠群众，齐抓共管

群众路线的方法，是我们党一切工作的根本方法。在思想政治教育方面，我们党也广泛运用了这一方法，形成了相信群众，依靠群众，放手发动群众做思想政治教育的良好传统。历史经验反复证明，什么时候党的群众路线执行得好，党群关系密切，我们的事业就顺利发展；反之，我们的事业就遭受挫折。因此，我们要把一切为了群众作为思想政治工作的出发点。在思想政治教育中坚持群众路线的方法，首先体现在，我们党一贯相信群众的觉悟，尊重群众的首创精神，坚信群众能够自己解放自己。在革命战争年代，我们党“历来主张革命要依靠人民群众，大家动手，反对只依靠少数人发号施令”②。党的一切事业，党的所有工作，都要相信和依靠群众来做。思想政治教育脱离群众，就是脱离实际。因此，“只要我们能够掌握马克思列宁主义的科学，相信群众，紧紧地和群众在一起，并领导他们前进，我们是完全能够超越任何障碍和战胜任何困难的，我们的力量是无敌的”③。其次，我们党一向认为，思想政治教育不是少数人的权利，而是群众性的工作，要求各行各业的党员、干部都要做思想政治教育。正是这一群众性特点，决定了教育必须坚持群众自我教育与相互教育相结合的方法。正是群众的自我教育与群众的相互教育，才使思想政治教育广泛而又生动活泼。在思想政治教育活动中，我们党在强调依靠群众的同时，也十分强调加强领导，发挥领导骨干的积极性。正如毛泽东所说：“如果只有广大群众的积极性，而无有力的领导骨干去恰当地组织群众的积极性，则群众的积极性既不可能持久，也不可能走

① 毛泽东文集（第2卷）[M]. 北京：人民出版社，1993：467.
② 毛泽东选集（第4卷）[M]. 北京：人民出版社，1991：1318.
③ 毛泽东选集（第4卷）[M]. 北京：人民出版社，1991：1260.

向正确的方向和提到高级的程度。"①

除了上面所讲的思想政治教育的方针、原则需要继承之外，还有许多具体的原则和方法，如思想政治工作和经济工作、业务工作相结合的原则，表扬与批评相结合的原则，以及以理服人与以情感人相结合的原则，一般号召与个别指导、典型示范等方法，都是我们在新形势下需要继承并继续使用的原则和方法。

三、思想政治教育方法的创新原则

思想政治教育者在思想政治教育方法创新过程中应当遵循一定的原则，这些原则是教育者从思想政治教育方法创新的具体实践中抽象得到的结果，是教育者在思想政治教育方法创新时必须遵循的规定和准则。

（一）针对性原则

针对性原则是思想政治教育方法创新最基本的原则。不讲针对性，思想政治教育方法的创新肯定是盲目的。思想政治教育在其方法创新的过程中坚持针对性原则，主要应把握好以下两个层面：一是要立足思想政治教育外部的宏观层面。近年来，经济全球化的趋势愈演愈烈，社会主义市场经济迅猛推进，改革开放的纵深发展等等，已将我们推向了一个急剧转型的时代。在这样的时代背景下所涌现出来的诸多新问题、新矛盾，给思想政治教育工作者带来了机遇与挑战。在思想政治教育方法创新的过程中，唯有充分认识出现的新形势、新问题，了解广大人民在思想观念上所发生的新变化及出现的新情况，有针对性地进行思想政治教育方法的创新，并将其自觉应用于新形势下所开展的思想政治教育工作中去，预防、化解与消除人们在现实生活中所出现的新矛盾与冲突，才能有效地解决人们在思想观念与行动上所出现的新问题。二是思想政治教育方法的创新。从其方法创新自身的微观层面而论，同样需要讲求针对性。就其实质而言，思想政治教育方法创新是一个对思想政治教育相关方法的认识不断深化与推进的过程，是一种认识活动。思想政治教育方法的创新并不是一蹴而就、一劳永逸的，恰恰相反，它是一种循序渐进、增量式推进的认识与实践的过程。作为思想政治教育工作的主体，广大思想政治教育工作者的时间与能力素质在一定的历史时间段内是有限的，很难对思想政治教育方法创新做到面面俱到。因此，从思想政治教育方法创新自身这个微观层面而言，坚持针对性原则主要是要求广大思想政治教育工作者

① 毛泽东选集（第3卷）[M]. 北京：人民出版社，1991：898.

要注意分析具体时期内思想政治教育方法创新的重点与难点，进而根据其自身需要，有针对性地选取“着力点”，进行重点攻关，寻求重大突破。

（二）科学性原则

科学性原则是指在人类社会实践中遵循事物发展规律，按照事物的本来面目去认识它、改造它。科学性原则是思想政治教育方法创新应始终坚持的原则。教育者在方法创新时，既要遵循思想政治教育方法的发展规律，又要遵循教育对象的发展规律，通过把握方法创新的内在机理，使各项活动符合整体思想政治教育方法创新规律。在思想政治教育方法创新中坚持科学性原则，主要是要做好以下几个方面的工作：一是思想政治教育方法的创新首先要以科学的思想理论为基础。马列主义、毛泽东思想以及中国特色社会主义理论是经过实践反复验证了的科学理论思想，不但是解决我们社会发展问题的根本指导思想，其中的一些有关认识世界与改造世界的经典论述与理论体系，也是我们社会科学研究所须遵循的方法论。在思想政治教育方法创新上，坚持科学性原则首要的就是要坚持以马列主义、毛泽东思想以及中国特色社会主义理论为指导思想。二是思想政治教育方法创新要以一切客观事实为依据，尊重外在与内在的各种客观规律。任何一种方法的产生均有其内在客观的规律及原理，思想政治教育方法同样如此。当思想政治方法创新的内在客观规律被思想政治教育工作者准确把握并具体应用于研究过程中时，思想政治教育方法的创新才具有发生的可能性。

（三）系统性原则

思想政治教育方法创新遵循的系统性原则是指教育者将思想政治教育方法创新看作系统进行统筹安排。系统内，各个要素相互协调、相互促进，使其系统保持稳定和突破；系统外，思想政治教育方法创新系统不断与外界系统相联系，教育者需要创造良好的创新环境，促进创新活动的开展。系统性原则是任何创新活动都必须遵循的重要原则，也是保证理论创新与实践创新获得成功的重要原则。在思想政治教育方法创新过程中坚持系统性的原则，关键要将思想政治教育方法创新视为一个有机的整体，从整体的角度出发对其展开系列研究。坚持系统性原则，从整体上去考量思想政治教育方法创新，最为重要的有以下几点：一是要认真分析该系统内所存在的各种要素，认识与理解它们自身特质以及对系统的作用与功能；二是要深入了解系统内各个要素之间的相互联系与关系、如思想政治教育主体与客体之间的联系与关系、思想政治教育技术与资源开发之间的联系与关系，等等；三是要基于上述两点，充分利用系统内部各个要素的优势，协调系统内部矛盾与冲突，形成创新的合力，重点做好协同创新，使得整体功能得到最大限度的发挥。

（四）可行性原则

可行性原则是管理和决策科学中广泛应用的方法原则，指对科学研究和开发项目在科学上、技术上和经济上是否切实可行和有无成功把握进行综合分析和科学论证，为科学决策提供理论或科学依据。思想政治教育方法创新的可行性原则特指教育者根据思想政治教育方法各方面信息制定出可供操作的方法，这些操作方法能被教育者控制，并被教育对象认可接受，共同实现思想政治教育方法创新目标。在思想政治教育方法创新中坚持可行性原则，首先要做到理论与实践相统一。思想政治教育方法的创新是一种理论探索与实践尝试相结合的产物，在对其进行创新性开发与研究过程中，起初一般要在理论层面设计一些具体的研究方针、路线及方略，甚至会构建相关的模型、研究范式等。其后要认真分析客观实践，根据辩证唯物主义实践的观点，分析、预测与检验理论层面的研究前奏及研究范式等是否与客观实践相适应，科学研判理论层面的探索能否在现实层面进行有效的开展。其次，思想政治教育方法创新研究的可行性，还重点指思想政治教育工作者开发与研究出来的新方法能够被广大思想政治教育者普遍理解与掌握，产生一定的共鸣，并能使广大受众认可与接受。思想政治教育方法的创新切忌一味地、单纯地追求表面的创新，在表层过分地进行“标新立异”而忽视其实际效果，淡化其深层价值，同样是与思想政治教育方法创新的内涵背道而驰的。

四、思想政治教育方法的创新趋势

思想政治教育方法创新的趋势是指思想政治教育方法在教育者或有关机构的组织实施及有效控制下所呈现的未来发展态势及动向。思想政治教育方法创新的发展趋势不是单向度，而是多向度纵横交错地发展。从横向维度看，其应用手段、使用载体等不断现代化、综合化；从纵向维度看，思想政治教育方法的应用空间及作用领域不断地具有渗透化趋势；在中枢维度看，教育者更加注重方法的人文化趋势，关注人的身心发展①。

---

① 张毅翔．思想政治教育方法创新四维趋势探微［J］．思想教育研究，2013（7）：22-25.

（一）现代化趋势

随着现代化科学技术的飞速发展及信息革命的深入演进，人们的生存方式、交往方式、思维习惯等发生着巨大变化，思想政治教育方法也将紧随科技时代发展潮流，充分运用现代手段分析思想政治教育环境变化状况及教育对象思想发展状况等，创新出更加先进的科学分析工具、载体介质及具体操作手段。

第一，决策分析技术手段的现代化。信息时代下的计算分析技术及统计手段不断进步，教育者对搜集获得的思想信息进行分析的模式将发生改进。除运用传统的人工信息分析处理外，电子信息技术、电脑科技器材、数据分析软件将逐渐应用于数据分析中，使数据分析更加精确科学，能为思想政治教育方法创新决策提供科学依据。在对传统调查数据进行统计分析时，往往缺乏量化标准的设计及分析，致使数据分析模糊，缺乏实证性科学验证。现代思想政治教育方法将创新性地运用更为先进的数据分析设备及软件，加强量化设计，设置更为复杂的合理的权重系数，使数据分析更加科学，也使思想政治教育方法的方案制定更加科学缜密。

第二，载体介质的现代化。实施载体介质的现代化是指思想政治教育方法借以操作的工具和载体更加科技化。未来社会是信息化社会，面对社会化程度不断增强的教育对象，思想政治教育方法将充分运用现代传媒手段，加大手段的科技含量。传统教育载体主要是书本、课堂、讲座等，现代载体主要是音像制品、电视网络、多媒体手段等，这些载体能在短时间内覆盖各地，其及时性、广泛性、新颖性是传统思想政治教育方法载体不曾拥有的，现代载体的形式和内容深刻吸引教育对象，收到较好的教育效果。随着现代载体的普及应用，充分利用这些现代载体是当前和今后思想政治教育方法创新的主要趋势。

第三，具体操作手段的现代化。具体操作手段是教育者在思想政治教育方法实施中所采取的技巧艺术。随着科技的发展及应用，教育者在具体的方法实施中也采取现代化技巧艺术，以达到理想的教育效果。传统思想政治教育方法具体艺术包括语言文字艺术、疏导艺术、多种职能艺术、强化教育艺术等。在运用语言文字艺术时，教育者通常采取讲课、报告、表扬、批评、动员、访问等方式进行讲解，讲解时带有一定的技巧，包括体姿神态、谈吐风格等，当前教育者通过使用幻灯影片等形式配合言语讲解，收到良好效果。将科技手段应用于具体操作的方式渐渐存在于其他技巧艺术中，例如在疏通引导时，除了通过情感力量转变教育对象情绪外，教育者还利用移动互联技术加强心理疏通，这种现代技术更易疏导情绪、化解思想矛盾。总之，配合新技术手段开展思想政治教育是方法现代化的重要特征及重要创新趋势。

（二）综合化趋势

思想政治教育方法创新是教育主体积极组织实施的实践活动，如果各相关教育者及职能部门相互协调，充分运用各种有效资源，将会产生思想政治教育方法的合力，最大程度发挥合力功效。

第一，教育主体的资源协调。家庭、学校、机关、企事业单位和社会在思想政治教育方面各有功能侧重、各有特点优势，是相互衔接、密不可分的统一整体。为产生综合效力，家庭教育、学校教育、单位教育和社会教育紧密结合起来，相互配合，相互促进。每个机构及部门都有各自发挥教育的资源优势，同时具有自身缺乏的资源劣势，因此应联合其他领域的教育者及教育机构，发挥各自资源优势，产生教育合力。例如，高校具有人才科研优势，在思想政治教育方法创新与实施中，应充分发挥人才优势、科研优势，充分发挥智囊团作用。而新闻部门掌握广播、电视、报纸、刊物等大众媒体，拥有电影、电视剧、戏曲、音乐、舞蹈、美术、摄影等载体形式，在方法创新中应充分展示传媒实力。而党和政府有关部门具有协调管理的权力资源，能加强对方法创新和实施的领导作用、协调作用，使高校智囊团创新的教育方法利用宣传部门的丰富传媒载体得以实施。正是众多主体的不断协调融合，才能推动思想政治教育方法综合化趋势不断延伸并促成实际成效。

第二，创新类型的交互运用。思想政治教育方法创新类型很多，主要有单一式方法创新与组合式方法创新、渐进式方法创新与飞跃式方法创新、传统式方法创新与现代式方法创新、可预见性方法创新与不可预见性方法创新等。当前和今后思想政治教育方法创新逐渐综合各对范畴的方法创新方式，使方法创新产生最大效率。以传统式方法创新与现代式方法创新为例，当前和今后方法创新将不是单一的创新方式，而是将二者融合，即在传统的方法创新方式中增添现代创新，使传统方法在保持原貌基础上增添科技含量；反之，在现代式方法创新中增添传统教育理念，使高科技方法蕴含富有民族情结的传统方法，这样的方法创新模式既能使方法充满现代性、新颖性，又富含民族性、地域性，利于教育对象在接受新颖方式的教育时感受到民族特色，在接受传统方法时感受到时代气息。

第三，具体方法的有机综合。思想政治教育各个具体方法都独具特点，若将若干方法优势充分发挥并有机揉合，将产生良好的教育效果。例如，思想政治教育基本方法有理论教育法、实践教育法、批评与自我批评方法等，这三者各有特色，理论教育对人的思想、行为起目标导向作用、精神激励作用；实践教育对人的思想的形成和发展具有决定作用、推动作用和检验作用；批评与自我批评对人们的思想和行为具有调节作用、矫正作用。若将这三个具体方法有机综合起来，将产生理论联系的方法、知行统一的方法、改造主观世界与改造客观世界相结合的方法，这些新的方法是对具体方法的整合提高，将会产生更高的效益。综合各种方法的方式很多，有主从式综合方式和并列式综合方式、协调式综合方式与交替式综合方式、渗透式综合方式与融合式综合方式等。

（三）渗透化趋势

作为经济工作和其他一切工作的“生命线”和“中心环节”，思想政治教育也将呈现渗透趋势，不断向各社会领域、工作领域、环境空间渗透。

第一，社会各领域的渗透应用。思想政治教育本意是统治阶级为实现意识控制，通过意识形态领域的控制实现社会管理，因此其应用领域多局限于思想教育、道德教育等。但随着其隐蔽性、深入性、持久性功能的发挥，其优越性越来越突出，逐渐被社会各领域重视和应用。在经济领域，思想政治教育及其方法能从深层次缓解经济发展带来的消极影响，更好地为市场经济服务。思想政治教育及其方法是解决由经济利益引起民众内部矛盾的重要手段。市场经济的竞争与收入分配的差距容易导致群众之间的矛盾，除了运用法律规范外，思想政治教育方法能以说服调节形式更好地疏导矛盾。通过思想政治教育，能使人们认识到矛盾具有普遍性，任何社会都不可能没有矛盾，人类社会总是在矛盾运动中发展进步的。通过化解人们之间的利益冲突及经济矛盾，能理顺人们的情绪，能调动他们的积极性进行社会建设。在文化领域，思想政治教育有利于构建社会的思想基础，形成共同的精神力量和精神纽带，保持文化建设的正确方向。在社会生活领域，它能通过实际事务获得民心。思想政治教育及其方法在各个领域的实践不断证明其生命线作用，也促使其不断向各个领域渗透发展。

第二，各行业部门的扩展使用。思想政治教育方法不仅在教育行业部门、宣传行业部门发展壮大，而且逐渐渗透到管理、新闻、体育等行业部门。思想政治教育及其方法是教育者为完成思想政治教育所采取的具体方法，一般是教育部门的工作内容。但随着思想政治教育内容逐渐丰富、方式逐渐多样、作用逐渐增强，各个行业部门也重视思想政治教育，产生了各个部门的思想政治教育。例如在企业管理中有机融合思想政治教育，产生具有思想政治教育性质的领导职能、控制职能、管理决策，尤其是人力资源管理等。这些具体行业采取许多思想政治教育具体方法，增加了激励方法、疏导方法等，解决了员工思想问题，激发了员工工作热情。在新闻行业中，新闻道德逐渐成为新闻界的基本道德要求，这要求加强对新闻从业人员的思想道德建设，因此新闻行业部门加大自身思想政治教育，采取众多符合自身特点的思想政治教育方法，有力地推动了新闻工作。由此可见，思想政治教育及其方法在各个具体行业部门的功能发挥不断证明其作用和价值，使其得以在各个行业不断渗透，该趋势将不断持续发展，推动各行业的发展进步。

第三，环境空间的隐性构建。充分利用各种环境空间进行思想政治教育，能够扩大隐性渗透的作用范围。传统思想政治教育方法多用说教、书本、板书等显性载体资源进行教育，属于显性思想政治教育方法。虽然这种教育灌输形式必要且重要，但部分枯燥性内容及强制性形式有时很难得到教育对象的认可及接受。随着对思想政治教育规律的深入认识、对教育对象接受心理的深入研究、对教育方法创新规律的深入分析，教育者逐渐重视对教育对象周围环境空间的开发和利用，充分应用各类环境中的载体资源，尤其重视载体中的隐性载体，进行隐性思想政治教育。教育者应加强利用高科技宣传媒介，将教育内容融入电子媒介，通过感官刺激激发情感共振。教育者应加强活动载体的开发和利用，通过文化活动、体育活动等具体活动形式激发群众的参与性，加强教育对象之间的沟通和理解，增强他们的团结意识和集体意识。教育者应重视环境的教育功能，通过开发博物馆、纪念馆等具有教育意义的场馆，加强对教育对象的心灵感触和思想影响。这些载体的开发和应用渗透于人们的学习生活娱乐中，配合显性教育方法，发挥重要教育作用。

（四）人文化趋势

思想政治教育方法创新的人文化趋势是指教育者在思想政治教育方法创新及实施中，坚持以人为本，以调动人的积极性、主动性和创造性为根本，把教育对象身心发展看作思想政治教育的出发点和归宿。

第一，充分认识教育对象的主体性地位。尊重教育对象人格和尊严。人文化首先解决了思想政治教育及方法实施的主体与主体性问题。思想政治教育人文化坚持以人为本，指明谁在实施“以人为本”，这解答了主体概念；“以人为本”中的“人”具体指谁，这解答了客体概念，即作为主体的教育者以广大教育对象为客体。但之所以要“以人为本”，是因为其中作为客体的“人”具有自身的特殊性——主体性，它有别于教育者的主体性。教育者的主体性“是指思想政治教育者作为教育主体的本质属性，是在与教育客体的对象性关系中表现出来的自主性、能动性和创造性”①。而教育对象的主体性“是教育对象自觉主动认同教育目标和教育要求，独立做出判断和选择，自觉调节行为，并在实践中完善自身品德，丰富和发展社会道德规范的自主性、能动性和创造性”②。可见，在思想政治教育中，主体是教育者，但教育对象同样具有主体性，在思想政治教育过程中发挥重要作用。因此，教育者应充分认识教育对象主体性地位与作用，尊重教育对象。在思想政治教育方法创新中，教育者也正是看到教育对象的这种主体性，才加强对教育对象的尊重和理解的，这种趋势将越来越明显。

第二，增强对教育对象的人文关怀。人文关怀，简单理解就是关注人的生存与发展，是对人的生存状况、人的尊严的关怀与符合人性的生活条件的肯定，对人类的解放与自由的追求。在思想政治教育方法创新与实施中，教育者充分认识到教育对象的主体性地位与作用，加强对他们的人文关怀，将人文理念蕴含于思想政治教育中，使教育对象在接受教育时感到受到人文关怀。在思想政治教育领域，教育者应不断创新教育内容及方法，服务人民，关怀人民。这充分展示了社会主义思想政治教育方法要以服务人民为根本目的，体现了思想政治教育方法创新人文关怀的历史发展趋势。

第三，激发教育对象的自我教育。主体性实际表征人的自由状态，因为人具有主体性意味着人在与客观世界的关系中成为“自觉和真正的主人”，随着人改造客观世界的实践活动的深入和对客观规律的深刻把握，人将会把越来越多的客观力量置于自己的控制之下，从而在各种客观力量面前获得越来越多的主动权和自由。“一旦社会占有了生产资料，……人在一定意义上才最终地脱离了动物界，从动物的生存条件进入真正人的生存条件。人们周围的、至今统治着人们的生活条件，现在受人们的支配和控制，人们第一次成为自然界的自觉的和真正的主人，因为他们已经成为自身的社会结合的主人了。人们自己的社会行动的规律，这些一直作为异己的、支配着人们的自然规律而同人们相对立的规律，那时就将被人们熟练地运用，因而将听从人们的支配。”③ 在思想政治教育方法创新与实施中，教育者逐渐增强管理意识与服务意识，加强对教育对象的引导和管理，积极创造教育对象自我意识、自我教育的环境，激发教育对象的主体性，进行自我

① 张彦. 思想政治教育主体性研究［M］. 广州：广东人民出版社，2006：68.

② 张彦. 思想政治教育主体性研究［M］. 广州：广东人民出版社，2006：88.

③ 马克思恩格斯选集（第3卷）［M］. 北京：人民出版社，1995：633-634.

教育，使其成为自由发展的主人。人文化方法的实施便是主要表现形式，它注重激发教育对象自我意识、自我驱动、自我反省、自我评价，自我形成良好思想道德品格，加强自我教育。此外，随着信息科技的高速发展及高端媒介的出现，互联网等高科技媒体逐渐普及，其集成性、自由性、自主性、开放性、快速性、变幻性、隐蔽性等特点更要求教育对象发挥自主意识，进行自我评价、自我判断、自我约束。因此，未来信息时代更要求对教育对象加强教育及引导，激励其自我教育和自由发展。

参 考 文 献

一、经典著作与文献

[1] 马克思恩格斯选集(第 1 卷)[M].北京:人民出版社,1995.

[2] 马克思恩格斯选集(第 2 卷)[M].北京:人民出版社,1995.

[3] 马克思恩格斯选集(第 3 卷)[M].北京:人民出版社,1995.

[4] 马克思恩格斯选集(第 4 卷)[M].北京:人民出版社,2012.

[5] 马克思恩格斯全集(第 1 卷)[M].北京:人民出版社,1995.

[6] 马克思恩格斯全集(第 7 卷)[M].北京:人民出版社,1965.

[7] 马克思恩格斯文集(第 1 卷)[M].北京:人民出版社,2009.

[8] 马克思恩格斯文集(第 2 卷)[M].北京:人民出版社,2009.

[9] 列宁选集(第 1 卷)[M].北京:人民出版社,2012.

[10]列宁选集(第 1 卷)[M].北京:人民出版社,1995.

[11]列宁全集(第 28 卷)[M].北京:人民出版社,1990.

[12]毛泽东文集(第 1 卷)[M].北京:人民出版社,1991.

[13]毛泽东文集(第 6 卷)[M].北京:人民出版社,1999.

[14]毛泽东文集(第 7 卷)[M].北京:人民出版社,1999.

[15]毛泽东选集(第 3 卷)[M].北京:人民出版社,1991.

[16]毛泽东著作选读(下册)[M].北京:人民出版社,1986.

[17]邓小平文选(第 2 卷)[M].北京:人民出版社,1983.

[18]邓小平文选(第 3 卷)[M].北京:人民出版社,1993.

[19]江泽民文选(第 3 卷)[M].北京:人民出版社,2006.

[20]习近平谈治国理政 [M].北京:外文出版社,2014.

[21]习近平谈治国理政(第 2 卷)[M].北京:外文出版社,2017.

[22]习近平谈治国理政(第 3 卷)[M].北京:外文出版社,2020.

[23]习近平.论党的宣传思想工作[M].北京:中央文献出版社,2020.
[24]中共中央文献研究室.习近平关于社会主义文化建设论述摘编[M].北京:中央文献出版社,2017.
[25]中共中央宣传部.习近平总书记系列重要讲话读本[M].北京:人民出版社,2016.
[26]习近平.决胜全面建成小康社会 夺取新时代中国特色社会主义伟大胜利——在中国共产党第十九次全国代表大会上的报告[M].北京:人民出版社,2017.

二、学术著作与教材

[1] 郑永廷主编.思想政治教育方法论[M].北京:高等教育出版社,2010.
[2] 刘新庚.现代思想政治教育方法论[M].北京:人民出版社,2006.
[3] 黄志斌主编.当代思想政治教育方法论[M].合肥:合肥工业大学出版社,2012.
[4] 骆郁廷主编.思想政治教育原理与方法[M].北京:北京师范大学出版社,2020.
[5] 王树荫主编.中国共产党思想政治教育史[M].北京:中国人民大学出版社,2016.
[6] 刘建军主编.新时期思想政治工作创新研究[M].北京:中国人民大学出版社,2018.

三、报刊与学位论文

[1] 罗志佳.试论运用批评艺术优化思想政治教育效果[J].社科纵横,2009(1).
[2] 刘慧.论思想政治教育方法的综合应用[J].安顺学院学报,2013(4).
[3] 邢瑞煜 戴航.综合教育法是思想政治教育的重要方法[J].胜利油田党校学报,2006(7).
[4] 刘霞.思想政治教育中正面典型与反面典型的运用比较[J].南通大学学报(教育科学版),2010(3).
[5] 朱文武.新形势下思想政治教育方法创新原则探析[J].黑龙江省社会主义学院学报,2015(3).
[6] 赵静.思想政治教育隐性教育方法当代发展的研究[D].西南大学,硕士.2013.
[7] 赵祖地.高校德育评估研究[D].南京师范大学,博士.2014.
[8] 刘蕊.高校思想政治教育语言艺术运用效果研究[D].昆明理工大学,硕士.2020.

后 记

思想政治工作是中国共产党的优良传统和政治优势，是经济工作和其他一切工作的生命线。思想政治教育是思想政治工作最主要、最基本的内容，是实施思想政治工作的重要手段。思想政治教育方法，又是实施思想政治教育和思想政治工作的“桥”和“船”。为了巩固校级重点学科建设成果，帮助广大党员干部全面深入学习贯彻习近平总书记关于思想政治工作的重要论述，不断提高党员干部特别是党务干部尤其是政工干部的思想政治素质、业务能力和工作水平，并为党校研究生提供学习教材，我们组织编写了《思想政治教育方法论》一书。

本书由中共陕西省委党校（陕西行政学院）党的建设教研部相关教研人员集体编写。校（院）“党的学说与党的建设”重点学科带头人、“三秦学者”特聘教授、省重点领域（人文社会科学）“顶尖人才”、省哲学社会科学和文化艺术领域“领军人才”、主编王彦军提出编写框架并审定编写大纲，执行主编何芸拟定编写大纲并审改部分书稿。各章的编撰者分别是：王彦军（绪论、第十章），何芸（第二、三、四、八、九章），张宇（第一章），何芸、朱霞（第五章），朱霞（第六章），段鹏飞（第七章）。顾克娟、董雪平参与了编务工作。

本书的编写和出版，得到了校（院）领导以及研究生院、教务处、科研处等部门的热忱帮助，得到了校（院）重点学科建设经费和省高层次人才“特支计划”经费的资助，得到了陕西人民出版社的大力支持，广泛参考、借鉴、引用了本领域专家、学者的研究成果，在此一并致以最诚挚的谢意。由于我们水平有限，难免存在不足之处，恳请广大专家、学者和其他读者批评指正。

编 者

2021 年 8 月